Für Volker Hoang
von N. Rem

Schriftenreihe

Schriften zur
Rechts- und Staatsphilosophie

Band 2

ISSN 1612-0868

Verlag Dr. Kovač

Nicolai Rosin

Souveränität zwischen Macht und Recht

*Probleme der Lehren politischer Souveränität
in der frühen Neuzeit
am Beispiel von Machiavelli, Bodin und Hobbes*

Verlag Dr. Kovač

VERLAG DR. KOVAČ

Arnoldstraße 49 · 22763 Hamburg · Tel. 040 - 39 88 80-0 · Fax 040 - 39 88 80-55

E-mail info@verlagdrkovac.de · Internet www.verlagdrkovac.de

Bibliografische Information Der Deutschen Bibliothek
Die Deutsche Bibliothek verzeichnet diese Publikation
in der Deutschen Nationalbibliographie;
detaillierte bibliografische Daten sind im Internet
über http://dnb.ddb.de abrufbar.

ISSN 1612-0868
ISBN 3-8300-1102-4

Zugl.: Dissertation, Universität Hannover, 2003

© VERLAG DR. KOVAČ in Hamburg 2003

Printed in Germany
Alle Rechte vorbehalten. Nachdruck, fotomechanische Wiedergabe, Aufnahme in Online-Dienste
und Internet sowie Vervielfältigung auf Datenträgern wie CD-ROM etc. nur nach schriftlicher
Zustimmung des Verlages.

Gedruckt auf holz-, chlor- und säurefreiem Papier Alster Digital. Alster Digital ist
alterungsbeständig und erfüllt die Normen für Archivbeständigkeit ANSI 3948 und ISO 9706.

Meiner Frau Susanne

Vorwort

Die vorliegende Arbeit wurde im Sommersemester 2003 vom Fachbereich Rechtswissenschaften der Universität Hannover als Dissertation angenommen. Zwischenzeitlich erschienene Literatur habe ich nach besten Kräften eingearbeitet; allerdings ist aufgrund der Weite des Themas, letztlich eine Vollständigkeit ohnehin nie zu erreichen.

Frau Astrid Suling danke ich für das Korrekturlesen.
Herrn Dr. Wolfram Klöber danke ich für die Hilfe bei Computerfragen und die kollegialen Gespräche hinsichtlich der Veröffentlichung.

Mein Dank gilt meiner Mutter Elisabeth Rosin, welche die ganze Zeit an meiner Seite stand und mir ständigen Zuspruch zuteil werden ließ.

Meiner Frau Susanne Rosin danke ich besonders herzlich dafür, daß auch sie stets an meiner Seite stand, für die dauerhafte und unerschütterliche Unterstützung in jeglicher Hinsicht, ihre Geduld und ihren ständigen Zuspruch, ohne den diese Arbeit aus vielerlei Gründen nicht zustande gekommen wäre.

Hannover im Juni 2003   Nicolai Rosin

EINLEITUNG

I. Die Problemstellung: Souveränität als Folge von Krisenzeiten. 17

II. Von der Krise der frühen Neuzeit im Europa des 16. und 17. Jahrhunderts zu der Krise der Weimarer Republik. Oder: Carl Schmitt als Denker des Ausnahmezustands 20
1. Carl Schmitt und das Problem der Souveränität als Ausnahmezustand .. 25
2. Carl Schmitt und das Problem der Souveränität in der „Politischen Theologie": Norm und Entscheidung 26
3. „Der Wert des Staates" oder der Primat des Rechts vor Macht 33
4. „Die Diktatur" oder der Weg zum Primat der Macht vor dem Recht 36

III. Aufbau der Untersuchung 39

1. KAPITEL: NICCOLÒ MACHIAVELLI

I. Der zeitgenössische politische Hintergrund. Italien zur Zeit Machiavellis 41

II. D...... ie Auflösung der teleologischen Politikkonzeption aristotelischer Prägung und die neue Aufgabe 44

III. Die Rolle der Erfahrung in der Rechts- bzw. politischen Philosophie. Oder: Fortschritt wird aus Erfahrung geboren. 47
1. Die verità effettuale (Die Wirklichkeit der Dinge) 47
2. Die Analyse der Geschichte: Die Verbindung der politischen Erfahrung mit der Wirklichkeit der Dinge 51
3. Dell' ambizione (Der Ehrgeiz) und die stabile Ordnung 54
4. Die vier Grundbegriffe 56
5. Machiavellis Lehre vom Kreislauf der Geschichte 59

6. Machiavellis Folgerungen für die Stabilisierung der Ordnung: Das Problem der Tyrannis oder die Ordnungsstiftung durch den „principe nuovo" und „uomo virtuoso" 63

IV. **Strategien zur Etablierung von Fürstenherrschaft: Staatsmacht und Bürgerfreiheit. Fürstenherrschaft und Republik als die maßgeblichen Staatsformen.** 68
1. Die erste Strategie: „Il Principe" 68
2. Die zweite Strategie: „Discorsi" 72

V. **Machiavellis Gründungsleistung: Macht und Ordnung sowie Moral und Macht** 74
1. Gesetze als Fundamente zur Erhaltung der Macht und der Ordnung 74
2. Recht und Macht 78
3. Die Abwendung von der Tradition: Das Verhältnis von Politik und Macht sowie Moral und Macht 82

VI. **Macht und Ordnung, Macht und Freiheit. Staatsmacht und Bürgertugend oder das Verhältnis von „Il Principe" und „Discorsi"** 85

VII. **Die Rolle der Religion** 87

VIII. **Innovative Momente in Machiavellis politischer Theorie: Der Durchbruch der modernen Staatsidee. Machiavelli und Aspekte einer soziologischen Interpretation** 89
1. Machiavelli und die Legitimation des Rechts durch Verfahren 89
2. Machiavelli und die Struktur des politischen Codes 93
3. Machiavellis Gründungsleistung und die Folgeprobleme 97

2. KAPITEL: JEAN BODIN

I. Der zeitgenössische politische Hintergrund. Frankreich im 16. Jahrhundert zu Zeiten Bodins 101
1. Die Entwicklung der staatlichen Ordnung und deren Krise 101
2. Die Antwort Bodins als „Politiques" 103

II. Bodin, Machiavelli, die Bildungsgesetze von Staatlichkeit und die Stellung der Familie 106
1. Bodins Verhältnis zu Machiavelli 106
2. Anthropologie und die Bildungsgesetze von Gesellschaft- und Staatlichkeit 111

III. Der Souveränitätsbegriff und seine Ausbildung 118
1. Die Definition des Staates 118
2. Der Begriff der Souveränität 119
3. Die Merkmale der Souveränität: Der Souverän als Gesetzgeber 122
   a) Das Hauptmerkmal der Souveränität und ihr Zweck 122
   b) Die Souveränitätsmerkmale und die Unterscheidung von Gesetz und Vertrag 124

IV. Die Souveränität im Spannungsverhältnis 127
1. Principe „Legibus solutus"? Oder der absolute Souveränitätsbegriff 127
   a) Die soziale Einheit der Familie und das Privateigentum 130
   b) Die Grundgesetze oder leges fundamentalis und die Frage der prozeduralen Durchsetzbarkeit 131
2. Die Einschränkungen der Souveränität: Ein logischer Widerspruch? ...136

V. Die Unteilbarkeit der Souveränität und die Folgen für die Staatsformenlehre 136
1. Die Staatsform und die Souveränität 136

2. Das oberste Prinzip der Einteilung von Staatsformen:
   Die Souveränität..138
3. Die Staatsformenlehre und die Frage der Qualität der Staatsformen:
   Staats- und Regierungsform..140
   a) Die Unterscheidungskriterien für die Regierungsformen.........140
   b) Die Rolle der Justiz und der Harmonie als Optimierungskriterium für die Stabilität und Integration............................145
4. Legitimitätskriterien der Ausübung der Souveränitätsrechte...............146
   a) Die Wahrung von Freiheit und Eigentum...............................146
   b) Das Widerstandsrecht und die Tyrannei................................147

VI. Innovative Momente in Bodins politischer Philosophie..................152
1. Die Staatsform, die Geographie, das Klima und ihr Bezug zur
   Souveränität...152
2. Souveränität in Bodins Staatslehre und ihre soziologischen Aspekte:
   ein doppelter Ansatz..157
   a) Die Souveränität und das natürliche Recht...........................157
   b) Vom Mittelalter zum souveränen Staat................................. 159
3. Bodins Lösungsansätze für die Folgeprobleme von Machiavelli..........161

3. KAPITEL: THOMAS HOBBES

**I. Der zeitgenössische politische Hintergrund.
   England zur Zeit Hobbes'..165**

II. Der Gründungs- und Originalitätsanspruch des Hobbes'...............171
1. Die analytisch-synthetische Methode.....................................171
2. Der Originalitätsanspruch 173
3. Die einzelnen Menschen als einfache Bestandteile 174

4. Die Grundverfaßtheit der Welt: „mater in motion" und der Selbsterhaltungstrieb der Menschen 176

III. **Die Antinomie des Naturzustandes** **177**
1. Die anthropologischen Grundannahmen 177
2. Der reine Naturzustand 182
3. Die drei Konfliktursachen im Naturzustand 185

IV. **Natürliches Recht und natürliches Gesetz. Hobbes' neuartige Grundlegung der Moralphilosophie** **192**
1. Natürliches Recht (Natural Right) 192
2. Natürliches Gesetz (Natural law) 194
3. Das Verhältnis von Recht und Gesetz und die neunzehn natürlichen Gesetze 198
4. Ein Interpretationsversuch des Naturzustands. Oder: Das normative und innovative Element in Hobbes' politischer Philosophie 202
5. Die Frage der Konstitution und der Durchsetzung und Sicherung wechselseitiger Handlungserwartungen. Oder: Vernunft und Moralphilosophie 210

V. **Die Staatsgründung als Gesellschafts- und Ermächtigungsvertrag in einem und die Frage nach dem Wesen der Souveränität** **213**
1. Rechtsverzicht und Rechtsübertragung: Der Weg aus dem Naturzustand 213
2. Friedensstiftung durch Machtmonopolisierung 217
3. Das Problem der Unsicherheit 218
4. Autorisierung und politische Einheit: Der Staatsvertrag 218
5. Die neue Problemstellung 221

VI. **Der eingesetzte oder angeeignete Staat und die drei möglichen Staatsformen** **224**

1. Der Übergang vom Naturzustand zum bürgerlichen Zustand 224
2. Der Staat durch Einsetzung und durch Aneignung und die drei Staatsformen 226

VII. **Die Souveränitätsrechte und der bürgerliche Staat** 227
1. Die zwölf Souveränitätsrechte 227
2. Bindung des Souveräns und die Frage des Widerstandsrechts 228
3. Der bürgerliche Staat 232
   a) Die Einteilung der Gesetze und des Rechts 232
   b) Die bürgerlichen Gesetze als Befehl 234
   c) Die Staatsformen und die erste Schlußfolgerung 235
   d) „Legibus solutus" oder die zweite Schlußfolgerung 236
4. Das Verhältnis von bürgerlichen und natürlichen Gesetzen im Staat und die Rolle des Souveräns und der Richter als innovatives Moment 237
   a) Die Einschluß-These 237
   b) Die problemlösende Strategie als innovatives Element in Hobbes' politischer Philosophie 241

VIII. **Zusammenfassung der Hobbesschen Strategien und Lösungsansätze: Die Lösung der Folgeprobleme von Machiavelli und Bodin** 248

SCHLUßKAPITEL

I. **Souveränität zwischen Macht und Recht** 255

II. **Carl Schmitt und sein Verhältnis zu Machiavelli, Bodin und Hobbes** 258
1. Machiavelli 260
2. Bodin 262
3. Hobbes 267
4. Souveränität im Wandel 272

Literaturverzeichnis..275

Einleitung

I. Die Problemstellung: Souveränität als Folge von Krisenzeiten.

Wenn erst in Krisenzeiten die im Normalzustand verborgenen Bedingungen und Grundlagen politischer Ordnung wieder sichtbar und thematisiert werden, dann verspricht die Analyse der politischen Philosophie seit dem 16. Jahrhundert besonderen Aufschluß über diese Grundlagen, ihre Institutionalisierung und Neubegründung. Dieser Ansatzpunkt soll anhand von drei Umbruchperioden untersucht werden, die eine über eineinhalb Jahrtausende alte politische Theorie und Konzeption von guter Ordnung des Gemeinwesens ablösen. Ausgangspunkt ist die Entwicklung des Souveränitätsbegriffs, die Frage, wie die Souveränität begründet ist und ob diese auch faktisch, normativ und rechtlich begrenzt ist. Begonnen wird mit dem großen Umbruch in der frühen Neuzeit zu Beginn des 16. Jahrhunderts. Es sollen die Ursachen und Auswirkungen analysiert werden, warum der Souveränitätsbegriff in der politischen Theorie der frühen Neuzeit aufkommt und welches die Gründe für seinen Erfolg sind. Die Entwicklung der Souveränität, die Ausprägung des Souveränitätsbegriffs und deren Folgeprobleme beginnen mit Niccolò Machiavelli, welcher den Begriff der Souveränität selbst noch nicht kannte. Er ist der radikale Begründer und Neuerer Anfang des 16. Jahrhunderts. Die mit ihm beginnende Entwicklung wird in der zweiten Hälfte des Jahrhunderts mit Jean Bodin, dem Begründer des Souveränitätsbegriffs, fortgesetzt. Die Entwicklung endet mit der wohl ausgereiftesten Formulierung und Lösung des Problems der Souveränität und ihres Begriffs zwischen Macht und Recht Mitte des 17. Jahrhunderts mit Hobbes' staatstheoretischen Grundannahmen. Die frühzeitlichen Staatstheoretiker wie Machiavelli, Bodin und Hobbes vollziehen den Bruch mit der Antike und dem Gedanken einer einheitlichen normativen Ordnung in Form des Naturrechtsdenkens, insbesondere mit der aristotelischen Staatstheorie. Erst im 17. Jahrhundert, nachdem mit der Entstehung eines neuen Konzeptes der politischen Philosophie und der Konstituierung eines nicht-teleologischen Begriffes der Natur in der „galileischen" Physik die Grundlagen dieser Lehre unglaubwürdig wurden, bricht die vormals einheitliche Theorie der Politik auseinander. Dies ist die Situation, vor die sich die politische Philosophie seit Machiavelli, Bodin und Hobbes gestellt sieht.

Im Zeitalter der Renaissance ist Italien ein Spielball fremder Mächte geworden. Ihm folgen unentscheidbare oder praktisch nicht entschiedene Religionsstreitigkeiten und religiöse Bürgerkriege in Frankreich und England. Hier sollen die Gründe der Ablösung der alteuropäischen Herrschaftsbestimmung und der Übergang zur neuzeitlichen Form der autonomen souveränen Herrschaft verdeutlicht werden.

Seit dem 14. Jahrhundert zeigt sich – ähnlich wie in den Zeiten der Krise der griechischen Polis im Athen des 5. vorchristlichen Jahrhunderts –, daß die Bedingungen für die Bildung stabiler Großreiche noch nicht einheitlich vorlagen. Es bildeten sich neue labile Machtlagen. Dies war die beginnende Zeit für die institutionstheoretischen neuen Ansätze politischer Theorien und Philosophien. Das gilt für Oberitalien seit dem 14. Jahrhundert nicht weniger, als für die Zeit der konfessionellen Spaltung und der Bürgerkriege.[1]

Die Gründe für die Ursachen des Aufkommens des Souveränitätsbegriffs und der Wechsel in der politischen Philosophie reichen bis ins 14. Jahrhundert zurück, als die französische Monarchie wie eine Anzahl italienischer Stadtstaaten auf ihrer relativen Unabhängigkeit zunächst gegenüber

---

[1] Walther, Krise der Polis, S. 24.

dem Kaiser, sodann auch gegenüber dem Papst bestanden.[2] Die ursprünglich sozial ständisch geprägte Gesellschaft des ausgehenden Mittelalters begann sich zu differenzieren. Es bedurfte ausdifferenzierter Regeln und Institutionen, um Gesellschaften zu integrieren, die durch bloßes Vorbild oder die Kraft der alteuropäischen Tradition nicht länger hätten zusammengehalten werden können.[3] Neben der „Unwandelbarkeit" der aristotelischen Begriffe,[4] welche bis zu Hobbes fast gänzlich im Vordergrund standen, steht nun die Emanzipation von der traditionellen Rechts-, Staats- und Sozialphilosophie in der frühen Neuzeit im Vordergrund. In den Zeiten der Krisen haben vor allem Machiavelli, Bodin[5] und Hobbes Lösungsvorschläge zur begrifflichen Fassung der Souveränität im Spannungsfeld von Macht und Recht gemacht. Meine These ist, daß sich der Souveränitätsbegriff erst in Krisenzeiten fundamental entwickelt hat. Der Begriff der Krise (Krisis, „Entscheidung", Wendepunkt) ist hierbei zu verstehen als die Bezeichnung für die plötzliche Zuspitzung oder das plötzliche Auftreten einer Problemsituation, die mit den herkömmlichen

---

[2] Vgl.: Münkler, Einführung, S. 84, der allerdings von einem „Paradigmenwechsel" spricht. Auch Carl Schmitt, Die Diktatur, zeigt, daß die oberste Entscheidungsgewalt zuerst in der Kanonistik für den Papst in Anspruch genommen wurde, um dann auf weltliche Fürsten übertragen zu werden. Gleichwohl sieht er erst in den konfessionellen Bürgerkriegen des 16. und 17. Jahrhunderts die Gründungsleistung des neuzeitlichen Staates. Kritisch zu dieser sog. Säkularisations-these, H. Dreier, Konfessionalisierung, S. 6 – 11.

[3] Münkler, Einführung, S. 84 f.

[4] „Es käme ... zunächst darauf an, ... Ordnung zu schaffen und, mit welchen Mitteln auch immer, ein bestimmtes moralisches System als das einzige auszuweisen. Die Philosophie hat bekanntlich diese Last auf sich genommen und sich in ihrer langen Geschichte in aristotelischen, ... oder wie auch sonst ansetzenden Letztbegründungsversuchen mit jeweils verzweigten Varianten festgerannt. ... Deshalb (ist, NR) das vorläufige Ergebnis festzuhalten, nämlich das einer unversöhnlichen philosophischen Konkurrenz." Nocke, Moral, S. 349.

[5] Erstaunlich ist, daß selbst in neuesten Sammelbänden zu „Souveränitätskonzeptionen" kritiklos mit Bodin als „am Anfang" stehend begonnen wird, ohne auf Vorläufer einzugehen. Vgl.: Peters/Schröder, Souveränitätskonzeptionen, S. 5.

Problemlösungstechniken nicht bewältigt werden kann.[6] Der Souveränitätsbegriff steht im Zentrum des Spannungsverhältnisses von Macht und Recht.[7] Mit anderen Worten: Nach dem Zusammenbruch des mittelalterlichen Universalismus durch die Renaissance und die Reformation entwickelte sich – schon bei Machiavelli, vor allem bei Bodin und dann später in Vollendung bei Hobbes – die Vorstellung von zentralstaatlicher souveräner Herrschaft als dem einzigen verbliebenen Instrument zur Sicherung der politischen Ordnung und des sozialen Friedens.

Die radikale Beantwortung offener Souveränitätsfragen bildet den Grundstein für den Durchbruch der modernen Staatsidee und des Souveränitätsgedankens. Die Entwicklung wird zeigen, daß es eine stufenweise Weiterbildung von Machiavelli über Bodin zu Hobbes gibt. Inwieweit Hobbes letztlich den Schluß- und Höhepunkt dieser Entwicklungskette bildet, soll die Untersuchung selbst am Ende zeigen.

II. Von der Krise der frühen Neuzeit im Europa des 16. und 17. Jahrhunderts zu der Krise der Weimarer Republik. Oder: Carl Schmitt als Denker des Ausnahmezustands.

Auch die heutige Diskussion ist angesichts immer wieder aufkommender krisenhafter Erscheinungen von der Frage geprägt, ob die Souveränität eine normative und rechtlich geprägte Konzeption ist oder ob es sich bei ihr um eine faktisch funktionierende, die Ordnung prägende Konzeption handelt. Vor diesem Hintergrund stellt sich die Frage, inwieweit Carl

---

[6] Vgl.: Rammstedt, Krise, S. 377. Zum Krisenbegriff: Habermas, Legitimationsprobleme, S. 9 ff. „Mit Krisen verbinden wir die Vorstellung einer objektiven Gewalt, die einem Subjekt ein Stück Souveränität entzieht, die ihm normalerweise zusteht." A.a.O., S. 10. Sowie Forndran, Krise, S. 23 – 28, 42 f.

[7] Vgl. aus historischer Sicht: Demandt, Macht und Recht, S. 341 ff. sowie Malettke, Frankreich, S. 15 ff.

Schmitts These von dem Souveränitätsbegriff als einem Ordnungsbegriff auch auf Machiavelli, Bodin und Hobbes zutrifft und welche Rolle das Verhältnis von Macht und Recht dabei spielt. Die Souveränitätstheorie von Schmitt ist ein Musterbeispiel des 20. Jahrhunderts, die Souveränität von der Krise, also vom Ausnahmezustand her zu denken. Der Ausnahmezustand ist für Schmitt dadurch gekennzeichnet, daß alle Sicherheiten für den Menschen in seinem sozialen Zusammenleben verloren gegangen sind; dadurch ist gleichzeitig eine Partikularisierung der Gemeinschaft in Teilgruppen eingetreten, die gegeneinander streiten.[8] Die Leitfrage ist, ob es entgegen der Darstellung bei Carl Schmitt nicht schon bei Machiavelli, Bodin und Hobbes den Versuch der Begrenzung, also der rechtlichen und/oder moralischen Einhegung der Souveränität gibt.

Warum gerade Carl Schmitt für unsere Untersuchung ein vielversprechender Einstieg ist, hat Manfred Walther prägnant formuliert: „Carl Schmitt benennt in selten vorkommender Deutlichkeit, mit einem großen Gespür, politische Grundprobleme der modernen Gesellschaft, ihres Rechts und ihres Staates. Und er behandelt diese Probleme ohne die normativen Tabus, die an radikalem Denken und damit an grundlegenden Einsichten hindern."[9] Dabei sucht er zu zeigen, daß auch in der Weimarer Republik die Situation des Bürgerkrieges latent gegeben ist.[10] Diese beiden Punkte verbinden ihn mit Machiavelli, Bodin und Hobbes. Bemerkenswert ist auch der Gründungsanspruch, den Schmitt hat, wenn er schreibt: „Keiner scheint sich die Mühe gegeben zu haben, die endlos wiederholte, völlig leere Redensart von der höchsten Macht bei den berühmten Autoren des Souveränitätsbegriffes genauer zu untersuchen."[11]

---

[8] Waechter, Einheit des Staates, S. 19.
[9] Walther, Schmitt, S. 423.
[10] Waechter, Einheit des Staates, S. 21.
[11] Schmitt, Politische Theologie, S. 14.

In diesem Zusammenhang erscheint es aufschlußreich, Carl Schmitts[12] theoretische Gedanken zur Frage der Souveränität als Leitfaden heranzuziehen, zumal er selbst diese Frage nach der Entstehung des modernen Staates in den Jahren 1921-22 – also in Krisenzeiten – wieder aufgreift.[13] Auch und gerade in den jungen Jahren der Weimarer Republik war die Bürgerkriegsgefahr noch nicht gänzlich überwunden, und der Bestand des Staates war – ähnlich wie im 16./17. Jahrhundert – gefährdet.

Zum historischen Hintergrund dieser Zeit läßt sich feststellen, daß sich die Zerstörung der Weimarer Republik auf vielen Ebenen vollzog. Eine davon bildeten die vehementen Angriffe etlicher Schriftsteller und Wissenschaftler, die die Republik verhöhnten und ihr das Lebensrecht und ihre Überlebensfähigkeit absprachen. Dabei zielten die Angriffe dieser Kritiker meist nicht nur auf einzelne Verfassungsbestimmungen und Institutionen der Weimarer Republik, sondern auf ihr politisches Grundprinzip:[14] Die Überzeugung, daß eine politische Ordnung nur auf den Grundsätzen der Vernunft begründet werden könne und Interessengegensätze innerhalb dieser Ordnung ohne Gewalt, allein durch Mehrheitsentscheid auszutragen seien, wurde von den Vertretern des antidemokrati-

---

[12] Carl Schmitt wurde am 11.7.1888 als ältestes von vier Kindern in Plettenberg im Sauerland geboren. Ein Lebensbild wird bei Noack, Schmitt, S. 15 ff. und bei Wiegand, Ein Lebensbild Carl Schmitts, S. 778 ff., nachgezeichnet. Vgl. für eine Diaspora-Situation in Plettenberg: Noack, a.a.O., S. 16 f. Dagegen Rüthers, Wer war Schmitt, S. 1683, der „diese Hervorhebung" für „objektiv fragwürdig und subjektiv" hält (1905 gab es 4198 Protestanten und 1112 Katholiken in Plettenberg). Dem politischen Katholizismus nahestehend, war er in den frühen dreißiger Jahren Berater von Papen und Schleicher.

[13] Es sei darauf hingewiesen, daß innerhalb weniger Jahre zwischen 1920 und 1927 mit Hans Kelsen, Hermann Heller und Carl Schmitt gleich drei führende Staatsrechtler in der Weimarer Republik Monographien zur Problematik der Souveränität publiziert haben; Kelsen: Das Problem der Souveränität (1920), Schmitt: Die Diktatur (1921) und Politische Theologie (1922), Heller: Die Souveränität (1927).Vgl.: Hebeisen, Souveränität, S. 24 ff., sowie grds. auch Quaritsch, Staat, S. 11 – 15, der u.a. auf Carl Schmitt und auf die (staatstheoretische) Entwicklung dieser Jahre der Krise eingeht. Sowie Hans-Peter Schneider, Souveränität, S. 584 ff., 594.

[14] Vgl.: Münkler, Weimarer Republik, S. 283; Koller, Rechtfertigung, S. 319.

schen Irrationalismus, der insbesondere innerhalb der politischen Rechten der Weimarer Republik große Verbreitung fand, vehement bestritten. „Die Mehrheit in den Sattel setzen, heißt das Niedere herrschend machen über das Höhere", schrieb beispielsweise Othmar Spann in „Der wahre Staat".[15] Auch „die Linke" hat sich keineswegs vollauf und durchweg mit der Weimarer Republik identifiziert: Gänzlich abgelehnt wurde die Republik von der KPD. Die deutsche Sozialdemokratie hat die Republik zwar getragen und sie als einzige Partei der Weimarer Koalition bis zum Schluß verteidigt, aber auch weite Teile der Sozialdemokratie waren mit der Weimarer Republik unzufrieden und sahen insbesondere in der Verfassung ein unzureichendes Kompromißprodukt. Aus Gründen der Begrenzung kann hier leider nicht näher auf den „deutschen Juristenstand" in der Weimarer Republik eingegangen werden.[16]

Vor diesem Hintergrund konstatiert Hans Kelsen,[17] daß es sich bei der Krise der Weimarer Republik nicht zuletzt um eine erzeugte Krise handelt, die hervorgerufen wird „durch eine Kritik, die das Wesen dieser politischen Form unrichtig deutet, und darum auch ihren Wert falsch beurteilt."[18]

---

[15] Spann, Staat, S. 110. (Othmar Spann war Nationalökonom, Soziologe und Philosoph. Er starb 1950 und war ab 1938 im KZ Dachau.).

[16] Ausführlich dazu: Walther, Positivismus, S. 264 - 269. Interessant ist hierzu die Untersuchung von von Klaeden, Die deutsche Politik im Spiegel der juristischen Fachpresse 1871 - 1932, insbes. S. 58 - 61, wo zutreffend auf die „Ablehnung der Weimarer Staatsform" hingewiesen wird. Von Klaeden geht insbesondere der Klärung der Frage nach, „ob die juristische Fachpresse zur Auflösung der Weimarer Republik beigetragen hat." (S. 17).

[17] Hans Kelsen (1881 - 1973) wurde für Carl Schmitt in den zwanziger Jahren zum Hauptantipoden, wie sich insbesondere in der Schrift „Politische Theologie" (S. 20, 26 f.) zeigt. So auch Dreier, Schmitt, S. 97 und Walther, Schmitt, S. 422.

[18] Kelsen, Wesen und Wert, S. 28; Ders., Parlamentarismus, S. 5.

Auch Carl Schmitt sieht die Weimarer Republik durch die Demokratisierung gefährdet, wenn er, in guter deutscher humanistisch - platonischer[19] Sichtweise, schreibt: „Es entspricht den humanistischen Anschauungen, im Volk, der ungebildeten Masse, dem bunten Tier, ... wie es bei Platon (Politeia IX 588 c, Soph. 226 A) heißt, etwas Irrationales zu sehen, das durch die Ratio beherrscht und geführt werden muß. Ist das Volk aber ir-

---

[19] Selbstverständlich ist hier nicht der Punkt, wo ausführlich auf Platon eingegangen werden kann. Es soll jedoch auf die spezifisch deutsche Platoninterpretation bis zur Bundesrepublik, also vor allem vom Kaiserreich bis zur NS-Diktatur eingegangen werden. In seinem Werk Politeia geht es Platon vor allem um die Theorie des Staates, wie er sein soll, wobei dies bei Platon nur ein Modell ist. Hierunter fallen die Ideenlehre (die Unterscheidung zwischen Wesen und Erscheinung), das Höhlengleichnis (Politeia 514 ff.) und die Tugendlehre (mit den vier Kardinaltugenden: Weisheit, Tapferkeit, Besonnenheit und Gerechtigkeit; Vgl. Politeia 472 ff.). Zentral ist die Sozial- und Staatslehre, d.h. die Frage, wie die Polis richtig geordnet sein muß. Kernpunkt ist der Elitegedanke von den drei Hauptständen, in der die Menschen eine der Natur entsprechende Fähigkeit haben. Die Herrscher (Archontes) haben als zugeordneten Seelenteil das Vernunftartige (logistikon) und als Tugend die Weisheit (sophia). Die Wächter (phylakes) oder Krieger haben als zugeordnetes Seelenteil das Mutartige (thymolides) und als Tugend den Mut (Andreia) oder die Tapferkeit. Für beide oberen Stände lehnt Platon Eigentum ab und fordert Gütergemeinschaft (Politeia 416c ff. und 462c ff.) Die Gewerbetreibenden (georgoi, demiourgoi) haben als zugeordnetes Seelenteil das Begehrensartige (epithymetikon) und als Tugend die Besonnenheit (sophrosyne). Letztere dürfen als Erwerbsstand wirtschaften und (Privat-)Eigentum und eine (Privat-)Familie haben. Es gibt eine Gemeinschaftserziehung und eine ausschließliche Zugehörigkeit zu einem Stand nach Fähigkeit und Begabung. Vgl.: Patzer, Die Entstehung, S. 251 – 259. Diese frühe Phase von Platons Werk hat im „humanistischen" Deutschland eine feste Tradition. Nur Personen, die eine bestimmte Qualifikation oder einen Stand (vgl. Dreiklassenwahlrecht) haben, dürfen Führungspositionen übernehmen. Es gibt eine bestehende (natürliche) Elite. Dieser Gedanke lebt zum Teil in der (damals) hochgebildeten Herrschaft und Führungsschicht fort, in der – gemäß den gymnasialen Idealen – die Entwicklung des ganzen Menschen im Vordergrund stand. Die Elite wird so „produziert" und durch die aufkommende Demokratie bedroht. Hier sei auf das Zitat von Alfred Andersch, Der Vater eines Mörders, S. 136 hingewiesen: „Schützt Humanismus denn vor gar nichts?" Auf die Wiederaufnahme in der NS-Zeit des „Nähr-, Wehr- und Lehrstandes" und ähnliches soll hier nicht mehr eingangen werden. Man könnte auch sagen die Politeia ist die Lehre vom Idealstaat und die Nomoi ist die Lehre vom Realstaat. Platon hat in seinem späteren Werk, Nomoi, einen deutlichen Einschnitt innerhalb seiner Philosophie vorgenommen und rückt von der Idee der Gesetze im Sinne des Höhlengleichnis ab. Die Gesetze herrschen, nicht die Menschen. Nach Platon ist die beste Formel der Verfassung, wenn die Gesetze herrschen. Gerade die letzte Variante hat in England und den anglo-amerikanischen Ländern eine lange Tradition im Sinne von „the rule of law".

rational, so kann man nicht mit ihm verhandeln und Verträge schließen, sondern muß es durch List oder Gewalt meistern."[20]

1. Carl Schmitt und das Problem der Souveränität als Ausnahmezustand

Um sich dem Problem der Fassung des Souveränitätsbegriffs zwischen Macht und Recht zu nähern, erscheint es notwendig und hilfreich, die Diskrepanz zwischen der normativen und der analytisch-deskriptiven Betrachtungsweise des rechtlich-politischen Doppelbegriffs der Souveränität anhand der klassisch gewordenen Definition von Carl Schmitt als „Leitsatz" voranzustellen: „Souverän ist, wer über den Ausnahmezustand entscheidet."[21]
Um diesen Satz aus der „Politischen Theologie" zu verstehen, muß auf zwei vorherige Arbeiten von Carl Schmitt zurückgegriffen werden: Zum einen auf sein Werk über „Die Diktatur" und zum anderen auf seine im Kaiserreich entstandene Habilitationsschrift „Der Wert des Staates und die Bedeutung des Einzelnen".[22] Im letzteren Werk widmet Schmitt dem Thema Macht und Recht ein ganzes Kapitel.[23] Entscheidend ist in der „Politischen Theologie" der Denkansatz, die Souveränität vom Ausnahmezustand her zu denken. Was oder wer gilt dann noch als Souverän? Die Norm und die Rechtsordnung oder die Entscheidung und die Ordnung?

---

[20] Schmitt, Diktatur, S. 9 f.
[21] Schmitt, Politische Theologie, S. 11. Eine prägnante – wenn auch bestreitbare – Interpretation findet sich bei Böckernförde, Der Begriff, S. 350 f. Grundlegend: Hennies, Souveränität, S. 37 - 45
[22] „Die Diktatur – von den Anfängen des modernen Souveränitätsdenkens bis zum proletarischen Klassenkampf" (1921) und „Der Wert des Staates und die Bedeutung des Einzelnen" (1914).
[23] Rüthers, Schmitt, S. 897 merkt dazu treffend an: „Das Thema Macht hat Schmitt zeitlebens fasziniert." So auch Pünder, Schmitt, S. 1, 25.

Als Leitfragen stellen sich Schmitt und die drei politischen Philosophen Machiavelli, Bodin und Hobbes, ob die Souveränität in der jeweiligen „Definition" faktisch und/oder rechtlich begrenzt ist und wie die Bedingungen politischer Einheit und Stabilität hergestellt und gesichert werden.

2. Carl Schmitt und das Problem der Souveränität in der „Politischen Theologie": Norm und Entscheidung

Das Problem der Souveränität war für Schmitt ein Problem der Rechtsgeltung. Es stellt sich für ihn in den späten zwanziger Jahren als Problem der Alternative, daß eine Norm entweder kraft Richtigkeit oder kraft autoritärer Entscheidung gilt.[24] Letzteres stellt sich für ihn in Gestalt der Alternativen dar, daß es einen Normal- oder Ausnahmezustand gibt, wobei im letzteren eine Ordnung besteht und im zuerst genannten eine Rechtsordnung hergestellt wird. Schmitt geht dabei von der These aus, daß die konstitutiven Elemente jeder juristischen Entscheidung exemplarisch im Ausnahmezustand hervortreten, was ihn – jedenfalls in dieser Phase – zu einem Vertreter des Dezisionismus macht.[25]

Carl Schmitt definiert die Rechtsordnung wie folgt: „ ... jede Ordnung beruht auf einer Entscheidung, und auch der Begriff der Rechtsordnung, der gedankenlos als etwas Selbstverständliches angewandt wird, enthält den Gegensatz der zwei verschiedenen Elemente des Juristischen in sich.

---

[24] Vgl.: Schmitt, Verfassungslehre, S. 9 f. (im unmittelbaren Anschluß an die Auseinandersetzung mit Kelsen); Ders., Politische Theologie, S. 16 ff., S. 27 ff.

[25] Vgl.: Schmitt, Politische Theologie, S. 39, wo er als klassischen Vertreter dieses Denktypus Thomas Hobbes benennt. Vgl. zu Carl Schmitt und Thomas Hobbes mit Blick auf den Dezisionismus: Rohnheimer, Hobbes, S. 484 ff.; sowie Meuter, Ordnungsdenken, S. 83 ff.

Auch die Rechtsordnung, wie jede Ordnung, beruht auf einer Entscheidung und nicht auf einer Norm."[26]

Bereits hier fragt sich, ob diese Aussage richtig ist, ob nicht die staatliche Entscheidung bereits auf einer Norm beruht, und zwar der, daß der Staat entscheiden solle. Versteht Schmitt unter Norm eine materielle Kompetenznorm? Dann aber bliebe das Problem, daß materielle Rechtsnormen für sich genommen nicht ausreichend sind. Zum weiteren Verständnis sind folgende Sätze entscheidend: „Weil der Ausnahmezustand immer noch etwas anderes ist als Anarchie und Chaos, besteht im juristischen Sinne immer noch eine Ordnung, wenn auch keine Rechtsordnung. Die Existenz des Staates bewahrt hier eine zweifellose Überlegenheit über die Geltung der Rechtsnorm. Die Entscheidung macht sich frei von jeder

---

[26] Schmitt, Politische Theologie, S. 16. Das Problem der Sanktion und von sanktionslosen Normen ist auch innerhalb einer Rechtsordnung problematisch. Röhl, Rechtslehre, S. 191, 16 schreibt hierzu: „Die Rechtsordnung unterscheidet sich von anderen sozialen Ordnungen dadurch, daß sie neben der Normbildung die Sanktionstätigkeit in besonderer Weise organisiert und mit Zwang verbunden hat. Das bedeutet aber nicht, daß ausnahmslos jede Rechtsnorm mit einer Sanktionsdrohung versehen sein müßte. Sanktionslose Normen heißen traditionell leges imperfectae." Zurecht weist Röhl darauf hin, daß die Ausnahmen selten sind. Sein „einziges Beispiel", die RichtgeschwindigkeitsVO, die zudem seit der Rechtsprechung des Bundesgerichtshofes (BGHZ 117, 337-345) nicht mehr sanktionslos bleibt, wie Röhl selber schreibt, kann um ein weiteres Beispiel ergänzt werden: § 67 Personenstandsgesetz vom 08.08.1957, zuletzt geändert am 21.08.2003, sieht zwar in der kirchlichen Trauung vor der Eheschließung eine Ordnungswidrigkeit, jedoch folgt keine Sanktionsandrohung, wie die einer Geldbuße mit einer festumrissenen Höhe. Während nach dem PStG 1875 und nach § 67 in der bis zum 31.12.1959 geltenden Fassung die Verletzung der vom Gesetz geforderten Reihenfolge der Trauungshandlungen eine strafbare Handlung darstellte, ist sie seit dem 1.1.1958 nur noch eine Ordnungswidrigkeit (Hepting/Gaaz, PStR Bd. 1 § 67 PStG Rn. 7). Da der Bundestag in der Sitzung vom 11.04.1957 eine Sanktion der neuen Ordnungswidrigkeiten durch Geldbuße ausdrücklich abgelehnt hat (vgl. BT-Drucks., 2. Wahlperiode, 1953, Nr. 3358 und Sitzungsberichte des 2. Bundestags, 204. Sitzung, 11.04.1957, S. 11602-11604), ist mit der Wirkung ab 1.1.1958 die Ordnungswidrigkeit sanktionslos, da die Zuwiderhandlung gegen § 67 PStG nicht mit einer Geldbuße bedroht ist. Der Gesetzgeber hat die Androhung einer Sanktion - im Gegensatz zu zahlreichen Parallelregelungen - bewußt unterlassen (vgl.: Krauss, Zwangszivilehe, S. 259). Der Abgeordnete Dr. Karl Weber nannte die §§ 67 und 67a eine "lex imperfekta" (Sitzungsberichte, a.a.O., S. 11604). Vgl. aus Sicht der römischen Rechtsgeschichte: Kaser, Römisches Privatrecht, S.58 m.w.N.

normativen Gebundenheit und wird im eigentlichen Sinne absolut. Im Ausnahmefall suspendiert der Staat das Recht kraft eines Selbsterhaltungsrechtes, wie man sagt. Die zwei Elemente des Begriffes ‚Rechtsordnung' treten hier einander gegenüber und beweisen ihre begriffliche Selbständigkeit. So wie im Normalfall das selbständige Moment der Entscheidung auf ein Minimum zurückgedrängt werden kann, wird im Ausnahmefall die Norm vernichtet. Trotzdem bleibt auch der Ausnahmefall der juristischen Erkenntnis zugänglich, weil beide Elemente, die Norm wie die Entscheidung, im Rahmen des Juristischen verbleiben."[27] Entscheidend sind auch die weiteren charakteristischen Sätze: „Die Ausnahme ist das Nichtsubsumierbare; sie entzieht sich der generellen Fassung, aber gleichzeitig offenbart sie ein spezifisch juristisches Formelement, die Dezision, in voller Reinheit. In seiner absoluten Gestalt ist der Ausnahmefall dann eingetreten, wenn erst die Situation geschaffen werden muß, in der Rechtssätze gelten können. Jede generelle Normierung verlangt eine normale Gestaltung der Lebensverhältnisse, auf welche sie tatbestandsmäßig Anwendung finden soll und die sie ihrer normativen Regelung unterwirft. ... Diese faktische Normalität ist nicht bloß eine ‚äußere Voraussetzung', die der Jurist ignorieren kann; sie gehört vielmehr zu ihrer immanenten Geltung. Es gibt keine Norm, die auf ein Chaos anwendbar wäre ... Es muß eine normale Situation geschaffen werden, und souverän ist derjenige, der definitiv darüber entscheidet, ob dieser Zustand wirklich herrscht. Alles Recht ist ‚Situationsrecht'. Der Souverän schafft und garantiert die Situation als Ganzes in ihrer Totalität. Er hat das Monopol dieser letzten Entscheidung."[28]

Hier wird die Unterscheidung von Ordnung und Rechtsordnung deutlich. Parallel hierzu nimmt Schmitt die Unterscheidung von Ausnahmezustand

---

[27] Schmitt, Politische Theologie, S. 18 f.
[28] Schmitt, Politische Theologie, S. 19.

und Normalzustand vor, sowie von Ordnung und Entscheidung. Im Ausnahmezustand herrscht Ordnung. Im Normalzustand herrscht die Rechtsordnung durch das Vorhandensein einer Norm. Eine Ordnung ist durch die Entscheidung charakterisiert. Die Ordnung und die Rechtsordnung verhalten sich zueinander wie Entscheidung und Norm. Die Norm, i.S.v. Recht, muß erst durch die faktische Macht in Form der Ordnung durch Entscheidung geschaffen werden. Die Ordnung ist die zu schaffende Bedingung für den Bestand einer Rechtsordnung. Im Chaos gibt es noch keine Norm bzw. kein Recht. Erst die Souveränität schafft durch die Entscheidung Ordnung. Nach Schmitt können Ordnung und Entscheidung ohne Rechtsordnung und Norm – also den Normalzustand – gedacht werden. Rechtsordnung und Norm können aber nicht ohne Ordnung und Entscheidung gedacht werden. Die Bedingungen der Normgeltung müssen erst geschaffen werden. Dies kulminiert in dem Satz: „Der Souverän schafft und garantiert die Situation als Ganzes in ihrer Totalität."[29]

Dieser Gedanke wird von Schmitt in seiner Abhandlung „Über drei Arten des rechtswissenschaftlichen Denkens"[30] weiterentwickelt. Von entscheidender Bedeutung sind drei Textpassagen, in denen deutlich wird, daß die Norm die Ordnung voraussetzt und welches das spezifisch Juristische ist. „Für das konkrete Ordnungsdenken ist ‚Ordnung' auch juristisch nicht in erster Linie Regel oder eine Summe von Regeln, sondern, umgekehrt, die Regel nur ein Bestandteil und ein Mittel der Ordnung. Das Normen- und Regel-Denken ist danach ein beschränkter, und zwar ein abgeleiteter Teil der gesamten und vollständigen rechtswissenschaftlichen Aufgabe und Betätigung. Die Norm oder Regel schafft nicht die Ordnung; sie hat vielmehr nur auf dem Boden und im Rahmen einer gegebenen Ordnung eine gewisse regulierende Funktion mit einem relativ kleinen Maß in sich selb-

---

[29] Schmitt, Politische Theologie, S. 19.
[30] Schmitt, Drei Arten (1934).

ständigen, von der Lage der Sache unabhängigen Geltens. Für eine rein normativistische Methode ist es dagegen kennzeichnend, daß sie die Norm oder Regel (im Gegensatz zur Entscheidung oder zur konkreten Ordnung) isoliert und verabsolutiert. Jede Regel, jede gesetzliche Normierung regelt viele Fälle. Sie erhebt sich über den Einzelfall und über die konkrete Situation und hat dadurch, als ‚Norm', eine gewisse Überlegenheit und Erhabenheit über die bloße Wirklichkeit und Tatsächlichkeit des konkreten Einzelfalles, der wechselnden Lage und des wechselnden Willen der Menschen."[31]

Nach Schmitt soll die reale Lebensordnung Vorrang haben. Hierfür von Bedeutung sind die beiden folgenden Textpassagen.

„Als echte und reine Entscheidung kann diese Herstellung der Ordnung weder aus dem Inhalt einer vorhergehenden Norm, noch aus einer bereits bestehenden Ordnung abgeleitet werden, sonst wäre sie entweder, normativistisch gedacht, bloße Selbstanwendung, Ausfluß einer bereits vorhandenen Ordnung, Wiederherstellung, nicht Herstellung der Ordnung. Die souveräne Entscheidung wird also juristisch weder aus einer Norm, noch aus einer konkreten Ordnung erklärt, noch in den Rahmen einer konkreten Ordnung eingefügt, weil im Gegenteil erst die Entscheidung für den Dezisionisten sowohl die Norm wie die Ordnung begründet. Die souveräne Entscheidung ist der absolute Anfang, und der Anfang ist nichts als souveräne Entscheidung."[32]

Die These Schmitts, daß die Entscheidung sowohl die Norm wie die Ordnung begründet, kulminiert in Schmitts historischer Grundthese, daß alles rechtswissenschaftliche Denken sich nur im Zusammenhang einer geschichtlich konkreten Grundordnung vollziehen kann:

---

[31] Schmitt, Drei Arten, S. 11.
[32] Schmitt, Drei Arten, S. 23 f.

„Alle Wandlungen eines juristischen Denktypus stehen, ... in dem großen geschichtlichen und systematischen Zusammenhang, der sie der jeweiligen Lage des politischen Gemeinschaftslebens einordnet."[33]

Aus diesen Aussagen ergibt sich, daß die souveräne Entscheidung den Ordnungsbegriff und die Norm begründet und gleichsam in sich hineinzieht. Auch wo die Norm gilt, bleibt die Entscheidung trotz ihres „Zurücktretens" das zentrale Moment. Die Norm, die mögliche generelle Konflikte regelt, ist in überschaubaren Situationen ein taugliches Mittel. In Krisenzeiten oder in Bürgerkriegssituationen kann nur die Entscheidung wirksam sein. Sie allein bringt Ordnung in ein Chaos. Die Entscheidung kann einen konkreten Erfolg bewirken und „in den kausalen Ablauf des Geschehens, mit Mitteln, deren Richtigkeit in ihrer Zweckmäßigkeit liegt",[34] eingreifen. Der Zweck ist die Beendigung der Krise und die Normalisierung der Lage, die Ordnung. Erst wenn sie hergestellt ist, kann die Norm wieder ihre Wirksamkeit entfalten, und die Entscheidung tritt wieder zurück. Wie schon zu Beginn gezeigt, beruht die Geltung der Norm nicht auf ihrer inhaltlichen Richtigkeit, sondern auf der autoritativen Entscheidung und Schaffung. Die Bindung einer Entscheidungsinstanz an eine Norm beruht nicht auf deren Geltung, sondern auf dem Willen der Entscheidungsinstanz selbst. Die Phase, in der die Entscheidung in der Rechtsordnung zurücktritt, dauert jedoch nur solange, wie die Rechtsordnung besteht. Die souveräne Entscheidungsinstanz hat das Monopol über den Ausnahme- und den Normalzustand.

Der Schwerpunkt des Juristischen beruht somit auf der Dezision, da die Norm nur eine Variante der Dezision darstellt.

---

[33] Schmitt, Drei Arten, S. 55. Vgl.: Ders., Staat, S. 375 ff. Zum Verständnis des Staates bei Carl Schmitt als einer geschichtlichen Größe unter Bezugnahme auf Machiavelli, Bodin und Hobbes vgl.: Eichhorn, Verständnis des Staates, S. 60 ff.

[34] Schmitt, Diktatur, S. XVII

Die Dezision ist ein zum Zweck der Überwindung der Anarchie und des Chaos gesetzter Willensakt einer souveränen Instanz. Ihre Beziehung zum konkreten Ordnungsdenken ist durch Schmitts Geschichtssicht verdeutlicht worden. Aus dem Chaos der Religionskriege entsteht die Dezision des absoluten Fürsten, also die konkrete Ordnung der modernen Territorialstaaten. Folglich entspricht der Dezisionismus als Denkform der Epoche, in der ein chaotischer Zustand durch die Dezision in die Ordnung überführt wird und so durch die ordnungsstiftende Entscheidung eine erfolgreiche Strategie zur Konstitution und Erhaltung politischer Ordnung entsteht. Der Dezisionismus als Denkform ist der Lösungsansatz, der nach Carl Schmitt für Machiavelli, Bodin und Hobbes zentral ist: „... weil der reine Dezionismus eine Unordnung voraussetzt, die nur dadurch in Ordnung gebracht wird, daß (nicht: wie) entschieden wird. Der entscheidende Souverän ist nicht etwa aufgrund einer bereits bestehenden Ordnung zuständig für die Entscheidung. Erst die Entscheidung, die an die Stelle der Unordnung und Unsicherheit des Naturzustandes die Ordnung und Sicherheit des staatlichen Zustandes setzt, macht ihn zum Souverän und macht alles weitere – Gesetz und Ordnung – möglich."[35]

Aufgrund der historischen Entwicklung verliert die Dezision ihre vorherrschende Stellung – bei Schmitt zu gunsten der konkreten Rechtsordnung – wobei das konkrete Ordnungsdenken jenen neueren Epochen entspricht, in denen eine konkrete Ordnung vorausgesetzt werden kann.

Souveränität ist somit für Schmitt kein Rechts-, sondern ein Ordnungs- bzw. Machtbegriff. Schmitt überwindet im weiteren die Trennung von Rechtswissenschaft und Soziologie, wenn über die Souveränität die Macht in das Recht hinzukommt. Das Grundproblem ist folgendes: „Die Verbindung von faktisch und rechtlich höchster Macht ist das Grundproblem des Souveränitätsbegriffes. Hier liegen alle seine Schwierigkeiten, und es

---

[35] Schmitt, Drei Arten, S. 24.

handelt sich darum, eine Definition zu finden, die nicht mit allgemeinen tautologischen Prädikaten, sondern durch die Präzisierung des juristisch Wesentlichen diesen Grundbegriff der Jurisprudenz erfaßt".[36] Die Ordnung ist nach Schmitt das gegenüber dem Recht Vorrangige. Diese entsteht aber erst durch die machtbewährte Entscheidung im und über den Ausnahmezustand. Die Entscheidung als „Grenzfall" werde erst dem Charakter der Souveränität als eines Grenzbegriffes gerecht.[37] Wann dieser tatbestandsmäßig vorliegt, kann nicht mit „subsumierbarer Klarheit angegeben werden." [38]
„Der Ausnahmefall offenbart das Wesen der staatlichen Autorität am klarsten. Hier sondert sich die Entscheidung von der Rechtsnorm, und (um es paradox zu formulieren) die Autorität beweist, daß sie, um Recht zu schaffen, nicht Recht zu haben braucht."[39]
Die Souveränität bedeutet den Durchbruch von Krise und unverfaßter zu verfaßter Ordnung. Dies stellt aber schon das vorläufige Ende des Entwicklungsprozeßes bei Schmitt dar. Den Anfang hat er gerade in bezug auf das Verhältnis von Macht und Recht in seinem Werk „Der Wert des Staates" gemacht.

3. „Der Wert des Staates" oder der Primat des Rechts vor Macht

Die Namen von Machiavelli,[40] Bodin und Hobbes tauchen im „Wert des Staates" gar nicht auf. In „Die Diktatur" behandelt Schmitt alle drei, wo-

---

[36] Schmitt, Politische Theologie, S. 26.
[37] Schmitt, Politische Theologie, S. 13.
[38] Schmitt, Politische Theologie, S. 14.
[39] Schmitt, Politische Theologie, S. 19.
[40] In Schmitts Aufzeichnungen aus den Jahren 1947-1951 tauchen alle drei Philosophen auf. Machiavelli an fünf Textstellen (vom 12.11.47. – 25.7.48), Bodin elf Mal (vom 9.9.47 – 30.4.48) und Hobbes an vierundzwanzig Tagen (vom 2.11.47 –

bei Bodin deutlich im Vordergrund steht, wie auch in der „Politischen Theologie", wo allerdings Machiavelli nicht mehr auftaucht. Letzteres ist verwunderlich, wo doch gerade Machiavellis Gedankenführung besonders geeignet erscheint, Schmitts These von der Souveränität als Macht- oder Ordnungsbegriff zu stützen. Auf Schmitts Wandel innerhalb seiner Theorie in der Zeit von 1914 bis 1922 und auf sein Verhältnis zu Macht und Recht, Machiavelli, Bodin und Hobbes soll anhand der Entstehungsgeschichte seines Werkes am Ende eingegangen werden.

In seinem Werk „Der Wert des Staates" postuliert Schmitt einen Dualismus von Recht und Macht, von Norm und empirischer Wirklichkeit.[41] In seinen Darlegungen vertritt Schmitt das Prinzip eines starken Staates, zugleich gegründet auf die Absolutheit des Rechts. Den Primat des Rechts statuiert er durch die Umkehrung der Machttheorie mit dem Satz, das Recht könne nur von der höchsten Gewalt ausgehen.[42] Das Gegenteil sei richtig, da alles vom Recht ausgeht. Dabei schließt der Primat des Rechts den starken Staat keineswegs aus, unbeschadet aller prinzipiellen Verschiedenheit von Macht und Recht.[43] Zwar ist „das Recht der Macht gegenüber selbständig und unabhängig", jedoch „soll das Recht ... zur Macht (werden), das heißt zu einer bloßen Tatsache (...), so kann es sich

---

24.6.51), womit er insgesamt fast fünfmal so oft auftaucht wie Machiavelli. Bezeichnend für Schmitts späteres Verhältnis zu Machiavelli ist der folgende Text: „Das Miserable an Machiavelli ist die Halbheit, die darin besteht, von der Macht überhaupt zu sprechen, sie zum Gegenstand des Geredes zu machen. Die Macht ist und bleibt ein Geheimnis. Die öffentliche Macht ist das undurchdringlichste Geheimnis. Wer Macht hat, der weiß das, und wer Macht haben will, sollte es wissen." Schmitt, Glossarium, 24.11.47, S. 49.

[41] Schmitt, Wert des Staates, insbes. S. 20, 38, 47, 75 f. Vgl.: Voigt, Staatskonzeptionen, S. 42 f., mit Hinweisen auf Machiavelli, Bodin und Hobbes (S. 35 ff.).

[42] Weber-Fas, Staatsgewalt, S. 256; Vgl. grundlegend: Schneider, Ausnahmezustand, S. 259 ff.; Ders., Recht und Macht, S. 17 ff., sowie Groh, Heillosigkeit, S. 74 ff., Dies., Macht politischer Mythen, S. 1 ff., Staff, Schmitt, S. 182 ff., insbes. S. 187 – 191 mit dem abschließenden Satz: „Die Faktizität jeweiliger politischer Machtverhältnisse ersetzt Normativität." (S. 191).

[43] Weber-Fas, Staatsgewalt, S. 256.

an keiner Stelle über die Tatsächlichkeit erheben."[44] Das Recht scheint gegenüber der Wirklichkeit autonom zu sein, jedoch kann es nicht auf die Wirklichkeit einwirken, es bleibt ein „abstrakter Gedanke".[45] Schmitt stellt die These „des Primates des Rechts vor der Macht" auf und „das Recht geht dem Staate vorher".[46] Durch das Benutzen der Formulierung, daß die „konkreten Willensäußerungen" im staatlichen, also positiven Gesetz, der „Abglanz" des abstrakten Rechts „in der empirischen Welt"[47] seien, läßt sich herauslesen, daß das Recht, welches dem Staat vorhergeht, nicht das positive, faktisch gegebene Recht ist, sondern eine „reine wertende, aus Tatsachen nicht zu rechtfertigende Norm".[48] Die Aufgabe des Staates ist es, „das Recht als reine(n) Gedanke(n) ... zu verwirklichen".[49] Der Staat ist der Vermittler zwischen Norm und empirischer Wirklichkeit. Nach Schmitt ist „der Staat nicht Schöpfer des Rechts, sondern das Recht Schöpfer des Staates ... das Recht geht dem Staate vorher."[50] Er versteht dieses Recht als das allgemeine Recht im Sinne einer Rechtsordnung, die die Wirklichkeit zu formen vermag.[51] Hinsichtlich des Verhältnisses von Macht und Recht weist Schmitt jede Ableitung des Rechts aus der faktischen Macht zurück.

---

[44] Schmitt, Wert des Staates, S. 20.
[45] Schmitt, Wert des Staates, S. 38.
[46] Schmitt, Wert des Staates, S. 38, 46, 50; Vgl. auch den Aufsatz: Recht und Macht, S. 37 ff., insbes. S. 52; dieser Teil der Ausführungen (der den S. 15 – 38 des Werkes „Wert des Staates" entspricht) ist ohne Änderungen drei Jahre später (1917) in der Zeitschrift Summa I erschienen.
[47] Schmitt, Wert des Staates, S. 75.
[48] Schmitt, Wert des Staates, S. 2.
[49] Schmitt, Wert des Staates, S. 52.
[50] Schmitt, Wert des Staates, S. 46.
[51] Nicoletti, Schmitt, S. 116.

4. „Die Diktatur" oder der Weg zum Primat der Macht vor dem Recht

Mit dem Wechsel vom Kaiserreich zur Weimarer Republik zeichnet sich bei Carl Schmitt eine gegenläufige Entwicklung in bezug auf das Verhältnis von Recht und Macht ab. Es gibt jemanden, der das Ideale in die empirische Wirklichkeit übersetzen kann. Dies kann der Staat, und dies können die Richter. Der Staat setzt anhand der „Richtschnur" des Rechtsgedankens das positive Gesetz in einem „Akt souveräner Entscheidung",[52] der Richter, indem er die allgemeine Norm auf einen konkreten Fall anwendet.[53] Somit wird in beiden Formen dieser Rechtsverwirklichung die amorphe empirische Wirklichkeit verbindlich geformt.

„Dadurch aber, daß der Staat die Verbindung herstellt zwischen dem Recht und der empirischen Welt, fließt in die durch den Staat proklamierte Rechtsnorm, die durch den Staat als Medium hindurchgegangen ist und so eine spezifische Modifikation erlitten hat, ein Moment des Empirischen mit ein."[54] Hier besteht ein Bruch zwischen dem Inhalt des (abstrakten) Rechts und dem mit Blick auf die zu gestaltende Wirklichkeit zweckbestimmten Inhalten des positiven Rechts, und zwar durch jeden „einzelnen empirischen Rechtssatz".[55] Die Rechtspraxis im Sinn der Rechtsverwirklichung wird gegenüber dem Rechtsgedanken gestärkt. Die Lehre von der Entscheidung tritt in den Vordergrund. Die Entscheidung wird unabhängig und löst sich von den Inhalten. Das positive staatliche Gesetz wird nicht nur in einem „Akt souveräner Entscheidung"[56] aufgrund des Rechtsgedankens inhaltlich bestimmt und gesetzt, sondern es ist Schmitt zufolge

---

[52] Schmitt, Wert des Staates, S.78.
[53] Vgl.: Schmitt, Wert des Staates, S. 51, 72 – 74.
[54] Schmitt, Wert des Staates, S. 74.
[55] Schmitt, Wert des Staates, S. 75 f.
[56] Schmitt, Wert des Staates, S. 78.

„notwendig, daß in jedem positiven Gesetz dies Moment des bloßen Festgestelltseins zur Geltung kommt, wonach es unter Umständen wichtiger ist, daß überhaupt etwas positive Bestimmung wird, als welcher konkrete Inhalt dazu wird. Diese inhaltliche Indifferenz ... ergibt sich aus dem Verwirklichungsstreben des Staates."[57] Die Rolle der Entscheidung haben die Richter und der Souverän: „sobald irgendwo das Bestreben einer Verwirklichung von Gedanken, einer Sichtbarmachung und Säkularisierung auftritt, erhebt sich gleich, neben dem Bedürfnis nach einer konkreten Entscheidung, die vor allem, und sei es auch auf Kosten des Gedankens, bestimmt sein muß, das Bestreben nach einer in derselben Weise bestimmten und unfehlbaren Instanz, die diese Formulierung gibt."[58]

Bereits hier im Frühwerk zeichnet sich der Bruch, der Wechsel vom Primat des Rechts vor der Macht zum Primat der Macht vor dem Recht, ab. Am deutlichsten wird dieser Wandel in der „Diktatur", wobei Schmitt sich mit Hobbes auseinandersetzt. Für Hobbes als Vertreter des sogenannten wissenschaftlichen Naturrechts gebe es kein „Recht mit bestimmten Inhalt als vorstaatliches Recht", sondern seinem „wissenschaftlichen System" liegt „mit größter Klarheit der Satz zugrunde ..., daß es vor dem Staate und außerhalb des Staates gerade darin liegt, daß er das Recht schafft, indem er den Streit um das Recht entscheidet ... Autoritas, non

---

[57] Schmitt, Wert des Staates, S. 79. Vgl. dazu: ders., Arten des Denkens, S. 24: „Bei Hobbes wird die logische Struktur des Dezisionismus am besten deutlich, weil der reine Dezisionismus eine Unordnung voraussetzt, die nur dadurch in Ordnung gebracht wird, daß (nicht: wie) entschieden wird." (Schmitt, Wert des Staates, S. 52). Nach Dreier, Schmitt, S. 207 Anm. 52 gehört diese Schrift bereits Schmitts „institutioneller" Phase an, da in ihr aber die drei Denkarten zunächst idealtypisch vorgestellt werden, kann das angeführte Zitat zur Interpretation von Schmitts Position in seiner dezisionistischen Phase herangezogen werden. Eine ähnliche Formulierung findet sich auch in „Die Diktatur, S. 22: „ ... während bei dem anderen ein Interesse nur daran besteht, daß überhaupt eine Entscheidung getroffen wird."

[58] Schmitt, Wert des Staates, S. 81.

veritas facit legem."⁵⁹ Die von Schmitt vollzogene Umkehrung oder Wende ist deutlich. In den Vordergrund tritt die Notwendigkeit, „daß überhaupt eine Entscheidung getroffen wird."⁶⁰
Schmitt sieht auch die notwendige und zwingende Konsequenz aus dem Verschwinden des vorstaatlichen Rechts: „Die im Gesetz liegende Entscheidung ist, normativ betrachtet, aus dem Nichts geboren. Sie wird begriffsnotwendig, ‚diktiert'."⁶¹ Um diesen Satz nicht mißzuverstehen und um die Einschränkung „normativ betrachtet" richtig einordnen zu können, ist es notwendig, die ähnliche Stelle aus der „Politischen Theologie" zu zitieren und den vorangegangenen und den folgenden Satz hinzuzunehmen: „Von dem Inhalt der zugrundeliegenden Norm aus betrachtet ist jenes konstitutive, spezifische Entscheidungsmoment etwas Neues und Fremdes. ... Die rechtliche Kraft der Dezision ist etwas anderes als das Resultat der Begründung."⁶²

Nach Schmitt ist das staatliche Gesetz ein „Befehl", der hervorgegangen ist aus dem Willen einer Person, der Person des Souveräns. Noch sieben Jahre vorher (1914 statt 1921) hieß es, „das Recht (sei) nicht Wille, sondern Norm, nicht Befehl, sondern Gebot." Hier liegt ein doch recht radi-

---

[59] Schmitt, Diktatur, S. 21. Vgl. ähnlich: ders., Politische Theologie, S. 39. Bereits hier sei darauf hingewiesen, daß Hobbes – entgegen der wohl noch h.M. - kein Rechtspositivist war, was aber später noch ausgeführt wird. Vgl.: Dreier, Schmitt, S. 207; Kersting, Rechtsverbindlichkeit, S. 368 und 376 (362), beide mit Bezug auf die sog. Trennungsthese; sowie Höffe, Sed Authoritas, S. 235 ff., insbes. S. 253 – 256. Wobei anzumerken ist, daß Kersting „selbstkritisch", S. 368 Anm. 24, seine „leichtfertige These von Hobbes als dem ersten Rechtspositivisten in der Geschichte der Philosophie" (in Ders.: Hobbes, S. 122) zurücknimmt. Die Abkehr von der Begründung des Rechtspositivismus durch Hobbes, setzt Kersting in Politik und Recht (siehe: Positives Recht), S. 13, 275 ff., S. 292, fort. Diese Modifikation ist sehr erfreulich und bemerkenswert. Vgl. auch zur historischen Bedeutung: Quaritsch, Staat, S. 117 f. (m.w.N.).

[60] Schmitt, Diktatur, S. 22.

[61] Schmitt, Diktatur, S. 22. Wortgleich, ohne die Bezugnahme auf dass Gesetz heißt es später in der Politischen Theologie, S. 37 f. : „Die Entscheidung ist, normativ betrachtet, aus dem nichts geboren."

[62] Schmitt, Politische Theologie, S. 37 f.

kaler Wechsel. Das Recht ist nicht mehr Norm, sondern Wille, nicht mehr Gebot, sondern Befehl und somit identisch mit dem positiven staatlichen Gesetz.[63]

III. Aufbau der Untersuchung

An die einführende Problemdarstellung schließt sich im ersten Kapitel die Rechts- bzw. politische Philosophie Niccolò Machiavellis an. Entscheidend für die neue Problemstellung ist für Machiavelli die Entwicklung von Ordnung und deren Erhaltung mit Hilfe von faktischer Macht des Fürsten. Das Kapitel untersucht u.a. die Bedingungen für die Schaffung einer Zentralgewalt, die Rolle der Erfahrung, das Verhältnis von Politik und Macht, Moral und Recht, sowie die Strategien zur Etablierung von Fürstenherrschaft.

Im zweiten Kapitel schließt sich die Begründung der Souveränitätslehren durch Jean Bodin an. Seine Lösungsansätze werden anhand der Souveränitätskonzeption erörtert. Im Vordergrund stehen die Entwicklung der staatlichen Ordnung vor dem Hintergrund der praktisch nicht entscheidbaren Religionskriege sowie die zentrale Stellung des Souveränitätsbegriffes.

Das dritte Kapitel widmet sich der Hobbesschen Denkweise und der Begründung des Staatsabsolutismus. Anhand des Gründungsanspruchs von Hobbes über die Darstellung der Antinomie des Naturzustandes und der Rolle der natürlichen Gesetze wird Hobbes' Verständnis von Souveränität und von Staatsgründung als Gesellschafts- und Ermächtigungsvertrag in einem erörtert. Der Schwerpunkt liegt in der Untersuchung der Souveräni-

---

[63] Schmitt, Diktatur, S. 21 f.

tätsrechte, dem Verhältnis von bürgerlichen und natürlichen Gesetzen im Staat und der Rolle des Souveräns und der Justiz.

In der abschließenden Schlußbetrachtung werden die Theorien von Machiavelli, Bodin und Hobbes und ihre Folgeprobleme und Lösungsvorschläge für das Verhältnis von Souveränität zwischen Macht und Recht anhand von Carl Schmitts Theorie zusammenfassend verglichen, und es wird ein Ausblick für den Souveränitätsbegriff und seine Funktion gegeben.

1. Kapitel: Niccolò Machiavelli

„Macht, und speziell politische Macht, hat einen schlechten Ruf."
Niklas Luhmann, Das Medium der Macht, S. 18

I. Der zeitgenössische politische Hintergrund. Italien zur Zeit Machiavellis

Die Lebenszeit von Niccolò Machiavelli (1469-1527) ist geprägt durch den Wandel politischer Institutionen und den krisenhaften Prozeß von Veränderungen in der italienischen Geschichte.[64] Am Ende des „Principe" spricht Machiavelli die Empfehlung aus, „sich Italiens zu bemächtigen und es von den Barbaren zu befreien".[65] In einem neuen Fürsten sieht er einen Hoffnungsstrahl: „Solcherart, gleichsam leblos geworden, erwartet Italien den, der imstande wäre, seine Wunden zu heilen, den Plünderungen der Lombarden, der Ausbeutung des Königreichs Neapel und der Toskana ein Ende zu setzen und es von seinen seit langer Zeit brennenden Wunden genesen zu lassen".[66] Machiavelli wünscht sich, daß der neue Fürst Italien „von der Grausamkeit und Gewalttätigkeit der Barbaren befreit".

Dieser Wunsch stellt aber bereits das Ende des Entwicklungs- und Erfahrungsprozeßes in Machiavellis Leben dar. Zu Beginn seines Lebens begann die Blüte von Florenz. Vor allem aber herrschte Frieden in Italien,

---

[64] Grundlegend: Münkler, Machiavelli. Schon im Titel spricht Münkler bezeichnenderweise von „der Krise der Stadt Florenz"; Ders., Übergang vom Mittelalter zur Neuzeit, S. 79 ff.; Ders., Niccolò Machiavelli, S. 120. Vgl.: Reinhardt, Geschichte Italiens, S. 11 ff., insbes. S. 16 f., 62.
[65] Machiavelli, Princ., XXVI, Ri, S. 199.
[66] Machiavelli, Princ., XXVI, Ri, S. 201.

denn das von Lorenzos Großvater Cosimo de Medici[67] (gestorben 1492) entworfene System des Gleichgewichts[68] zwischen den fünf italienischen Teilstaaten, den Republiken Venedig und Florenz, dem Herzogtum Mailand, dem Königreich Neapel und dem Kirchenstaat, sorgte dafür, daß keiner dieser Staaten erwarten durfte, er könne eine politisch-militärische Hegenomie auf der Halbinsel erringen, weswegen auch kein anderer fürchten mußte, er könne politisch-militärisch unterworfen werden, und deswegen auch nicht, um dies zu verhindern, auswärtige Mächte ins Land rufen mußte.[69] Diese Ordnung, die aus dem Chaos geboren wurde, war kurz vor dem Tod von Machiavelli, am 21. Juli 1527, wieder in das Chaos der rivalisirenden Mächte zurückgefallen. Die Stadtstaaten, die sich in Italien im 14. und 15. Jahrhundert gebildet hatten und eine starke politische und wirtschaftliche Zerrissenheit des Landes bewirkten, wurden im 16. und 17. Jahrhundert immer wieder in die Auseinandersetzungen der Großmächte hineingezogen. Italien litt vor allem unter den Kriegen zwischen Deutschland, Spanien und Frankreich.

In der Forschung wird überwiegend darauf verwiesen, daß das Jahr 1494 für die Geschichte Europas, für das Schicksal Italiens und für die abendländische Ideengeschichte eine entscheidende Bedeutung hat.[70] Bis 1494 bestand in Italien ein mehr oder weniger fragiles Gleichgewicht zwischen den fünf größten italienischen Staaten, das auf dem Frieden von Lodi aus dem Jahre 1452 beruhte. Dieses Gleichgewicht zerfiel aber, als Karl VIII. von Frankreich auf Bitten des Herzogs von Mailand, Ludovico Sforza, in

---

[67] Vgl.: Machiavelli, Princ., RI, Widmung, S. 5, wo Machiavelli den „Principe" dem „erlauchten" Lorenzo de` Medici widmet.

[68] Vgl. zum „labilen Gleichgewicht": Hausmann, Machiavelli, S. 40 ff.

[69] Münkler, Einleitung, Politische Schriften, S. 15.

[70] Kersting, Machiavelli, S. 13 f.; Kluxen, Machiavelli, S. 569; Münkler, Krieg, S. 34 – 52; Ridolfi, Machiavelli, S. 9, 15 ff.; Schmölz, Machiavelli, S. 132-134; Weber-Fas, Staatsgewalt, S. 80.

Italien eindrang. Durch diesen Einfall, bei dem Piero de Medici aus Florenz vertrieben wurde, beschleunigten sich die innenpolitischen Umbrüche in Florenz. Nach dem Tod von Lorenzo de Medici im Jahre 1492 konnte Piero als Nachfolger seines Vaters die „monarchische" Regentschaft nicht mehr halten. Formal war zwar die republikanische Verfassung beibehalten worden, jedoch wurde Florenz faktisch wie eine Monarchie regiert.

Florenz wurde kurzzeitig zu einer Theokratie unter dem Dominikaner-Mönch Girolamo Savonarola, die aber nur vier Jahre dauerte (1494-1498). Savonarola hatte Florenz zunächst eine theokratisch – demokratische Verfassung gegeben, wurde jedoch 1498 gestürzt und am 23. Mai 1498 auf dem Scheiterhaufen verbrannt.

Einen Monat später, am 19. Juli 1498, wurde Machiavelli vom Großen Rat, der Florentiner Bürgerbewegung, zum Segretario della Repubblica gewählt und zum Vorsteher der mit militärischen Angelegenheiten und außenpolitischen Beziehungen befaßten Zweiten Kanzlei ernannt.[71]
1498 kehrte Florenz unter der Führung von Piero Soderini zur republikanischen Staatsform zurück. 1512 wurde die Republik in Florenz, das inzwischen zu einem Spielball der europäischen Mächte geworden war, gestürzt. Der unmittelbare Anlaß war die Weigerung der Toskana-Metropole, der 1510 zwischen dem Papst, dem Kaiser, Spanien und Venedig gegen Ludwig XII. von Frankreich, also dem Nachfolger von Karl VIII., geschlossenen „Heiligen Liga" beizutreten. Florenz ließ zwar erkennen, daß es Verständnis für die deutsche und spanische Furcht vor einer französischen Vorherrschaft auf der italienischen Halbinsel habe. Aber zum Bruch der traditionellen Freundschaft mit Frankreich, die nur teilweise durch die Italien-Invasion Karls VIII. getrübt war, war Florenz nicht bereit. Die republikanischen Eliten, zu denen Machiavelli gehörte,

mußten ihre politische Laufbahn beenden, als die Medici 1512, unterstützt von der „Heiligen Allianz" - einem militärischem Bündnis zwischen Papst Julius II., Spanien, Venedig und England - an die Macht in Florenz zurückkehrten. Noch zweimal, 1512 und 1530, jeweils nach der Rückkehr der Medici, wechselte Florenz seine Verfassung, bis Cosimo I. Medici (1519-1574) nach der Vereinigung von Florenz mit der Republik Siena vom Papst 1569 zum Großherzog von Toskana erhoben wurde.[72] Im Frieden von Mailand 1526 verzichtete Franz I. auf Mailand und Neapel. Zurück in Frankreich, bildete er mit Venedig, Mailand, Genua, Florenz und dem Papst die Liga von Cognac. Zwischen 1527-30 gab es die letzte florentinische Republik, und kurz vor dem Tod von Machiavelli plünderten und verwüsteten spanische und deutsche Soldaten die Sacco di Roma in Rom. 1530 kapitulierte Florenz vor einem kaiserlich-päpstlichem Heer.[73] Dies ist der Hintergrund vor dem in der wichtigsten Phase, die politischen Schriften von Machiavelli entstehen.

II. Die Auflösung der teleologischen Politikkonzeption aristotelischer Prägung und die neue Aufgabe

Machiavelli geht es nicht um einen auf ethischen Idealen aufgebauten Staat, sondern um die Analyse dessen, was wirklich ist. Seine Absicht ist es, etwas Nützliches für den zu schreiben, der es versteht. Machiavelli will „die bloßen Vorstellungen über den Fürsten beiseite lassen und nur von seiner Wirklichkeit sprechen."[74]

---

[71] Vgl.: Kersting, Machiavelli, S. 15.
[72] Vgl.: Viroli, Machiavelli, S. 335 und 339.
[73] Vgl.: Viroli, Machiavelli, S. 339.
[74] Machiavelli, Princ., XV, RI, S. 119.

Machiavelli denkt als Realist und stellt realistische Betrachtungen an. Entscheidend für die praktische Politik sind der Tatsachenblick, die Erfahrung und die Geschichtskenntnis. Für ihn ist der Mensch nicht mehr das politische Lebewesen von Natur aus, das seiner Bestimmung nach auf ein tätiges Leben in der Polis ausgerichtet ist und als Bürger mit anderen Bürgern im gemeinsamen politischen Werk seine Erfüllung findet,[75] wie es insbesondere die alteuropäische Tradition seit Aristoteles gesehen hat. Er beobachtet die politischen Krisen seiner Zeit, hier Italiens. In seiner politischen Philosophie verliert sich die teleologische Ausrichtung der aristotelischen Tradition. Er möchte den Weg weisen zu einem dauerhaft geordneten Staatswesen, dessen Organisation und Institutionen das sittliche Bewußtsein der Bürger festigen. Vor dem Hintergrund zunehmender machtpolitischer Auseinandersetzungen und eines fortschreitenden sittlichen und politischen Verfalls des Gemeinwesens wird die politische Philosophie modern, empirisch, individualistisch.[76]

Er wendet sich gegen das zòon politikón-Axiom des Aristoteles: Er macht deutlich, daß alle, die über Politik schrieben, es bewiesen hätten, und die Geschichte es durch viele Beispiele belegt habe, „daß der, welcher einem Staatswesen Verfassung und Gesetze gibt, davon ausgehen muß, daß alle Menschen schlecht sind, und daß sie stets ihren bösen Neigungen folgen, sobald sie Gelegenheit dazu haben."[77] Daraus folgert er, „daß die Menschen nur von der Not gezwungen etwas Gutes tun". Für ihn folgt aus dieser Beschreibung die Notwendigkeit des positiven Rechts: „Wo von selbst ohne Gesetz gut gehandelt wird, sind Gesetze nicht nötig; hört aber die gute Gewohnheit auf, so ist sogleich das Gesetz nötig."[78] Der Mensch ist

---

[75] Vgl.: Kersting, Machiavelli, S. 33.
[76] Vgl.: Kersting, Machiavelli, S. 33; Hegmann, Individualismus, S. 58 ff.
[77] Machiavelli, Disc., I, 4, ZO, S. 20, 17.
[78] Machiavelli, Disc., I, 4, ZO, S. 18.

ein leidenschaftliches und unpolitisches Lebewesen, das freiwillig nicht bereit ist, die Bedingungen friedlicher Koexistenz zu beachten.[79] Erst durch zwangsbewährte Institutionen ist die selbstsüchtige Natur des Menschen zu bremsen und eine Ordnung möglich. Die Politik muß darauf achten, „die Gelüste der Menschen zu zügeln und ihnen alle Hoffnung zu nehmen, bei Verfehlungen straflos auszugehen."[80] „Denn nur aus Furcht ..." sind sie „im Zaum" zu halten.[81]

Die teleologische Ausrichtung oder Verfaßtheit des Menschen ist Machiavelli fremd. Die Menschen handeln „nicht (einmal) aus Not", sondern „aus Ehrgeiz... . Die Ursache dieser Erscheinung liegt darin, daß die Natur die Menschen so geschaffen hat, daß sie zwar alles begehren, aber nicht alles erreichen können".[82] Denn: „Überdies sind die menschlichen Wünsche unersättlich, da die menschliche Natur alles begehrt und alles will, das Schicksal uns aber nur wenig gewähren kann. Hieraus entsteht im menschlichen Herzen ewige Unzufriedenheit und Überdruß an allem, was man besitzt."[83] Der Mensch ist triebhaft und unersättlich. Seine Begierden sind maßlos. Das alteuropäische Ideal der Autarkie läuft ins Leere. Die Ordnung kann nur durch Beständigkeit und Machtanhäufung gesichert werden. Für Machiavelli gibt es kein normatives telos, das Einhalt gebietet. Das Telos, ist nicht mehr gebunden an die Polisgemeinschaft und von ihr her getragen, sondern wird ins Individuum – als Selbsterhaltung – zurückverlegt.[84] Für Machiavelli heißt die neue anthropologische

---

[79] Vgl.: Kersting, Machiavelli, S. 34, 31.
[80] Machiavelli, Disc. I, 42, ZO, S. 117.
[81] Machiavelli, Disc. I, 3, ZO, S. 17 f.
[82] Machiavelli, Disc. I, 37, ZO, S. 100 f.
[83] Machiavelli, Disc. II, Vorw., ZO, S. 163.
[84] Weiß, Hobbes, S. 149; Vgl.: Kersting, Machiavelli, S. 37; Nocke, Naturrecht, S. 88. Anders sieht dies Bodin. Gerade die Familie ist nach Bodin die Keimzelle des Staates.

Grundbestimmung alles-haben-wollen. Das summum bonum, das höchste Gut, die qualitative Zielbestimmung menschlichen Lebens in der antiken und mittelalterlichen Philosophie, weicht dem quantitativen summum maximum, der größten Summe, dem unerreichbaren Objekt und der unaufhörlich expandierenden Begehrlichkeit und den Machttrieben des Menschen.[85]
Diese Erkenntnis stellt Machiavelli vor eine neue Aufgabe: Der Entwicklung erfolgreicher Strategien zur Konstitution, Erhaltung und Verfestigung politischer Ordnung durch die Schaffung einer Zentralgewalt.

III. Die Rolle der Erfahrung in der Rechts- bzw. politischen Philosophie. Oder: Fortschritt wird aus Erfahrung geboren.

1. Die verità effettuale (Die Wirklichkeit der Dinge)

Niccolò Machiavellis (1469-1527) Rechts- bzw. politische Philosophie hat die Souveränität und die Beständigkeit des Staates zum Ziel. Er sieht seine Aufgabe darin, „erfolgreiche" Strategien zur Konstruktion, Erhaltung sowie zur Stärkung der politischen Ordnung des im „Chaos" versunkenen Italiens zu entwickeln. Sein Bestreben ist die Schaffung einer Zentralgewalt. Die politische Ordnung soll auf Dauer gestellt werden. Die Freiheit der Bürger wird erst durch die Macht des Staates möglich. Erst durch die Konzentration und Steigerung aller Macht in der Hand des Principe oder Souveräns scheinen die gesellschaftliche Ordnung und der Frieden der Bürger untereinander möglich. Ohne das Vorhandensein fakti-

---

[85] Kersting, Machiavelli, S. 37; Weiß, Hobbes, S. 106; Hobbes, Lev., 11, TU 70, EU 75. Vgl. zum Verhältnis der „Macht" bei Machiavelli und Hobbes: Jonas, Geschichte, Bd. 1, S. 70.

scher Macht vermag der Staat in der Person des Souveräns die Sicherheit nicht zu gewährleisten, die zum Schutz der Bürger und der Freiheit unabdingbar ist.[86] Nach dem Zusammenbruch des mittelalterlichen Universalismus in der Renaissance und der Reformation entwickelte sich - beginnend bei Machiavelli - die Vorstellung zentralstaatlicher souveräner Herrschaft als einziges verbleibendes Instrument zur Sicherung des Friedens und der Ordnung. Mit Blick auf Machiavellis „Aufruf, sich Italiens zu bemächtigen und es von den Barbaren zu befreien"[87], tritt an die Stelle der Glaubensgemeinschaft des Mittelalters die Analyse der empirischen Ursachen des italienischen Niedergangs: (1) die mangelnde Autorität und Durchsetzungskraft der staatlichen Institutionen und deren Gesetze, (2) die wechselnde Haltung und Dekadenz der katholischen Kirche und der Päpste, (3) der Zerfall des Heer- und Militärwesens, und (4) die fortwährende Aufspaltung innerhalb des Staatswesens. Machiavelli stellt diesem Verfall eine politische Philosophie entgegen, die von dem Willen zur vorurteilsfreien Erkenntnisgewinnung geprägt und von normativen Werten und Normen befreit ist. Letztere werden nicht weiter berücksichtigt. Entscheidend sind Erkenntnisse über die Wirklichkeit der Dinge (verità effettuale). Machiavelli weist die normativen Forderungen an die politische Philosophie zurück. Im fünften Kapitel des „Il Principe" werden diejenigen Vorstellungen, die sich manche „von Freistaaten und Alleinherrschaften gemacht (haben), von denen man in Wirklichkeit weder etwas gesehen noch gehört hat",[88] von ihm als unbrauchbar, unzweckmäßig und als Phantasiebilder bezeichnet. Hier zeigt sich eine radikale und extreme Orientie-

---

[86] Als Formen der staatlichen Herrschaft kennt Machiavelli zwei verschiedene: „Alle Staaten, alle Reiche, die über die Menschen Macht hatten und haben, waren und sind Republiken oder Fürstenherrschaften (republiche o principati)". Machiavelli, Princ., I, RI, S. 8 f.

[87] Machiavelli, Princ., XXVI, RI, S. 199 f.

[88] Machiavelli, Princ., XV, ZO,S. 63.

rung an der reinen Faktizität des politischen Geschehens. Machiavelli unternimmt einen (ersten) Versuch einer empirischen Untersuchung. Er will innerweltliche Erkenntnisse schaffen, auch wenn sie z. T. noch elementar bleiben.

Machiavellis „Absicht ist (es), etwas Nützliches zu schreiben...". Ihm erscheint es als „angemessener, der Wirklichkeit der Dinge (verità effettuale) nachzugehen als den bloßen Vorstellungen über sie."[89] Daher formuliert er eine seiner Grundthesen radikal faktizistisch: „es liegt eine so große Entfernung zwischen dem Leben, wie es ist, und dem Leben, wie es sein sollte, daß derjenige, welcher das, was geschieht, unbeachtet läßt zugunsten dessen, was geschehen sollte, dadurch eher seinen Untergang als seine Erhaltung betreibt; denn ein Mensch, der sich in jeder Hinsicht zum Guten bekennen will, muß zugrunde gehen inmitten von so viel anderen, die nicht gut sind. Daher muß ein Fürst, wenn er sich behaupten will, die Fähigkeit erlernen, nicht gut zu sein, und diese anwenden oder nicht anwenden, je nach dem Gebot der Notwendigkeit (necessità)."[90]

Machiavelli kritisiert an der alteuropäischen politischen Theorie, daß sie ein unzweckmäßiges „Phantasiebild"[91] sei, und von einem normativ entworfenen Bild des Menschen ausgehe. Bei Machiavelli beeindruckt die

---

[89] Machiavelli, Princ., XV, RI, S. 119.

[90] Machiavelli, Princ., XV, RI, S. 119; eine ähnliche Formulierung und zugleich eine beachtliche Parallele findet sich (später) bei Baruch de Spinoza: „Sie (gewisse Philosophen, N.R.) glauben dergestalt etwas Erhabenes zu tun und den Gipfel der Weisheit zu erreichen, wenn sie nur gelernt haben, eine menschliche Natur, die es nirgendwo gibt, in den höchsten Tönen zu loben, und diejenige, wie sie wirklich ist, herunterzureden. Sie stellen sich freilich die Menschen nicht vor, wie sie sind, sondern wie sie sie haben möchten; und so ist es gekommen, daß sie statt einer Ethik meistens eine Satire geschrieben und niemals eine Politik-Theorie konzipiert haben, die sich auf das wirkliche Leben anwenden ließe"; Spinoza, Politischer Traktat, I 1, BA, S. 7. Vgl. zu Spinoza: Walther, Transformation, S. 55 ff.; Ders., Institution, S. 247 - 249.

[91] Machiavelli, Princ., XV, ZO, S. 63.

„geschulte Rücksichtslosigkeit des Blickes in die Realität des Lebens".[92] Im Zentrum der politischen Philosophie Machiavellis stehen die Stabilisierung des Staates und der Machterhalt des Souveräns.[93] Die Fokussierung auf die pure „Faktizität des Politischen"[94] darf jedoch nicht wie bei Renè König romantisch fehlinterpretiert werden: „Denn die aufgezwungene Untätigkeit bläst seine Idee des Politischen immer mehr auf, daß sie schließlich gebrechlich wie eine Seifenblase, aber köstlich glitzernd wie ein Luftgeschöpf im Sonnenlichte seiner Phantasie zu schweben be-

---

[92] Weber, Politik, S. 183.

[93] Vgl. dazu: Mittermaier, Machiavelli, S. 10 f: „Als Mann der Verantwortung wollte Machiavelli stets mit Geheimnissen der Macht vertraut sein ... Die kongenialen Herrscher der Epoche Machiavellis hatten alle die kompromißlose Einschätzung dessen, was für die Macht des Staates notwendig war, gemeinsam, wenn sie auch mit unterschiedlichem Temperament die staatlichen Interessenbereiche vertraten. Ihre persönliche Macht stellten sie immer in den Vordergrund". Dies macht auch Spinoza deutlich, indem er feststellt: „Welche Mittel ein Fürst, der bloß von dem Verlangen nach Herrschaft bewegt wird, einsetzen muß, um einen Staat stabilisieren und erhalten zu können, hat der äußerst scharfsinnige Machiavelli ausführlich gezeigt". Spinoza, Politischer Traktat, V, 7, BA, S. 67. Im folgenden geht Spinoza auf den Zweck ein, den Machiavelli damit verfolgte und macht den Bürger als eigentlichen Adressaten der Lehren von Machiavelli aus. Im Gegensatz zu Machiavelli geht Spinoza von einer Gleichsetzung von Macht und Recht aus. Sie decken sich bei den natürlichen Dingen. Macht ist für Spinoza ein interaktives Phänomen. Recht ist ein Produkt von gesellschaftlicher Kooperation, woraus die gemeinsame Handlungsmacht erfolgt. Walther, Institution, S. 247 f., weist auf die Anknüpfungspunkte von Spinoza an die machiavellistische politische Theorie, d.h. vor allem seine nicht normative Sichtweise hin, wobei er diese allerdings mit „zwei Modifikationen" versieht. Zum einen liest Spinoza Machiavelli „analytisch" und „zum andern" wurde „die republikanische Lesart Machiavellis", d.h. die „auf Sicherung der Bürgerfreiheit gerichtete Absicht deutlich" und durch Spinoza begründet.

Rousseau schreibt in seinem Gesellschaftsvertrag, III, 6, S. 78: „Der Fürst von Machiavelli ist das Buch der Republikaner". Auf das Verhältnis von Principe und Discorsi wird noch einzugehen sein.

[94] Münkler, Machiavelli, S. 251.

ginnt".[95] Machiavellis politische Philosophie ist keine Utopie, sondern am Tatsächlichen orientiert.[96]

Machiavelli hat einen Gründungsanspruch. Im Vorwort der „Discorsi" schreibt er: „Neue Einrichtungen zu treffen oder neue Staatsordnungen zu schaffen, ist bei der neidischen Natur des Menschen immer ebenso gefährlich gewesen wie die Entdeckung unbekannter Meere und Länder ... Da es aber meiner natürlichen Veranlagung entspricht, stets ohne Rücksicht alles zu tun, was nach meiner Ansicht für das Allgemeinwohl von Nutzen ist, habe ich mich entschlossen, einen Weg zu beschreiten, den noch niemand gegangen ist."[97] Entscheidend für ihn ist als ersten Theoretiker in der Neuzeit aber noch etwas anderes: die Rolle der geschichtlichen Erfahrung.

2. Die Analyse der Geschichte: Die Verbindung der politischen Erfahrung mit der Wirklichkeit der Dinge

Machiavelli bezieht seine Erkenntnis sowohl aus der geschichtlichen Überlieferung der antiken Schriftsteller als auch seiner eigenen gegenwärtigen Erfahrung. In der Widmung des „Il Principe" bietet er dieses Wissen aus der historischen und gegenwärtigen Erfahrung dem Fürsten Lorenzo de Medici an. Aufgrund seiner Beobachtungen konnte er feststellen, daß „die Kenntnis der Taten großer Männer, ... durch lange Erfahrung mit den gegenwärtigen Zuständen und durch beständiges Studium der Verhältnis-

---

[95] König, Machiavelli, S. 204 f.; auf diese Fehlinterpretation i.S.e. „antikritisierenden Romantikers" weist auch Münkler, Machiavelli, S. 251 hin.
[96] Vgl.: Münkler, Machiavelli, S. 251 f., er spricht vom „Pathos des Tatsächlichen". Sowie ähnlich: Knauer, Das magische Viereck, S. 77.
[97] Machiavelli, Disc., Vorw., ZO, S. 4.

se des Altertums..."[98] gewonnen worden sind; und, „nachdem..." er „diese mit großer Sorgfalt lange durchdacht und überprüft hatte...", habe er diese Erfahrungen jetzt „in einem kleinen Band zusammengefaßt".[99] Seine Erfahrungen als Diplomat, soweit sie sich in seinen Gesandtschaftsbriefen, Legationsberichten und Denkschriften niederschlagen, erweisen sich als „Zettelkasten"[100] für den „Principe" und die „Discorsi". Meist sind es „Handlungsregeln"[101] für typisch wiederkehrende Lagen. Sie bleiben im Genre Erfahrungssätze und Arbeitsanleitungen.[102] Machiavelli hat seine Klugheits- und politische Handlungsregeln mit Erfahrungsmaterial seiner Gegenwart untermauert. Seine Erfahrungen beruhen darauf, daß er Beobachtungen, die er bei der Untersuchung von spezifischen Situationen gemacht hat, absolute Geltung zuschreibt.[103] Die Regeln des politischen Handelns hätten sich nicht durch einfache Ableitung aus einer unabwendbaren Wirklichkeit ergeben, sondern im Gegenteil durch langwierige Deutung einer fast unentwirrbaren Wirklichkeit.[104]

Im Vorwort der „Discorsi" kritisiert Machiavelli, daß die Betrachtung der Geschichte vernachlässigt werde. Die in ihr liegenden Lernchancen würden nicht wahrgenommen. Anders sei dies in der Medizin, wo die „von den Ärzten früherer Zeiten gemachte(n) Erfahrungen" genützt würden. Nachdrücklich plädiert er dafür, die Geschichte auch für das politische

---

[98] Machiavelli, Princ., Widmung, RI, S. 5.
[99] Machiavelli, Princ., Widmung, RI,S. 5; Vgl. zur Widmung: Hoeges, Machiavelli, S. 17, 25-28.
[100] Kersting, Machiavelli, S. 19.
[101] Freyer, Machiavelli, S. 98.
[102] Buchheim, Anmerkungen, S. 210.
[103] Sasso, Machiavelli, S. 171 f. Mit Recht weist Sasso den „alten, fest verwachsenen Gemeinplatz" zurück, in Machiavelli einen „Wissenschaftler", ja „einen Galilei der Politik und Geschichte" zu sehen. So auch Buchheim, Anmerkungen, S. 208, Anm. 2 und 211.
[104] Buchheim, Anmerkungen, S. 211.

Handeln als Lehrmeisterin zu nutzen. „Nichtsdestoweniger findet sich bei (der) Einrichtung der Republiken, bei der Erhaltung der Staaten, bei der Regierung der Reiche, beim Rechtsprechen über die Untertanen, bei der Erweiterung der Herrschaft weder Fürst noch Republik, weder Feldherr noch Bürger, der auf die Beispiele der Alten zurückgriffe." Das rührt nach seiner „Überzeugung ... daher, daß man keine wahre Kenntnis der Geschichte besitzt...". Machiavelli will „den Menschen diesen Irrtum nehmen", damit „die Leser... daraus den Nutzen ziehen" können und „man die Kenntnis der Geschichte zu erlangen suchen soll".[105]

Machiavelli vermittelt demzufolge praktisches Wissen aufgrund von Erfahrung. Handlungsempfehlungen sind Maximen. Seine Methode verläuft immer in einer dreistufigen Folge:

Am Anfang steht die zeitgeschichtliche oder historische Fallanalyse, in der die menschlichen Handlungen und Schicksale der Handelnden einer exemplarischen, das Allgemeine anvisierenden Lektüre unterworfen werden;

darauf folgt die theoretische Auswertung dieser Analyse in Form von empirischen Verallgemeinerungen, die über menschliches Verhalten Aus-

---

[105] Machiavelli, Disc., Vorw., MÜ, S. 128. Man könnte auch mit Pocock, The Machiavellian Moment, sagen, es war das Wissen um die eigene Geschichtlichkeit, das „the timeless continuity of the hierachic universe into particular moments" (p. 54) bricht und den Blick auf eine Ordnung der diesseitigen Welt öffnet, die „did not reflect by simple correspondence the eternal order of nature" (p. 53), sondern Teile des menschlichen Handelns preisgibt. Zu diesem Problemkreis des „Machiavellism" vgl. auch A. London Fell, Origins, Vol. Five, Book II, p. 43-45, 364, der darauf hinweist, daß „a different kind of Machiavellism or Machiavellian tradition has been found by J.G Pocock to operate in the political thought of Hobbes" (p. 43). A. London Fell, Origins, Vol. Five, Book I, Preface, p. vii untersucht den Hintergrund des „Machiavellism: „This first book (V,1) treats `the background of 'Machiavellism'` in sixteen-century Europe. The focal point is Niccolò Machiavelli`s reputed modernistic `Machiavellism`and `statism`, in relation to Jean Bodin, King Henry VIII, and Giovanni Botero. The second book (V,2) will deal with `modern origins, developments, and perspectives`from the seventeenth through early twentieth centuries in further `isms`, often related to the first two: in particular, absolutism, constitutionalism, utilitarianism, positivism, idealism, nationalism, socialism, and authoritarianism."

kunft geben, in denen festgehalten wird, wie sich Menschen unter bestimmten Bedingungen in der Regel verhalten;
dies mündet in eine Handlungsmaxime, die die gewonnene Menschenkenntnis für die Politik praktisch umsetzt.[106]
Aufgrund dieser dreistufigen Methodenfolge wird deutlich, daß Machiavelli keine systematische und stringente Untersuchung anstrebt. Machiavelli ist ein politischer Schriftsteller, der von der Erfahrung geprägt ist.

3. Dell' ambizione (Der Ehrgeiz) und die stabile Ordnung

Die eindrucksvollste Darstellung der politischen Philosophie Machiavellis findet sich in seiner Dichtung: „Über den Ehrgeiz" („Dell' ambizione"). Machiavelli beschreibt die katastrophalen Auswirkungen der ambizione innerhalb der Menschheitsentwicklung, u.a. mit den Motiven des christlichen Sündenfalls.[107]
Machiavelli kritisiert die sittliche Verelendung der gesellschaftlichen Wirklichkeit seiner Zeit: „Eine dunkle Macht" und „Feindin des menschlichen Geschlechts", so berichtet das Gedicht, habe „zwei Furien", den „Ehrgeiz" und die „Habsucht", „auf die Erde" gesandt, „den Frieden ihm

---

[106] Kersting, Machiavelli, S. 50.

[107] Hier wird eine Parallele zu Hobbes deutlich, der im „De Cive" I, 3 und im „Leviathan" im 13. Kap. mit der natürlichen Gleichheit der Menschen beginnt und dann die „drei hauptsächlichen Konfliktursachen: Erstens Konkurrenz, zweitens Mißtrauen, drittens Ruhmsucht" nennt. Hobbes, Lev., 13, TU, 88, EU, S. 95. Vgl.: Kullmann, Aristoteles, S. 378 f und 432, der auch auf John Locke und J. J. Rousseau hinweist. Kullmann stellt die These auf: „Ohne, daß es Hobbes bewußt wäre, steht hinter diesem negativen Menschenbild die christliche Lehre von der Erbsünde und ihre Auslegung durch die Kirchenväter." A.A. ist Kersting, Machiavelli, S. 40. Er stellt die These auf: „Sein anthropologischer Pessimismus bietet keine Variation des Erbsündenpessimismus des reformierten Christentums. Die Rede von der ambizione und der avarizia (Geiz) als von einem der Transzendenz entstammenden Verhängnis zitiert den Sündenfallmythos nur und benutzt ihn als literarische Folie für die Darstellung der politischen Wirksamkeit und Geschichtsmächtigkeit der menschlichen Begierden." Meiner Ansicht nach ist die These vom pessimistischen Menschenbild bei

zu nehmen und den Krieg zu schicken, ihm alle Ruh und alles Glück zu rauben."[108] Begonnen haben die bösen Kräfte mit „Kain und Abel" und der Zerstörung der „armen Hütte".[109] Von da an kam das Unheil: „Eine jede von ihnen hat vier Gesichter und acht Hände, ... Mit ihnen kommen der Neid, der Müßiggang, der Haß, mit ihrem Pesthauch die Welt erfüllend, bei ihnen sind der Stolz, die Grausamkeit, die Hinterlist. Sie verjagten in ferne Winkel die Eintracht, und sie tragen eine bodenlose Urne, um zu zeigen ihre unersättliche Gier. ... Kains Haupt und Brust und Leib erfüllten sie mit ihrem verpesteten Gift, und waffneten die Hand ihm gegen seinen tugendhaften Bruder. Hier zeigten sie ihre hohe Macht, daß sie in den ersten Zeiten machen konnten ein Herz ehrgeizig, ein Herz habsüchtig. ... O Geist des Menschen, unersättlich, hochmütig, arglistig, wankelmütig und über alles boshaft, ungerecht, ungestüm und grimmig, durch deine ehrgeizigen Wünsche sah den ersten gewaltsamen Tod die Welt, und das erste blutige Gras. ... Dies ist's, warum der Eine steigt, der Andre sinket, hieraus entsteht, ohne Gesetz und Recht, der Wechsel aller irdischen Dinge."[110]

Was treibt die Menschen zum Ehrgeiz? Nach Machiavelli treibt die Menschen „natürlicher Instinkt, der eigene Antrieb, die eigene Leidenschaft", jedenfalls solange „nicht das" positive „Gesetz uns zähmte oder eine größere Stärke."[111] Wie kann die Beständigkeit des Staates gesichert werden? Es zeigt sich, daß das Machtstreben der Menschen gezähmt werden kann, und zwar durch tüchtiges politisches Handeln und durch einen Verbund starker Institutionen. „Da man den Ehrgeiz der Mensch nicht verjagen

---

Hobbes eine Fehlinterpretation. Auf diese wird bei Hobbes, mit widerlegenden Argumenten, einzugehen sein.

[108] Machiavelli, SW 7, S. 235.
[109] Kains Brudermord wird in 1. Mose 4, 1-16 dargestellt.
[110] Machiavelli, SW 7, S. 236.
[111] Machiavelli, SW 7, S. 237.

kann, so soll gesundes Urteil und Verstand ihm Tapferkeit (virtù) und Ordnung beigesellen."[112] Die politische Ordnung darf aber nicht brüchig werden, sonst wird die Feigheit als Machtschwäche und Gegenteil von virtù sich breit machen: „Wenn Feigheit und schlechte Ordnung sich dem Ehrgeiz beigesellen, so kommt schnell jedes Unheil, Verfall und jedes andere Übel."[113]

Die Macht ist für Machiavelli nicht etwas Böses, sondern eine notwendige Ressource, um eine stabile Ordnung zu erhalten. Aber wie kann man Macht erhalten? Für das Ordnungsproblem der ambizione hat Machiavelli noch keine Hobbessche, noch keine Mandevillesche[114] Lösung parat: keine Selbstaufklärung des Selbstinteresses über die notwendigen Bedingungen seiner dauerhaften Befriedung führt zur klugen Selbstbeherrschung.[115]

4. Die vier Grundbegriffe

Machiavelli hat keine methodologische und stringente Durchformung seiner politischen Philosophie erreicht . Bei ihm ergänzen sich im „magischen Viereck" fortuna, virtù, occasione und necessità.[116] Für Machiavelli

---

[112] Machiavelli, SW 7, S. 239.

[113] Machiavelli, SW 7, S. 237.

[114] Vgl.: Mandeville, Bienenfabel; und dazu Hirschmann, Leidenschaften; Nocke, Moral, S. 354, Anm. 11 merkt zu diesem Problem an: „Der Glaube an das Gute für sich wurde am nachhaltigsten durch die Erfahrung der moralischen Praxis selbst erschüttert, daß nämlich gute Absichten böse Folgen zeigten und umgekehrt anerkannte Schlechtigkeiten wie Prunk- und Habsucht das Wohl aller befördern". Diesen Zusammenhang macht auch Luhmann, Ethik, S. 408 f. deutlich: „Der erste Fall, die guten Folgen schlimmer Absichten, wird am Beispiel des Luxuskonsums diskutiert, und Mandevilles Bienenfabel ist zwar nicht die erste, aber die berühmteste Ausführung. Der zweite Fall steht, in etwas verquerer Form, seit Machiavelli zur Diskussion. Der Fürst kann sich nicht immer an die Moral halten, weil dies mehr schlechte als gute Folgen hätte".

[115] Kersting, Machiavelli, S. 38.

[116] Vgl.: Knauer, Viereck, insbes. S. 78 – 91.

ist der Begriff necessità, die Notwendigkeit, geprägt durch Abläufe, die determiniert sind und die der Mensch nicht ändern kann. Dies sei wichtig, damit man seine Kräfte nicht vergeude. Es ist ein Lehrsatz, der bestimmte Faktoren, gegen die man nicht angehen kann, eben weil das kontraproduktiv wäre, berücksichtigt. Die occasione, die Gelegenheit, im Sinne der günstigen Gelegenheit, hilft bei der Realisierung. Die occasione ist als Faktor zwar nicht völlig beherrschbar, aber man sollte sie sich zu Nutze machen, um zum Erfolg zu kommen. Der Politiker muß ein Gefühl für die Gelegenheit entwickeln.[117]

Begrifflich liegt zwischen necessità und occasione die fortuna, das Glück oder Schicksal. Wenn das Glück gegeben ist, dann kann man es in seine Richtung wenden. Der Politiker muß mit diesen drei Kräften umgehen, um dann letztlich zu der vierten Kraft, der virtù, der Tapferkeit oder dem Verdienst - heute würden wir von politischem Mut sprechen -, zu kommen. Die virtù ist die Gestaltungskraft, die der Politiker zur Machterhaltung und -erweiterung braucht.

„Das magische Viereck, das die vier Begriffe bilden, ist ein geschlossener Kreislauf, in dem die Begriffe sich gegenseitig bedingen, wobei die Annahme eines Kausalprinzips der geschichtlichen Abläufe unter Einschluß eines zyklischen Geschichtsbildes zu den Voraussetzungen dieses Kreis-

---

[117] Interessant ist hier die Parallele zur aktuellen Politik, wie sie beispielsweise von H.-P. Schwarz hinsichtlich Margaret Thatcher dargestellt wird: „Machiavelli hatte den Typ fast fünfhundert Jahre vor Reagan und Thatcher in den ‚Discorsi' erstmals präzise porträtiert: Radikalkonservative erneuern ihr heruntergekommenes Gemeinwesen, indem sie rücksichtlos dem Guten in jenen Grundsätzen wieder Geltung verschaffen, dem sie ihr ursprüngliches Ansehen und ihre ursprüngliche Durchschlagskraft zu danken hatten'. (Disc. III, 1, ZO, S. 274). Führungskraft, Entschiedenheit, Vorbildlichkeit und viel Glück sind dazu unerläßlich, doch zumeist bedarf es auch der autoritären Strenge. Ein freundlich lächelnder, volkstümlicher Teflon-Präsident wie Reagan, der in Wirklichkeit ein harter Knochen ist, tritt nur selten auf. Viel typischer sind autoritäre Persönlichkeiten vom Schlage Adenauers, De Gaulles oder eben Margaret Thatchers, die sich als solche zu erkennen geben." Schwarz, Gesicht, S. 719 f. Interessant ist in diesem Zusammenhang auch die Abbildung auf der ersten

laufs gehört. ... Durch die Spannung zwischen den Begriffen entsteht ein Energiefeld, das die Veränderung ermöglicht und prinzipiell die Stabilität des Staates zum Ziel hat. Machiavelli hat den Menschen mit seiner virtù ein Instrument gegeben, das unter Ausnutzung der occasione ein Auflehnen gegen die fortuna und eine Nutzung der necessità möglich macht. Nur darin sieht er als Realpolitiker eine Chance, Italien von der Barbarei zu befreien."[118]

Die Sphäre des Glückes (fortuna) markiert den Bereich des Offenen, das mit den Menschen spielt, dem sie sich aber auch stellen können und müssen, um so ihr Glück zu erreichen. Politik, insbesondere effektive Politik, ist für Machiavelli daher die Sicherung der Menschen gegen die launenhafte Göttin Fortuna.[119] Das Handeln gehorcht jedoch auch menschlichen Zwecken, so daß die Menschen nicht durch zu etwas gezwungen sind, sondern sich handelnd gegen ihr Schicksal stemmen können. Die Fähigkeit der virtu öffnet dem Menschen die Möglichkeit, die Lebensfähigkeit und Stabilität des Gemeinwesens zu gewährleisten[120] und die Ordnung im

---

Seite bei Hegmann, Individualismus, wo Thatcher bei einem großen „Monopoly" die Anweisung „Your move" gibt.

[118] Knauer, Viereck, S. 90 f.; Die Begriffe Glück (fortuna) und Tüchtigkeit (virtù) sind entscheidende Begriffe Machiavellis, auf die im Rahmen dieser Untersuchung nicht näher eingegangen werden soll. Vgl. dazu: Knauer, Viereck, auf S. 116 f. gibt Knauer eine Auflistung von Übersetzungs- und Bedeutungsmöglichkeiten. Knauer, S. 61 und 71, weist darauf hin, daß „in Machiavellis Theorie... sich der Begriff der necessità in einem Bedeutungs- und Verweisungszusammenhang mit den Begriffen der virtù und der fortuna" findet. „Machiavelli versteht sich als Realpolitiker, der die Situation beschreibt, analysiert und daraus Handlungsanweisungen ableitet. So erkennt er auch, daß nicht die providentia Dei die Geschicke des Staates lenkte bzw. lenken darf, soll der Mensch die Möglichkeit zum Eingreifen erhalten. In diesem Sinne ist die Einführung der necessita, die Entwicklung dieses Begriffes im Zuge seiner Werke, vom ‚Fürst' zu den ‚Discorsi', eine notwendige Konsequenz aus der Darstellung der virtù. Sollte das Schicksal eines Staates nur in der Hand außer- oder überweltlicher Instanzen liegen, bliebe der Mensch nur ein Objekt, wäre aber kein handelndes Subjekt. Gerade eine Objekt-Theorie wird nach Machiavellis Ansicht durch die Geschichte widerlegt".

[119] Münkler, Machiavelli, S. 312.

[120] Münkler, Machiavelli, S. 313.

Handeln erst selbst entstehen zu lassen. Die Lösung des Problems liegt in der Erziehung.

Dies führt wieder zum „Ehrgeiz-Gedicht", in dem der politische Krisenzustand Italiens aus den Mängeln einer unzureichenden Politik und des Ehrgeizes abgeleitet wird: „Wer die Natur beschuldigen wollte, daß jetzt ganz Italien, gebeuget und erschöpft, kein tapferes und hartes Volk erzeugt, der würde nicht entschuldigen und freisprechen unser Italien, denn ersetzen kann Erziehung, was Natur versagt."[121] Es ist grundsätzlich möglich, die Bedingungen zu erkennen, deren Zusammenspiel die verheerende Macht der menschlichen Begehrlichkeit bricht.[122] Die Schaffung, Errichtung und Erhaltung einer politischen Ordnung gelingt demzufolge nur dem, der voller Realismus und ohne Illusionen Machiavellis politische Philosophie teilt und alle realitätsfernen Kulissen der normativen Tugendlehren der alteuropäischen Tradition beiseite rückt.[123] Hier kommen wir zu einer seiner Grundthesen aus dem 15. Kapitel des „Principe", d.h. man muß die verità effetuale, die Wirklichkeit der Dinge, in den Blick bekommen, um der Anarchie und den Begierden eine dauerhafte Ordnung überzustülpen.

5. Machiavellis Lehre vom Kreislauf der Geschichte

Machiavellis Lehre vom Kreislauf der Geschichte kann im wesentlichen in neun Entwicklungsabschnitten wiedergegeben werden:
Die Überwindung der Unordnung und der Krise sowie die Beendigung der Anarchie durch Herrschaftseinrichtung. „Dies bewirkte dann bei einer

---

[121] Machiavelli, SW, 7, S. 237.
[122] Kersting, Machiavelli, S. 42.
[123] Vgl.: Kersting, Machiavelli, S. 43.

späteren Fürstenwahl, daß sie (die Menschen, NR) nicht geradewegs zum Stärksten gingen, sondern zum Verständigsten und Gerechtesten."[124] Daraus folgt
die Festigung der Herrschaft und die Stiftung einer institutionellen Ordnung durch Gesetzgebung. „So entschlossen sie sich, um ähnliches Übel zu vermeiden, Gesetze einzuführen."[125]
Im Anschluß folgt aus der zunächst gebildeten Monarchie deren Auflösung. „Als man aber später den Fürsten durch Erbfolge, nicht durch Wahl bestimmte, da fingen sogleich die Erben an zu entarten und dachten, tugendhafte Handlungen hintansetzend, die Fürsten hätten nichts zu tun, als die anderen an Prunk, Zügellosigkeit und jeder Art von Üppigkeit zu übertreffen."[126]
Aus der Monarchie wird die Tyrannis. „Der Fürst fing nun an, gehaßt zu werden und sich wegen dieses Hasses zu fürchten; aus Furcht ging er bald zu Gewalttaten über, und es entstand daraus bald eine Tyrannis."[127]
Der Tyrannis folgt die Aristokratie. „Wie letzteren (den Adligen, NR) die Bezeichnung Fürst verhaßt war, so setzten sie aus ihrer Mitte eine Regierung zusammen ... einer Aristokratie."[128]
Aus dieser wird „eine Oligarchie..., in der man nicht mehr auf das allgemeine Beste Rücksicht nahm."[129]
Dieser folgt dann die „Demokratie, in welcher weder mehrere Machthaber noch ein Fürst irgendwelche Gewalt erhielten."[130]

---

[124] Machiavelli, Disc. I, 2, MÜ, S. 133 f.
[125] Machiavelli, Disc. I, 2, MÜ, S. 133.
[126] Machiavelli, Disc. I, 2, MÜ S. 134.
[127] Machiavelli, Disc. I, 2, MÜ S. 134.
[128] Machiavelli, Disc. I, 2, MÜ S. 134.
[129] Machiavelli, Disc. I, 2, MÜ S. 134.
[130] Machiavelli, Disc. I, 2, MÜ S. 134.

Dem folgt die Auflösung. „Da nun jede Regierungsform im Anfang einige Ehrfurcht einflößt, so hielt sich die Volksherrschaft eine Zeitlang, aber nicht lange, zumal nachdem die Generation, welche sie eingeführt hatte, verschwunden war. Schnell kam es zur Zügellosigkeit."[131]
Es kommt zum Zerfall der institutionellen Ordnung und „aus den entwickelten Ursachen wieder zur Anarchie".[132]
Dieser „Kreislauf" der verschiedenen Regierungsformen führt Machiavelli zu dem Schluß, daß „fast kein Staat so große Lebenskraft besitzt, daß er mehrmals diesen Wechsel durchlaufen und sich erhalten kann. Wohl aber ..., daß ein Staat in bedrängter Lage, da ihm Rat und Kraft fehlen, Untertan eines Nachbarstaates wird, der eine bessere Verfassung hat." Wäre „dem nicht so, so würde sich ein Staat ohne Ende in jenen Verfassungsformen herumdrehen". Hieraus zieht Machiavelli die staatstheoretische Folgerung, es seien „alle genannten Formen ... unheilbringend, und zwar wegen der Kürze des Bestandes der drei guten und wegen der Verderblichkeit der drei schlechten. Deshalb vermieden die weisen Gesetzgeber, diese Mängel erkennend, eine jede der drei guten Verfassungsformen in Reinform und erwählten eine aus allen dreien zusammengesetzte. Diese hielten sich dann für die festeste und dauerhafteste, da Monarchie, Aristokratie und Demokratie, in einem und demselben Staate vereinigt, sich gegenseitig überwachen."[133]
Nippel führt hierzu folgendes an: „ Machiavelli griff in den ‚Discorsi' auf Polybios' Darstellung der römischen Verfassung zurück. Er entnahm aus ihr den Gedanken, daß es mit einer Mischverfassung gelingen könne, dem unaufhebbaren Gegensatz zwischen Adel und Volk (dessen ungehemmte Austragung in der florentinischen Geschichte katastrophale Auswirkun-

---

[131] Machiavelli, Disc. I, 2, MÜ S. 134.
[132] Machiavelli, Disc. I, 2, MÜ S. 135.
[133] Machiavelli, Disc. I, 2, MÜ S. 135.

gen für die innere und äußere Freiheit gehabt habe) dergestalt in einem institutionellen Rahmen einzufangen, daß die Konkurrenz dieser Gruppierungen sich förderlich auf die innere Stabilität und den äußeren Erfolg der Republik auswirken könne."[134]

Die Stabilisierung eines Staates auf dem Höhepunkt seiner Macht ist zumindest für einen gewissen Zeitraum möglich, wenn die Gesetzmäßigkeit der geschichtlichen Abläufe und die spezifischen Bedingungen der gegebenen Situation (qualità dei tempi) sorgfältig beachtet werden."[135] Diese Macht des Staates besteht jedoch nicht auf Dauer. Erst eine weitblickende, durch präzise Analyse der qualità dei tempi angeleitete Politik sollte nach Machiavelli die Staaten befähigen, ihrem fatum, wenn nicht gänzlich, so doch auf Zeit, zu entgehen.[136]

---

[134] Nippel, Mischverfassungstheorie, S. 164, 26. Grundlegend beschreibt und klassifiziert Aristoteles im dritten Buch der Politik die verschiedenen Verfassungen und Staatsformen (Die Begriffe „Verfassungen" (politeia) und „Staatsformen" werden gleichbedeutend verwendet. Der Begriff „Politeia" ist nicht ganz derselbe wie der moderne Begriff Verfassung. Es gibt jedoch keine bessere Übersetzung. Dies macht Küchenhoff, Staatsformenlehre, S. 51, Fn. 1, S. 41, Fn. 2, deutlich.). Im dritten Buch (Pol III 1 – 5, 1274b 32-1278b 5) behandelt Aristoteles zunächst eine Theorie der Verfassungen als Formen der Polis. Ihre Untersuchung ist der Frage gewidmet, wer als Bürger einer Polis unter ihrer Verfassung angesehen werden kann. Es folgt (Pol III 6-8, 1278b, 6-12 1279b 10-1280a 6; Vgl. Bien, Die Grundlegung der politischen Philosophie bei Aristoteles, S. 288 ff.; Kullmann, Aristoteles und die moderne Wissenschaft, S. 382 f.; Spahn, Aristoteles, S. 415, 418) eine Klassifikation der Verfassungen nach ihren Hauptkriterien, die Staatsformenlehre.

[135] Münkler, Machiavelli, S. 45. Der von Münkler im Anschluß vertretenden pessimistischen „Gesamtperspektive Machiavellis", - die er hier auch auf „das zyklische Geschichtsmodell" (S. 44) anwendet - kann jedoch nicht gefolgt werden.

[136] Vgl.: Breuer, Herrschaftssoziologie, S. 325, Anm. 6. Breuer weist auf die „gewisse Nähe" von Weber „zu Machiavelli" hin, „der gleichfalls von einer zyklischen Verlaufsform der Geschichte ausging." Vgl.: Münkler, Machiavelli, S. 44 ff., 343.

6. Machiavellis Folgerungen für die Stabilisierung der Ordnung: Das Problem der Tyrannis oder die Ordnungsstiftung durch den „principe nuovo" und „uomo virtuoso"

Bei Machiavelli zeichnet sich eine einschneidende Wandlung und Revision der „Tyrannis-Lehre" ab. Angesichts der die italienischen Stadtstaatenwelt erschütternden chronischen Bürgerkriegswirren, plädiert Machiavelli „für die Aufhebung der Unterscheidung von 'König' und 'Tyrann' zugunsten des principe nuovo und damit für die Suspendierung der Normierungen sowohl der Aristoteles-Tradition wie der mittelalterlichen Fürstensspiegel-Literatur".[137] Die radikalste Darstellung des Spannungsverhältnisses zwischen tuged-ethischer Orientierungsfestigkeit und rationaler Interessenverfolgung findet sich folglich weit vor der neuzeitlichen politischen Philosophie, nämlich in Machiavellis Porträt des „principe nuovo".[138] Machiavelli hat sich nicht ausführlich zur Problematik der Staatsgründung geäußert. Theoretisch müßte sein Staat, welchen er aber nie als solchen bezeichnet, durch einen uomo virtuoso oder einen Tyrannen gegründet werden.[139] Der uomo virtuoso ist der politische Gründungsheros und Ordnungsstifter. Er weiß dem (Bürgerkriegs-) Chaos Ordnung aufzuzwingen, Gesetze zu geben und durch Beispiel und Tat die Menschen zu politischen Bürgern zu erziehen.

Im „Principe" und in den „Discorsi" wurde Savonarola zum Beispiel für einen „unbewaffneten Propheten", worin Machiavelli die zentrale Schwäche im politischem Ordnungsgefüge sieht. Als Mönch fehlen Savonarola, statusbedingt, die materiellen Mittel zur Gewaltanwendung. Ganz im Gegensatz hierzu steht Moses als Idealtyp des Gesetzgebers, Ordnungsstif-

---

[137] Mandt, Tyrannis, S. 672.
[138] Vgl.: Kersting, Tugend, S. 451.
[139] Vgl.: Knauer, Viereck, S. 24 f.

ters und Staatsgründers. „Wer die Bibel mit Verstand liest, sieht, daß Moses, um seinen Gesetzen und Einrichtungen Geltung zu verschaffen, gezwungen war, zahllose Männer zu töten, die sich allein aus Neid seinen Plänen widersetzten."[140]
Savonarola wollte sich mit Moses gleichsetzen, ohne dessen Gewaltpotential zu besitzen. Damit aber versehen, avanciert Moses bei Machiavelli zu einem der antiken Prototypen des „Principe", gemeinsam mit Theseus, Cyrus, Romulus, und rückt als alttestamentarische Schlüsselfigur an die Seite des Griechen, Persers, Römers.[141] Machiavelli reiht ihn ein unter die Staatengründer, die eine neue Herrschaft mit eigenen Waffen und durch Tüchtigkeit etablieren.[142] Im 6. Buch des „Principe" wird dieses noch einmal besonders deutlich: „Prüft man weiter ihre Taten (d.i. Moses, Cyrus, Romulus, Theseus, N.R.), so sieht man, daß sie vom Glück nichts anderes erhalten hatten als die Gelegenheit; diese bot ihnen den Stoff, in den sie die Form prägen konnten, die ihnen vorschwebte; ohne diese Gelegenheit wäre die Tüchtigkeit ihrer Gesinnung erlahmt, ohne ihre Tüchtigkeit wäre diese Gelegenheit vergebens eingetreten."[143]
Der uomo virtuoso befriedet und ordnet zuerst das Gemeinwesen, indem er mit „unumschränkter und außerordentlicher Macht den übermäßigen Ehrgeiz und die Verderbtheit der Mächtigen bändigt", und erweckt dann in den Menschen virtù und politische Gesinnung.[144] Er zeichnet sich nicht nur durch die Fähigkeit zur rücksichtslosen Konsequenz bei der Gewinnung und ordnungspolitischen Verwendung der Machtmittel aus, sondern auch dadurch, daß er selbst mit der institutionellen Befestigung der Herr-

---

[140] Machiavelli, Disc. III, 30, ZO, S. 367.
[141] Vgl.: Hoeges, Machiavelli, S. 158, sowie 151, 156-166 und 177-182.
[142] Hoeges, Machiavelli, S. 158.
[143] Machiavelli, Princ., VI, RI, S. 43.
[144] Vgl.: Machiavelli, Disc. I, 55, ZO, S. 143; Kersting, Machiavelli, S. 76.

schaftsordnung die uneingeschränkte Macht der Anfangsphase durch konstitutionelle Formen bindet, sie als Ausnahmesituation begreift, die der politischen Normalität des durch Gesetze, Einrichtungen und Bürgersinn stabilisierten Gemeinwesens weichen muß.[145] Machiavelli führt dazu in den „Discorsi" aus: „Deshalb muß ein weiser Gesetzgeber, der die Absicht hat, nicht sich, sondern dem Allgemeinwohl, nicht seiner Nachkommenschaft, sondern dem gemeinsamen Vaterland zu dienen, danach streben, die uneingeschränkte Macht zu bekommen. Nie wird ein kluger Kopf einen Mann wegen einer außergewöhnlichen Handlung tadeln, die er begangen hat, um ein Reich zu gründen oder eine Republik zu konstituieren. Spricht auch die Tat gegen ihn, so entschuldigt ihn doch der Erfolg. Und wenn dieser gut ist, wie bei Romulus, so wird er ihn immer entschuldigen. Denn nur wer die Gewalt braucht, um zu zerstören, und nicht, wer sie braucht, um aufzubauen, verdient Tadel."[146] Der uomo virtuoso ist ein Usurpator ohne den Legitimitätsbonus der rechtmäßig erworbenen Herrschaft, also kein, wie Machiavelli im „Principe" unterscheidet, principe naturale, sondern ein principe nuovo.[147] Machiavellis „Principe" ist ein Ratgeber für den principe nuovo. Der uomo virtuoso, der die auf der Straße liegende Macht aufgreifende und eine neue Herrschaft begründende principe nuovo, entspricht strukturell dem Staatengründer des neuzeitlichen Naturrechts, der alle seinem Willen unterwirft und so den Naturzustand, den Zustand eines virtuellen Krieges aller gegen alle, beendet.[148]

---

[145] Kersting, Machiavelli, S. 76 f.
[146] Machiavelli, Disc. I, 9, ZO, S. 36 f.
[147] Kersting, Machiavelli, S. 78.
[148] Kersting, Machiavelli, S. 78 f. Kersting unterscheidet (drei) Rationalitätsformen, wobei die erste entscheidend ist, d.h. „die individualistische Rationalität, die uns geschichtlich zuerst in der machiavellischen Beratung des ‚principe nuovo' und der Naturzustands- und Staatsphilosophie von Thomas Hobbes begegnet und ein Programm der Maximierung bzw. Aggregierung individueller Interessen entwirft." Ders., Theorienkonzeptionen, S. 51.

Interessant ist hier die rationale und radikale Vordenkerrolle Machiavellis. Er gibt jedoch zu bedenken, daß ein kluger Ordner des Gemeinwesens und Freund des Vaterlandes „so klug und von so tugendhaftem Charakter sein (muß), daß er die unumschränkte Macht, die er an sich gerissen hat, nicht auf einen anderen vererbt. Da die Menschen mehr zum Bösen als zum Guten neigen, könnte sein Nachfolger die Macht, die dieser zum Guten gebraucht hat, zu ehrgeizigen Zwecken mißbrauchen. Mag ferner auch ein einzelner die Fähigkeiten haben, eine Verfassung zu geben, so ist diese doch nicht von langer Dauer, wenn ihre Erhaltung nur auf den Schultern dieses einzelnen Mannes ruht, ist ihre Erhaltung aber der Sorge vieler anvertraut, so wird sie dauern."[149] Normative Elemente wie „natürliche Rechte" kennt Machiavellis Staatsgründung nicht. Nach ihm bedarf es keiner normativen Legitimation. Diese liegt allein in der Macht. Gleichzeitig ist ihm bewußt, daß das normative Element den Menschen immanent ist. Dieser Gesichtspunkt ist jedoch erst im Rahmen der Religon zu erörtern. Machiavelli reicht - von der Rolle der Religion abgesehen - die faktische Macht des Souveräns. Natürliche Rechte oder normative Elemente haben in seiner politischen Philosophie keinen Platz. Dieser Gesichtspunkt wird deutlich, als er in Zeiten der Krise wie folgt argumentiert: „Man muß vielmehr zu außerordentlichen Mitteln greifen, das heißt zur Gewalt und zu den Waffen. Vor allem aber muß man die unumschränkte Macht in einem solchen Gemeinwesen bekommen, um nach seinem eigenen Urteil handeln zu können."[150] Hier erfolgt eine Einschränkung, denn diese außergewöhnlichen Mittel gelten nicht auf Dauer. Nach der Beendigung des Zustandes der Gesetzlosigkeit, nach erfolgter politischer Neuordnung, muß der uomo virtuoso, muß der prudente ordinatore d'ùna repubblica (kluge Ordner des Gemeinwesens) das eingerichtete

---

[149] Machiavelli, Disc. I, 9, ZO, S. 37.
[150] Machiavelli, Disc. I, 18, ZO, S. 67.

Staatswesen den Menschen jedoch zurückgeben und die Macht klug auf die gesellschaftlichen Kräfte verteilen.[151] Unter Berücksichtigung dieser Regel wird sein politisches Werk überleben. Es entsteht eine Ordnung, in der das Gemeinwesen Festigkeit und Dauer gewinnt. Es ist geboten, so zu handeln i.S.d. Zweck-Mittel-Schemas. Prozedural erzwingbar durch die Untertanen ist diese Rückgabe nicht. Machiavelli hat immer wieder betont, daß denjenigen Staatengründern und Gesetzgebern der größte Ruhm gebührt, denen es gelingt, eine politische Bürgergemeinschaft zu formen; aber dieses, den zweiten Tätigkeitsbereich des unomo virtuoso definierende Republikanisierungsziel ist nicht in dem Maße operationalisierbar und pragmatisch aufzuklären wie das erste Tätigkeitsfeld der Ordnungsstiftung, das Ziel der politischen Selbstbehauptung des Herrschers ist.[152] Seine Ratschläge beziehen sich nur auf die Anfänge der Ordnung und der Rolle des uomo virtuoso. Wolfgang Kersting folgert daraus: „Machiavellis Politikberatung bezieht sich ... nur auf die ordnungspolitischen Anfänge der Karriere des uomo virtuoso. Ihr Adressat ist der neue Herrscher, der principe nuovo, dessen vordringliches Interesse darauf geht, sich an der Macht zu halten und seine neu errichtete Herrschaft zu festigen. Ihm hat Machiavelli seinen ‚Principe' auf den Leib geschrieben. Ihm soll die neue pragmatische, sich von moralischen Auflagen befreiende Lehre vom politischen Handeln dienen, die Machiavelli in diesem Buch entwickelt. Ob jedoch der von ihm mit viel nützlichem herrschaftstechnischen Wissen ausgestattete principe nuovo das Format eines politischen Menschenformers hat und langfristig die Transformation in die Republik ansteuert oder zeitlebens in den machtpolitischen ‚Niederungen des Romulus' ver-

---

[151] Kersting, Machiavelli, S. 79.
[152] Kersting, Machiavelli, S. 85.

bleibt und sich im Geschäft der politischen Selbstbehauptung verschleißt, steht dahin."[153]

Ob sich diese radikale Beobachtungsweise auch bei Bodin und Hobbes durchgesetzt hat, wird noch zu untersuchen sein.

IV. Strategien zur Etablierung von Fürstenherrschaft: Staatsmacht und Bürgerfreiheit. Fürstenherrschaft und Republik als die maßgeblichen Staatsformen.

1. Die erste Strategie: „Il Principe"

Im ersten Satz des „Il Principe" trifft Machiavelli die Aussage, daß die Staaten und Reiche, über die die Menschen Macht hatten und haben, entweder Republiken oder Fürstenherrschaften waren und sind.[154] Diese Feststellung enthält keine Staatsformeneinteilung, sondern sie ist eine stilistische Einleitungsfloskel.[155] Das wird auch durch die kennzeichnende Überschrift des ersten Kapitels deutlich: „Von den Formen der Fürstenherrschaft und den Arten, sie zu erwerben."[156] Das Wort Republik wird im „Il Principe" nicht näher bestimmt oder umschrieben. Machiavelli erklärt vielmehr ausdrücklich: „Von einer Erörterung der Republiken will ich hier absehen, da ich mich bei anderer Gelegenheit ausführlich damit befaßt habe."[157] Er gibt hier keine Einteilung der Fürstenherrschaften. Machiavelli schreibt im zweiten Satz des ersten Kapitels: „Die Fürstenherr-

---

[153] Kersting, Machiavelli, S. 86.
[154] Machiavelli, Princ. I, RI, S. 9.
[155] Vgl.: Küchenhoff, Staatsformenlehre, S. 76.
[156] Machiavelli, Princ. I, RI, S. 9.
[157] Machiavelli, Princ. II, RI, S. 9; Anspielung auf Machiavellis Discorsi sopra la prima deca di Tito Livio.

schaften sind entweder ererbt, sofern das Geschlecht ihres Herrschers seit langer Zeit regiert, oder sie sind neu erworben."[158] Gerade diese asymmetrische Gegenüberstellung nach den Kriterien einmal des Herrschaftserwerbs, zum anderen des Entstehungszeitpunkts zeigt schon den Charakter von Machiavellis Aussage als bloßer Beschreibung und als Machtlehre für bestimmte vergangene und bestehende Staaten.[159] Auch die folgenden Sätze des ersten Kapitels gehen in diese Richtung: „Die neu erworbenen sind entweder völlig neu, wie es Mailand für Francesco Sforza war, oder sie sind als Glieder dem ererbten Staat des Fürsten angefügt, der sie erworben hat, wie das Königreich Neapel dem Reich des Königs von Spanien. Die so erworbenen Gebiete sind es gewohnt, entweder unter einem Fürsten zu leben oder aber frei zu sein; und ihr Erwerb geschieht entweder mit fremden oder mit eigenen Waffen, durch Glück oder durch Tüchtigkeit."[160] Zu überprüfen ist, ob Machiavelli dieses Schema durchhält, wenn er behauptet: „Ich will mich allein der Fürstenherrschaft zuwenden und in der oben genannten Reihenfolge untersuchen, wie Fürstentümer regiert und behauptet werden können."[161]

Für die Überprüfung von Machiavellis Formen der Fürstenherrschaft und ihrer Erwerbung sind vor allem die Kapitel 2, 6 und 7 und 26 entscheidend. Im zweiten Kapitel beschreibt Machiavelli, daß in den „ererbten Fürstenherrschaften ... viel geringere Schwierigkeiten bestehen, die Macht zu behaupten, als in neu erworbenen."[162] Für den Beweis der Beständigkeit führt er das Beispiel des Herzogs von Ferara an, „der 1484 den Angriffen der Venezianer und 1510 denen des Papstes Julius nur deshalb standhielt,

---

[158] Machiavelli, Princ. II, RI, S. 9.
[159] Küchenhoff, Staatsformenlehre, S. 76.
[160] Machiavelli, Princ. I, RI, S. 9 (8).
[161] Machiavelli, Princ. II, RI, S. 9.
[162] Machiavelli, Princ. II, RI, S. 9.

weil sein Geschlecht seit alters diese Gebiete regierte."¹⁶³ Er kommt zu dem Schluß, daß angestammte Fürsten von der Ressource der Gewaltanwendung weniger Gebrauch machen müssen und sich so größerer Beliebtheit erfreuen.

Die Kapitel drei bis fünf sind ein historischer Erfahrungsbericht, der vor allem auf das entscheidende sechste Kapitel vorbereitet. Vom sechsten Kapitel an geht es um den „principe nuovo". Die vorhergehenden fünf Kapitel dienen dazu, einige ungeeignete Kandidaten und Formen zu eliminieren.

„Ein neuerworbenes Fürstentum bringt ... Schwierigkeiten mit sich."¹⁶⁴ Dies liege u. a. daran, daß die Menschen gerne gegen den alten Herrscher zu den Waffen greifen, was i.d.R. zu einer Verschlechterung der Lage führe. Als historisches Beispiel eines ungeeigneten Herrschers nennt er Ludwig XII. König von Frankreich.¹⁶⁵ Diesem wirft er gleich sechs Kardinalfehler vor: „(1) er hatte die Schwächeren vernichtet; (2) die Macht eines Mächtigen in Italien gesteigert; (3) einen besonders mächtigen Fremden ins Land geholt; (4) seinen Wohnsitz nicht dorthin verlegt und (5) keine Kolonien dort angelegt. Doch nicht einmal diese Fehler hätten ihm zu seinen Lebzeiten schaden können, wenn er nicht noch den sechsten begangen hätte, nämlich den Venezianern ihr Land fortzunehmen".¹⁶⁶ Nach Machiavelli folgt daraus „eine allgemeine Regel, die nie oder nur selten trügt: Wer bewirkt, daß ein anderer mächtig wird, der richtet sich selbst zugrunde; denn diese Macht ist von ihm entweder durch Geschicklichkeit

---

[163] Machiavelli, Princ. II, RI, S. 11.
[164] Machiavelli, Princ. III, RI, S. 11.
[165] Machiavelli, Princ. III, RI, S. 13.
[166] Machiavelli, Princ. III, RI, S. 27.

oder durch Gewalt verursacht, und das eine wie das andere ist demjenigen verdächtig, der dadurch mächtig geworden ist."[167]

Im fünften Kapitel faßt Machiavelli seine bisherigen Ergebnisse in einem Satz zusammen: „Wenn die Staaten, die man erobert, ... gewohnt sind, unter eigenen Gesetzen und in Freiheit zu leben, so gibt es drei Methoden, die Herrschaft über sie zu behaupten: erstens, sie zu vernichten; zweitens, seinen persönlichen Wohnsitz dorthin zu verlegen; drittens, sie unter ihren eigenen Gesetzen fortbestehen zu lassen, jedoch eine Abgabe von ihnen zu erheben und eine Regierung aus wenigen Bürgern einzusetzen, welche dir die Ergebenheit der anderen sichern."[168]

Dies führt direkt zum sechsten Kapitel: „Von neuen Fürstenherrschaften, die man mit eigenen Waffen und durch Tüchtigkeit erwirbt". Hier nennt Machiavelli die bereits genannten Herrscher, von denen als Prototyp des „principe nuovo" im sechsundzwanzigsten Kapitel nur Moses als Herrschertyp bestätigt wird.[169] Hier schließt sich der Kreis, und es zeigt sich, daß Machiavelli vom sechsten bis zum sechsundzwanzigsten Kapitel seine Zentralthese der Fürstenform, des „principe nuovo", durchgehalten hat: „Wenn ich alles bedenke, was hier erörtert worden ist, und mir überlege, ob gegenwärtig in Italien die Zeiten einem neuen Fürsten günstig sind und ob die Materie vorhanden ist, die einem klugen und tüchtigen Mann Gelegenheit böte, ihr eine Form zu geben, die ihm zur Ehre gereichen würde und der gesamten Bevölkerung Italiens zum Wohl, dann scheint mir so vieles einem neuen Fürsten günstig, daß ich nicht wüßte, welche Zeit je für ihn geeigneter gewesen wäre."[170]

---

[167] Machiavelli, Princ. III, RI, S. 29.

[168] Machiavelli, Princ. V, RI, S. 37.

[169] Machiavelli, Princ. XXVI, RI, S. 199; Vgl: Hoeges, Machiavelli, S. 182, der in dem Modell des Moses bei Machiavelli die Figur des Principe als zentrales Element dargestellt sieht.

[170] Machiavelli, Princ. XXVI, RI, S. 199.

2. Die zweite Strategie: „Discorsi"

Das zweite Kapitel im ersten Buch der „Discorsi" hat die Überschrift: „Wie viele Arten von Verfassungsformen es gibt, und zu welcher der römische Staat gehört."[171] Hier gibt Machiavelli eine Einteilung der Staaten in Staats- bzw. Verfassungsformen. Diese übernimmt er ausdrücklich von früheren „Schriftstellern";[172] „um die Verfassung der römischen Republik und die Ereignisse, welche sie zur Vollkommenheit führten, zu erörtern",[173] folglich ebenfalls nicht mit dem Anspruch eines eigenen Systems. Zur Erklärung „bemerkt" Machiavelli „zuvorderst, daß einige Schriftsteller das Gemeinwesen betreffend, dreierlei Regierungsformen annehmen, nämlich: Alleinherrschaft, Herrschaft der Vornehmsten und Volksherrschaft, Monarchie, Aristokratie und Demokratie. ... Einige andere (nach Meinung vieler weiser) Schriftsteller glauben, es gebe sechserlei Gattungen von Regierungsformen, von welchen drei sehr schlimm, die drei anderen an und für sich gut seien, doch aber so leicht in Verfall gerieten, daß auch sie gefährlich würden". Es seien „die guten ... die drei oben genannten; die schlechten ... drei andere, welche von jenen dreien abhängen, und jede derselben ... der ihr nächst verwandten so ähnlich, daß gar leicht eine in die andere überspringt; denn die Monarchie wird leicht zur Tyrannis, die Aristokratie leicht zur Oligarchie, die Demokratie verwandelt sich leicht in Anarchie".[174]

Bevor auf Machiavellis Sichtweise eingegangen wird, ist bzgl. der „Politik" des Aristoteles[175] darauf hinzuweisen, daß bis zu Machiavelli – und

---

[171] Machiavelli, Disc. I, 2, MÜ, S. 132.
[172] Machiavelli, Disc. I, 2, MÜ, S. 133.
[173] Machiavelli, Disc. I, 2, MÜ, S. 133.
[174] Machiavelli, Disc. I, 2, MÜ, S. 133.
[175] Aristoteles, Pol. I, 2, 1252 a 25 – 1253 a 38, S. 47 - 50.

vorherrschend auch nach ihm – das historiogenetische Denkmuster der Entstehung politischer Einheiten die herrschende Meinung war.[176] Hier klingt bereits die Frage an, wie Menschen in gesicherter Ordnung miteinander leben können. Machiavelli nimmt an, daß die Menschen in gefestigter Ordnung leben wollen. Diese Ordnung jedoch stellt sich wegen der Schlechtigkeit der Menschen nicht automatisch her. Sie muß auf Macht gestützt werden, d.h. auf positives Recht, auf Gesetze und Militär. Bei Machiavelli ändert sich diese Sicht der Dinge. „Als im Anfang der Welt die Menschen noch selten waren, lebten sie zerstreut, den wilden Tieren ähnlich. ... nachher ... schlossen sie sich zusammen und begannen, um sich besser verteidigen zu können, den unter ihnen, der am stärksten und beherztesten war, mit Achtung anzusehen, machten ihn gleichsam zu ihrem Haupte und gehorchten ihm... (letztlich) entschlossen sie sich, um ... Übel zu vermeiden, Gesetze einzuführen und Strafen gegen die Zuwiderhandelnden festzusetzen."[177] Die konfliktträchtige und deshalb unsichere Situation gibt nicht nur den ersten Anstoß zu einem Zusammenschluß, sie bleibt auch weiterhin ein zentraler Gesichtspunkt, wenn es darum geht, dem Staat eine innere Ordnung durch Gesetze zu geben.[178]

---

[176] Vgl.: Leidhold, Machiavelli, S. 193. Seine These lautet: Machiavelli sei der erste Autor, der in seiner Konzeption der Analyse politischer Realität das klassische Paradigma der Stoff-Form-Analyse aufgibt und an seine Stelle die Dynamik von Handlungen, Regulationen und Konflikten setzt, a.a.O., S. 189 f.

[177] Machiavelli, Disc. I, 2, MÜ, S. 133.

[178] Leidhold, Machiavelli, S. 193.

V. Machiavellis Gründungsleistung: Macht und Ordnung sowie Moral und Macht

1. Gesetze als Fundamente zur Erhaltung der Macht und der Ordnung

Der Fürst oder der wirkliche Mensch muß nach Machiavelli aufgrund der „Machtgier" der anderen Menschen immer auf der Suche vor Schutz vor seines gleichen sein[179] oder selber Macht akkumulieren. Der Fürst, Souverän oder Staat ist für den Erwerb der Macht, ihre Sicherung und Behauptung, letztlich ihre „Machtvollkommenheit"[180] zuständig. Aus ihr resultieren „Frieden", „Ruhe und Ordnung" sowie „Gehorsam gegenüber der Obrigkeit"[181]. Dem Primat der Macht sind alle anderen Bestimmungen, Zwecke und Werte nachgeordnet. Macht ist für Machiavelli nicht etwas Böses,[182] sondern eine notwendige Ressource, um eine stabile Ordnung zu erhalten. Sonst „treibt uns natürlicher Instinkt, der eigene Antrieb und die eigene Leidenschaft" zu „Neid,... Müßiggang... (und) Haß".[183] Machiavelli gibt dem Fürsten Ratschläge, wie man die Macht erhalten kann. Der „Principe" enthält Techniken, die Macht zu konzentrieren, um eine bestimmte Ordnung durchzusetzen. Seine politische Philosophie gibt technische Anweisungen i.S.v. Zweck-Mittel-Empfehlungen. Für ihn stehen die technische Effizenz und die Rationalisierung von Handlungsvorhaben im Vordergrund.

---

[179] Vgl.: Machiavelli, Princ.; IX, RI, S. 77, 79. Sowie Bubner, Staat, S. 108 – 166.
[180] Machiavelli, Princ., VII, RI, S. 57. Vgl.: auch XVII, S. 127, 129.
[181] Machiavelli, Princ., VII, RI, S. 57.
[182] Vgl. zum politisch Bösen bei Machiavelli unter Bezugnahme der „Figur des Bösen bei Schelling und Machiavelli": Oesterreich, „Positive Verkehrtheit", S. 257 - 259.
[183] Machiavelli, SW 7, S. 237, 236.

Der weit verbreiteten Vorstellung, daß Macht für Machiavelli nur ein Selbstzweck ist, muß jedoch widersprochen werden. Im Brockhaus findet man unter dem „Schlüsselbegriff" Macht über Machiavelli den folgenden symptomatischen Satz: „In seiner berühmten Schrift ‚Il Principe' entwickelt Niccolò Machiavelli eine am Ist- und nicht am Sollzustand des politischen Lebens orientierte Handlungsanweisung für den Fürsten, in der Erwerb und Erhaltung von Macht einen Selbstzweck darstellt, wobei auch eine vor List und Grausamkeit nicht zurückschreckende Tatkraft (virtù) als politische Tugend gilt".[184] Während der ersten Aussage zugestimmt werden kann, sind die beiden folgenden Aussagen entweder unzutreffend oder völlig aus dem Zusammenhang gerissen.

Macht ist für Machiavelli kein Selbstzweck. Macht ist wegen der Sicherung der politischen Ordnung notwendig. Machiavelli ist sich bewußt, daß auch Macht sich durch übermäßigen Gebrauch abnutzt. Macht ist nur beständig, wenn man sie als Instrument der Herrschaft nicht übermäßig einsetzen muß. Es ist ein Klugheitsgebot für den Souverän, seine Macht so auszuüben, daß er „geliebt" statt „gefürchtet" wird.[185] Hält sich der Fürst oder der Souverän nicht an diesen Ratschlag, verliert er die Durchsetzungsmacht für seine Befehle und damit auch seine Souveränität. Hier kommen sich Macht und „Recht" (- Machiavelli spricht im „Principe" nicht von Recht, sondern nur von Gesetzen -) nahe. Die (Durchsetzungs-) Macht bleibt aber deutlich im Vordergrund. Machiavelli will Macht und Ordnung stabilisieren, statt die alte Schwäche und Instabilität Italiens und das daraus resultierende Chaos weiterhin zu akzeptieren. Die Formen der Macht sind Gewalt, List und Täuschung sowie Gesetze. Für Machiavelli sind Gesetze und Macht keine Gegensätze. Gesetze sind eine, unter bestimmten Bedingungen, leistungsfähigere Form von Machterhalt.

---

[184] Brockhaus, Macht, S. 706.
[185] Machiavelli, Princ., XVII, RI, S. 127, (Kapitelüberschrift).

Die „Selbstzweckthese" läßt sich anhand von Machiavellis Aussagen im 17. Kapitel entkräften: „Einen Fürsten darf es nicht kümmern, der Grausamkeit bezichtigt zu werden, wenn er dadurch bei seinen Untertanen Einigkeit und Ergebenheit aufrechterhält."[186] „Doch der Fürst muß sich besonnen verhalten, ... er muß maßvoll handeln, gezügelt durch Klugheit und Menschenfreundlichkeit, ... Daraus ergibt sich die Streitfrage, ob es besser ist, geliebt als gefürchtet zu werden oder umgekehrt. Die Antwort ist, daß man das eine wie das andere sein sollte; da es aber schwerfällt, beides zu vereinigen, ist es viel sicherer, gefürchtet als geliebt zu werden, wenn man schon den Mangel an einem von beiden in Kauf nehmen muß".[187]

Für Machiavelli liegen die „Fundamente für die Erhaltung ... (der) Macht" des Souveräns, „um ... zu inneren Frieden und zu Gehorsam gegenüber der Obrigkeit" zu kommen und „Ruhe und Ordnung wieder" herzustellen, in der „übermäßigen Machtvollkommenheit".[188]

Eine neue Ordnung schaffende Macht garantiert ihre Macht und damit auch die Freiheit der Bürger im Rahmen der Gesetze. Nur eine durchsetzungsfähige Regierung kann durch die Einhaltung der Gesetze Ordnung garantieren. Hier zeigt sich, daß die Ausübung der Macht nicht beliebig ist, sondern an die Ordnung des Staatswesens gebunden ist. Der Friede der Untertanen untereinander und die Eintracht der Bürger müssen gewährleistet sein. Gesetzlosigkeit wird ausgeschlossen. Der Fürst sollte nur „so viel Furcht verbreiten, daß er, wenn er dadurch schon keine Liebe gewinnt, doch keinen Haß auf sich zieht; ... dies wird ihm stets gelingen,

---

[186] Machiavelli, Princ., XVII, RI, S. 129; Vgl. auch: XXVI, S. 199 ff., wo er zur Einigkeit Italiens als „Endziel" aufruft.

[187] Machiavelli, Princ., XVII, RI, S. 129.

[188] Machiavelli, Princ., VII, RI, S. 55, 57; Muralt hat Ordnung (ordine) und Sicherheit (sicuramente vivere) als die wichtigsten Ziele des Staates bei Machiavelli angegeben; Ders., Staatsgedanke, S. 86.

wenn er das Eigentum seiner Bürger und Untertanen sowie ihre Frauen respektiert".[189] Dies ist ein Klugheitsgebot. Die Gesetze bzw. das „Recht", welches der Souverän durchsetzt, muß bei Machiavelli klug und anpassungsfähig, wandelbar, schlau und „listig" sein. Wird ein rechtlicher Bereich für die Ordnung belanglos, kann der Souverän ihm weite Spielräume einräumen. Ist er hingegen von Bedeutung, muß er ständig angepaßt und beobachtet werden, relativ zur jeweiligen Situation. So etwas wie „Grundgesetze" oder „unveräußerliche Menschenrechte" kennt Machiavelli nicht. Die faktische Machtvollkommenheit des Souveräns ist prozedural nicht beschränkt und normativ nicht gebunden. Machiavelli gibt lediglich Klugheitregeln für den Souverän, die von den Bürgern nicht für ihre Interessen gegen den Willen des Fürsten durchgesetzt werden können. Inwieweit es jedoch trotzdem eine Begrenzung der Souveränität gibt, soll im folgenden untersucht werden.

Die Leitfrage für den Fürsten lautet: Wie erhalte ich meine Handlungsmächtigkeit. Als Vorbild gilt Machiavelli Cesare Borgia.[190] An ihm lassen sich die Handlungsregeln ablesen, die jedem in einer vergleichbaren Situation nützlich sein können. Als oberste Handlungsregel gilt: „daß man Verachtung und Haß meiden muß", und „daß entweder Haß oder Verachtung die Ursache für den Untergang der Kaiser war".[191] Machiavelli setzt sich hier mit der Rolle der Leidenschaften des Menschen auseinander. Um die Verachtung und den Haß der Bürger zu vermeiden, muß der Souverän die persönliche Ehre der Bürger beachten. Allerdings ist diese Handlungsanweisung nur eine Bedingung für die Erhaltung der Souveränitat; kein zwingendes Dogma, sondern erneut ein Klugheitgebot. Auch „Cesare

---

[189] Machiavelli, Princ., XVII, RI, S. 131.
[190] Vgl.: Mittermaier, Machiavelli, S. 110 ff.
[191] Machiavelli, Princ., XIX, RI, S. 161, 163, 141, Überschrift.

Borgia galt als grausam; nichtsdestoweniger hat er durch seine Grausamkeit die Romagna geordnet und geeint sowie Frieden und Ergebenheit wiederhergestellt".[192] Hier werden die Handlungsanweisungen als Klugheitsempfehlungen für den Souverän deutlich: Soweit die Fürsten an der Macht bleiben wollen, ist es besser, geliebt als gefürchtet zu werden. Zum Erhalt und zur Stabilisierung der Macht ist zu bedenken, daß „sich die Menschen weniger (scheuen), einen (Fürsten, N.R.) zu verletzen, der sich beliebt macht, als einen, den sie fürchten".[193] Die Gründe dafür sieht Machiavelli darin, daß das Band der Liebe „von ihnen bei jeder Gelegenheit des eigenen Vorteils wegen zerrissen wird; die Furcht aber wird durch Angst und Strafe aufrechterhalten, welche den Menschen nie verläßt".[194] Machiavellis Rat ist, auf die Furcht der Menschen zu bauen, nicht auf ihre Zuneigung. Allerdings können sich aus der Furcht auch disfunktionale Nebeneffekte für den Souverän ergeben. Haß ist zu vermeiden. Der Fürst muß - wie schon dargestellt - maßvoll dosiert und verhältnismäßig mit der Ressource Macht verfahren.

2. Recht und Macht

Das entscheidende Kapitel für das Verhältnis von Macht und Recht ist zugleich auch das verrufenste von Machiavellis Werk „Il Principe". Im 18. Kapitel diskutiert er nicht nur die Vertragstreue, sondern auch das Verhältnis von Macht und Recht: „Ihr müßt nämlich wissen, daß es zwei-

---

[192] Machiavelli, Princ., XVII, RI, S. 127.
[193] Machiavelli, Princ., XVII, RI, S. 131.
[194] Machiavelli, Princ., XVII, RI, S. 131.

erlei Kampfweisen gibt: die eine mit der Waffe der Gesetze (leggi), die andere mit bloßer Gewalt (forza)".[195]

Für Machiavelli bilden die Gesetze oder Recht und Gewalt kein Gegensatzpaar, sondern „zweierlei Kampfweisen".[196] Auch durch Gesetze wird Macht ausgeübt.

Machiavelli gibt die Empfehlung aus, daß „ein kluger Machthaber" dann „sein Wort nicht halten" kann und darf, „wenn ihm dies zum Schaden gereichen würde und die Gründe weggefallen sind, die ihn zu seinem Versprechen veranlaßt haben".[197] Folglich begründet er die Notwendigkeit des Wortbruchs aus der Erfahrung heraus, daß die Menschen selber einen „natürlichen Instinkt" und einen „eigenen Antrieb" haben „und das gegebene Wort auch nicht halten würden", so daß auch der Fürst „keinen Anlaß" hat, „es ihnen gegenüber zu halten".[198] Aus diesem instinktgebundenem

---

[195] Machiavelli, Princ., XVIII, RI, S. 134 f.; Zorn, Princ., XVIII, S. 71, übersetzt: „die mit Hilfe des Rechts und die mit Gewalt".

[196] Machiavelli, Princ., XVIII, RI, S. 135.

[197] Machiavelli, Princ., XVIII, ZO, S. 72.

[198] Machiavelli, SW, Bd. 7, ZI, S. 237; Ders., Princ., XVIII, ZO, S.72. Ähnliche Überlegungen finden sich später auch bei Spinoza zum „äußeren Staatsrecht": „Dieser Vertrag wird nur so lange in Kraft bleiben, als seine Grundlage, nämlich die Rücksicht auf die Gefahr oder auf den Nutzen, bestehen bleibt; denn niemand verpflichtet sich, noch muß er Verträge halten, es sei denn in der Hoffnung auf ein Gut oder aus Furcht vor einem Übel. Fällt die Grundlage weg, so wird auch der Vertrag ganz von selbst hinfällig, wie ja auch die Erfahrung zur Genüge lehrt". Daraus folgert Spinoza: „... daß der Inhaber der Regierungsgewalt geradezu ein Verbrechen begehen würde, wollte er zum Schaden seiner Regierung Versprechungen halten. Sobald er etwas versprochen hat, von dem er einsieht, daß es seiner Regierung Schaden bringt, so darf er es nicht halten, sonst bricht er seinen Untertanen die Treue". Spinoza, Traktat, S. 242. Vgl. i.d.S. auch: Hegel, Grundlinien, §§ 336 ff., S 501f.

Auch Aristoteles widmet dem Problem der Stabilisierung der Herrschaftsform der Tyrannis große Aufmerksamkeit (Aristoteles, Pol V 10, 1310 a 39 –1313 a 17; auffällig ist, daß er mit ungewöhnlich vielen historischen Beispielen arbeitet, z.B. 1310 b 14: „Dies zeigt die Geschichte.").

Er führt die wesentlichen Gründe und Motive von Rebellion gegen einen Tyrannen auf, wobei er vor allem Haß und Verachtung der Bürger nennt (Aristoteles, Pol V 10, 1311 a 25 – 1312 b 20). Daraus folgert er: „Von den zwei Ursachen, die es gibt, einer Tyrannis nachzustellen, Haß und Verachtung, begleitet der Haß den Tyrannen stän-

Ehrgeiz der Menschen und dem Verlangen nach mehr Macht leitet er die Legitimation des Staates zur Absicherung und zum Eingreifen ab.

In seinem Gedicht über den Ehrgeiz werden die Zusammenhänge von Recht und Macht und dem Ziel der Politik deutlich. Der Ehrgeiz und die Habsucht bringen Zwietracht: „Dies ist, warum der Eine steigt, der Andere sinket, hieraus entsteht, ohne Gesetz und Recht, der Wechsel aller irdischen Dinge".[199] Die Macht, Gesetze durchzusetzen ist eine notwendige Ressource, um den Ehrgeiz und die Habsucht zu bändigen.

Zur Aufrechterhaltung der sozialen und politischen Ordnung muß der Souverän, Fürst oder Politiker, neben der Gewalt auch die List zur Verfügung haben. Hinsichtlich der zwei Formen der politischen Konfliktaustragung entspricht die erstere „den Menschen, und die letztere den Tieren".[200] Die Realität sieht jedoch anders aus, woraus Machiavelli folgert: „Da die

---

dig; oftmals erfolgt ihr Sturz auch aus Verachtung"(Aristoteles, Pol V 10, 1312 b 18 – 20); „deshalb unterscheidet man eine politische Herrschaft, die ... Zielen auf rechtmäßige Weise verpflichtet war, von Tyrannis" (Luhmann, Metamorphosen, S. 109).

Aristoteles führt Mittel an, wie die Tyrannis erhalten werden kann: die Beseitigung der hervorragenden Männer und die Förderung gegenseitigen Mißtrauens, der Ohnmacht und der Unterwürfigkeit bei den Untertanen. Für diese Ziele nennt er konkrete Beispiele und Maßnahmen.

Diese angeführten Einzelheiten zeugen schon fast von einem machiavellistischen Realismus. Vgl.: Gigon, Bemerkungen, S. 37. Diesen Hinweis gibt auch Berber, Staatsideal, S. 90, „Zugleich gibt ... Aristoteles an Machiavelli erinnernde Ratschläge, wie der Tyrann sich tarnen und an der Macht halten kann." Buchheim, Anmerkungen, S. 224 f., Anm. 30; Vgl.: Riedel, Gesellschaftstheorie, S. 48 f. und Einleitung, S. 11 ff., insbes. S. 19 f.; Stolleis merkt dazu an: „Bald wurde ausgesprochen, daß nicht nur Arcana Imperii und Staatsräson in der Sache zusammengehören, sondern daß die damit vermittelten (geheimen) politischen Techniken nichts anderes seien als das, was Aristoteles im 5. Buch seiner Politik als ‚Mittel zur Erhaltung der Alleinherrschaft' geschildert hatte. Auch Aristoteles unterschied gute und schlechte Mittel, durch welche die Tyrannen ihre Macht stabilisieren könnten, und er zählte hierunter, wie Machiavelli, die geheuchelte Religiosität, ohne daß ihm dies jemals in gleicher Weise verübelt worden wäre." Stolleis, Arcana Imperii, S. 50. Althusser, Machiavelli, weist auf die „Nichtklassifizierbarkeit" von Machiavelli hin, die „eine Spaltung auslöst" und zur „Einsamkeit Machiavellis" führt.

[199] Machiavelli, SW, Bd. 7, ZI, 236 f.

[200] Machiavelli, Princ., XVIII, ZO, S. 71.

erstere oft nicht zum Ziel führt, ist es nötig, zur zweiten zu greifen. Deshalb muß ein Herrscher verstehen, die Natur des Tieres und des Menschen anzunehmen". Der Fürst muß gleichzeitig Fuchs und Löwe sein: „Denn der Löwe ist wehrlos gegen die Schlingen, der Fuchs ist wehrlos gegen die Wölfe. Man muß also Fuchs sein, um die Schlingen zu wittern, und Löwe, um die Wölfe zu schrecken".[201] Man muß seinen potentiellen Konkurrenten an Machtmitteln deutlich überlegen sein, aber man muß auch die Klugheit besitzen, sich in den Fallstricken des diplomatischen Verkehrs zu behaupten und die selbst im Zentrum der Macht immer wieder gesponnenen Intrigen aufzudecken und zu durchschauen.[202] Jedenfalls darf man als Souverän nicht nur Löwe sein wollen; List und Gewalt sind also sich ergänzende Mittel zur Beeinflussung. Auf die damit gebotene Mäßigung der einzusetzenden Mittel wurde ja bereits hingewiesen. Ein Übermaß an Gewalt ist also ebenso gefährlich wie ein Verzicht.

Für den Bestand der Ordnung und der Souveränität, ist es notwendig, daß der Fürst die Eigenschaften von Mensch und Tier miteinander kombiniert. Um den Bestand der Ordnung zu retten, ist es notwendig beide Naturen miteinander zu vereinigen. Das Recht oder das Gesetz haben ohne die Macht oder Gewalt - ggf. der Waffe - keinen Bestand. Die Ordnung wird erst durch die Macht oder Gewalt geschaffen. Nach Machiavellis politischer Theorie gibt es kein Recht ohne eine kontrollierende Instanz, die nötigenfalls Sanktionen durchsetzt. Ziel der Politik sind die Selbsterhaltung und die Beständigkeit des Staates, soweit es für den Souverän nützlich ist. Es ist ein Klugheitsgebot, die Macht nicht extensiv zu gebrauchen. Sonst könnte die eigene Macht und damit die Souveränität verloren gehen, statt stabilisiert zu werden.

---

[201] Machiavelli, Princ., XVIII, ZO, S. 72.
[202] Vgl. zu der Metapher Fuchs und Löwe: Alexy, Diskurstheorie, S. 143; Münkler, Bilder, S. 101 f. und Stolleis, Löwe und Fuchs, S. 23 ff.

Faktische Macht und Souveränität sind nicht normativ begrenzt. Die Fürstenherrschaft kennt keine rechtlichen oder moralischen Einschränkungen, sondern nur die Anerkennung der faktischen Gegebenheiten. Zu beachten hat der Fürst die einzelnen Gruppen, die Macht in ihrem Teilbereich ausüben. Auf diese muß er Einfluß nehmen, „um Ansehen zu gewinnen"[203]: „Da jede Stadt in Zünfte und Gilden eingeteilt ist, muß er diesen Gruppen Rechnung tragen."[204] Die List des Fuchses oder auch die Täuschung sind notwendig für den Machterhalt.

3. Die Abwendung von der Tradition: Das Verhältnis von Politik und Macht sowie Moral und Macht

Machiavelli verdrängt die normativ begründete moralisierende Politik der alteuropäischen Tradition. Seine Konsequenz lautet: „Daher muß sich ein Herrscher, wenn er sich behaupten will, zu der Fähigkeit erziehen, nicht allein nach moralischen Gesetzen zu handeln (impare e potere essere non buono) sowie von diesen Gesetzen Gebrauch oder Nichtgebrauch zu machen, je nachdem es die Notwendigkeit erfordert (secondo la necessità)".[205]

Daraus folgt nach Machiavelli: „Deshalb ist ein Herrscher, der die Macht behaupten will, oft gezwungen, unmoralisch zu handeln (volendo uno principe, mantenere lo stato, è soesso forzato a non essere buono)".[206] Für Machiavelli steht die Selbsterhaltung der Herrschaft und damit des Staates im Vordergrund, die später so genannte „Staatsraison".[207] Unter dem

---

[203] Machiavelli, Princ.; XXI, RI, S. 173.

[204] Machiavelli, Princ., XXI, RI, S. 181.

[205] Machiavelli, Princ., XV, ZO, S. 63 und RI, S. 118.

[206] Machiavelli, Princ., XIX, ZO, S. 81 und RI, S. 152.

[207] Vgl.: Meinecke, Staatsraison, insbes. S. 36 ff.; Vgl. zu Meinecke, A. London Fell, Origins, Vol. Five, Book II, p. 43 ff., 364.

Eindruck der absoluten Priorität staatlicher Existenzsicherung wird die Effizienz zu dem entscheidenden Maßstab einer erfolgreichen Politik.[208] Machiavelli geht es allein um die Schaffung von Herrschaft und ihre Sicherung unter Maßgabe der Kriterien Notwendigkeit („necessità") und Nutzen („utilitas"). Die theologische und teleologische Begründung der politischen Moral des Mittelalters tritt zurück. Mit dem Zerfall des mittelalterlichen Weltbildes zerfällt auch die Einheit von Moral, Recht und Wahrheit. Für die Handelnden, insbesondere den Fürsten, kommt es nicht mehr auf die Moral der Beteiligten an.[209] Hier wird die fortschreitende Verselbständigung und Ausdifferenzierung des Rechts gegenüber einer bis dahin gesellschaftsweit geltenden Religion und Moral eingeleitet.[210] Hier beginnt der philosophische Entwicklungsschritt als Reaktion auf den gesellschaftlichen Wandel.[211]

Für Machiavelli ist gut und erhaltenswert, was der Machtstabilisierung und der Ordnungserhaltung dient. Gesetze dienen dem Staatserhalt. Dieser wird von Machiavelli zum höchsten Zweck erhoben. In den „Discorsi" schreibt er sinngemäß: das Gute dient dem Staatserhalt - was dem Staatserhalt dient ist gut.[212]

Bei dem Verhältnis von Moral und Recht sowie Politik und Macht steht für Machiavelli der pragmatische Erfolg der Machtstabilisierung im Vor-

---

[208] Vgl.: Paulsen, Machiavelli, S. 17.

[209] Nocke, Moral, S. 349, schreibt zu diesem Aspekt: „Das Problem stand bekanntlich im langen Übergang vom Mittelalter zur bürgerlichen Wirtschaftsgesellschaft an, als mit dem mittelalterlichen Weltbild auch die Einheit von Moral, Recht und Wahrheit zerfiel und auch nicht mehr durch religiöse und politische Eliten symbolisch repräsentiert werden konnte". Die Lösung wurde nach Nocke „im Prinzip der gesellschaftlichen Differenzierung gefunden".

[210] Diese Ablösung von Religion und Moral - vom Recht - konnte von den Autoren ihrer Zeit - wie Machiavelli - natürlich noch nicht als ein soziologisches Problem gesehen werden.

[211] Soziologisch gesprochen ein „Autonom - werden" des Rechts.

[212] Machiavelli, Disc., I , ZO, S. 36 ff.

dergrund. Zum Ende des 18. Kapitels des „Il Principe" führt Machiavelli die wesentlichen Aspekte für den Machterhalt- und damit auch des Rechts - des „principe nuevo" auf. Seiner Ansicht nach „muß (man) nämlich einsehen, daß ein Fürst, zumal ein neu zur Macht gekommener (principe nuovo), nicht alles befolgen kann, dessenwegen die Menschen für gut gehalten werden, da er oft gezwungen ist – um seine Herrschaft zu behaupten – gegen die Treue, die Barmherzigkeit, die Menschlichkeit und die Religion zu verstoßen".[213] Moralische Erwägungen werden nach Machiavelli völlig überschätzt. Auch das Volk oder „die Menschen urteilen ... mehr nach dem, was sie mit den Augen, als nach dem, was sie mit den Händen wahrnehmen. Denn ... alle sehen, was du scheinst, aber nur wenige erfassen, was du bist".[214] Dies gilt insbesondere für „Fürsten, deretwegen man kein Gericht anrufen kann. ... man (sieht) auf den Enderfolg".[215]

Aus dieser puren Faktizität ergeben sich allerdings Folgeprobleme für den Erhalt der Macht. Hinsichtlich der „Vertragstreue" braucht der Fürst als kluger Herrscher sein Wort nicht zu halten, (1) „wenn ihm dies zum Nachteil gereicht und (2) wenn die Gründe fortgefallen sind, die ihn veranlaßt haben sein Versprechen zu geben".[216] Ein Politiker, der keine Macht haben will, kann keine Politik gestalten. Macht an sich ist nichts moralisch Verwerfliches. Jedoch steht bei dieser Betrachtungsweise zu sehr der kurzfristige Erfolg, der „Etappensieg", im Vordergrund. Hier wird ein Defizit deutlich, welches bei Bodin und vor allem bei Hobbes undenkbar wäre. Die Vertrags-treue ist ein wesentlicher Faktor zur Stabilisierung der Macht. Sie zur Stabilisierung nicht näher in den Vordergrund zu stellen, ist ein schwerer Fehler. Erst nach Machiavelli wurde ein

---

[213] Machiavelli, Princ., XVIII, RI, S. 139.
[214] Machiavelli, Princ., XVIII, RI, S. 139.
[215] Machiavelli, Princ., XVIII, RI, S. 141.
[216] Machiavelli, Princ., XVIII, RI, S.137.

Ausweg aus diesem Dilemma gefunden - eben teilweise bei Bodin und später bei Hobbes.

VI. Macht und Ordnung, Macht und Freiheit. Staatsmacht und Bürgertugend oder das Verhältnis von „Il Principe" und „Discorsi"

Auch in den „Discorsi" geht es darum, „die uneingeschränkte Macht zu bekommen". Dies geschieht am besten „durch einen einzelnen Mann. Dieser muß allein die Macht ausüben, und sein Geist muß alle Einrichtungen des Staates bestimmen".[217] Um „die unbeschränkte Macht" zu erhalten, ist es erforderlich „genau die Machtbefugnisse" zu untersuchen: „Viele Köpfe sind nicht dazu geeignet, Ordnung in ein Staatswesen zu bringen, weil sie bei der Verschiedenheit der Meinungen, die von allen Seiten geltend gemacht werden, das Beste für dieses nicht zu erkennen vermögen.".[218] Machiavelli kommt – unter Bezugnahme auf die römische Geschichte - zu der Schlußfolgerung, „daß alle ursprünglichen Einrichtungen der Stadt mehr der bürgerlichen Freiheit entsprachen als einer tyrannischen Selbstherrlichkeit". Jedoch konnten „Moses ... und andere Gründer von Monarchien und Republiken, die sämtlich nur deshalb Gesetze zum allgemeinen Wohl geben ..., weil sie die Macht dazu bekommen hatten".[219] Machiavelli folgert daraus: „In Erwägung all dieser Begebenheiten ziehe ich den Schluß, daß man zur Ordnung eines Staatswesens allein sein muß".[220]

---

[217] Machiavelli, Disc., I 9, ZO, S. 36.
[218] Machiavelli, Disc., I 9, ZO, S. 37.
[219] Machiavelli, Disc., I 9, ZO, S. 37 f.
[220] Machiavelli, Disc., I 9, ZO, S. 38. In diesem Punkt stimmt er mit Bodin und Hobbes überein, die sich ebenfalls beide für die Monarchie als der geeignetsten Staatsform aussprechen. Hierzu ist die von dem amerikanischen Historiker Pocock erarbei-

Die häufig unterstellte Inkohärenz von „Il Principe" und den „Discorsi" ist meiner Ansicht nach – jedenfalls zum Großteil – nicht vorhanden. Auch in der „Republik" gibt es ein Machtzentrum. Auch hier ist Macht kein Selbstzweck. Sie ist ein notwendiges Mittel zur Erhaltung des Staates und seiner Einrichtungen. Neben den schon bekannten Handlungsempfehlungen und erfolgspragmatischen Analysen aus dem „Principe" kommen in den „Discorsi" (und in der „Geschichte der Stadt Florenz") die Aspekte der Verfassungs- und Staatsformen, die Gesetze, militärische und politische Organisationsformen und Strukturen sowie Sitten und Gewohnheiten hinzu. Die im „Principe" begonnene Theorie der erfolgspragmatischen Handlungsanalyse wird in den „Discorsi" fortgesetzt, jedoch unter Einbeziehung der Verfassungsstrukturen und der Bürgergesinnung.

Was das Verhältnis von Machiavellis Werken angeht, halte ich es für kohärent. Zwischen dem „Principe" und den „Discorsi" gibt es keine unüberbrückbare Differenz. Die Ansicht mancher Interpreten von den idealistisch gestimmten „Discorsi" zu dem realistisch gehaltenen „Principe" geht fehl. Wolfgang Kersting merkt hierzu an, daß diese These hinfällig ist, und führt zutreffend weiter aus[221]: „Bereits die Lehre vom Geschichtskreis hat den sachlichen Zusammenhang der beiden Schriften aufgezeigt und abgesichert. Darüber hinaus gibt es zahlreiche strukturelle Gemeinsamkeiten zwischen den ,Discorsi' und dem ,Principe'". Kersting kommt zu dem – meiner Ansicht nach zutreffenden – Ergebnis: „In beiden Werken (setzt sich) dieselbe erfolgspragmatisch belehrte Klugheit über moralische Einschränkungen hinweg, um ihre Ziele der politischen Selbstbehauptung und Selbststeigerung zu erreichen. ... Und die von Machiavelli der Republik zugeschriebenen Eigenschaften des Materialismus und Im-

---

tete Studie: „The Machiavellian Moment", inbes. S. 183-218, für das Verständnis des Kontextes des politischen Denkens in der Renaissance, von klärender Bedeutung.

[221] Kersting, Machiavelli, S. 141.

perialismus korrespondieren dem herrscherlichen Bemühen um Sicherung und Steigerung der Handlungsmächtigkeit, sind das republikanische Abbild des fürstlichen Strebens nach Machtakkumulation".[222]

VII. Die Rolle der Religion

Religion hat für Machiavelli eine machtstabilisierende und ordnungsstiftende Funktion. Die Religion ist eine zusätzliche Grundlage - für den Herrscher -, seine Macht und Handlungsmächtigkeit zu steigern. Als Grundthese schreibt er im entscheidenden elften Kapitel des ersten Buches der „Discorsi": „Kluge Männer nehmen daher zur Gottheit ihre Zuflucht, um dieser Schwierigkeit (der Nichtannahme von Gesetzen durch das Volk, N.R.) Herr zu werden".[223]
Nach Machiavelli kann ein Gemeinwesen nur mit Hilfe eines sozialintegrativen und das Verhalten prägenden religiösen Glaubens des Volkes bestehen. Um über die Anfangsphase der Ordnung hinauszukommen und sich im staatlichen Sinn zu festigen, ist die Religion ein notwendiges Mittel zur Steigerung der Handlungsmächtigkeit. Machiavellis Ziel ist die Stabilisierung politischer Institutionen und gesellschaftlicher Verhältnisse über einen möglichst langen Zeitraum.[224]
Der Grundstein für die Rolle der Religion wurde von den Römern, genauer gesagt von Romulus, gelegt und dann von Numa Pompilius weitergeführt. Letzterer „fand noch ein völlig ungebändigtes Volk vor; er wollte es mit friedlichen Mitteln zu bürgerlichem Gehorsam erziehen. Um sein Ziel zu erreichen, nahm er seine Zuflucht zur Religion, da er diese als die unentbehrlichste Stütze der Zivilisation erkannte. ... Aus zahllosen Handlungen des gesamten römischen Volkes oder einzelner Römer sieht man,

---

[222] Kersting, Machiavelli, S. 141.
[223] Machiavelli, Disc., I 11, ZO, S. 45.

daß die Bürger sich mehr scheuten, einen Schwur zu brechen als die Gesetze zu verletzen, da sie die göttliche Macht höher achteten als die der Menschen".[225] Entscheidend ist für den klugen Souverän, das Motiv der Gottesfurcht gewinnbringend als Mittel zur Gesetzestreue und zur militärischen Disziplin einzusetzen: „Weil die Furcht vor dem Gesetz und vor den Menschen nicht hinreicht, bewaffnete Männer zu zügeln, so verbanden die Alten das Ansehen der Götter damit".[226]

Die Religion wird von Machiavelli funktionalisiert und in die politische Theorie rational und gewinnbringend eingebunden. Die gewinnbringende Interpretationsleistung kann die Religion dadurch erbringen, daß sie Bestandteil der Glaubensüberzeugung eines Volkes ist, und die geltenden Werte definiert. Die göttliche Autorität wird vom Souverän machtstabilisierend in die Staatsführung miteingebracht. Machiavelli begründet dies u.a. mit dem Argument: „Es gab tatsächlich noch nie einen außergewöhnlichen Gesetzgeber in einem Volk, der sich nicht auf Gott berufen hätte, weil seine Gesetze sonst nicht angenommen worden wären".[227] Religion ist für Machiavelli ein notwendiger Bestandteil der inneren Ordnung und der Selbstbehauptungskraft des Staates. Er reduziert Religion damit auf den instrumentellen Aspekt, auf ihre funktionelle Bedeutung für die politische Ordnung und ihre Stabilität.[228] Er kommt zu dem Schluß, daß kluge Männer zur Befolgung der Gesetze durch das Volk „alles, was für die Religion spricht, unterstützen und fördern (müssen), auch wenn sie es für falsch

---

[224] Hein, Souveränität, S. 35.

[225] Machiavelli, Disc., I 11, ZO, S. 43. Interessant ist die Parallele zu Hobbes, der später ähnlich – beginnend mit dem Naturzustand – argumentiert und mit dem strafenden Gott als übermächtiger Sanktionsmacht bei Gesetzesübertretungen droht. Vgl. zur Rolle der Religion bei Hobbes: Walther, Religion, S. 31 ff.

[226] Machiavelli, SW, Bd. 3, S. 151.

[227] Machiavelli, Disc., I 11, ZO, S. 44 f.

[228] Vgl.: Paulsen, Machiavelli, S. 21.

halten. Sie müssen es um so mehr tun, je klüger sie sind und je klarer sie natürliche Dinge durchschauen".[229]

VIII. Innovative Momente in Machiavellis politischer Theorie: Der Durchbruch der modernen Staatsidee. Machiavelli und Aspekte einer soziologischen Interpretation

1. Machiavelli und die Legitimation des Rechts durch Verfahren

Machiavelli stellt häufig Beobachtungen an, die wie Stellungnahmen zu Problemen der aktuellen soziologischen Diskussion erscheinen. Vor diesem Hintergrund stellt sich die Frage, ob die Systemtheorie des Rechts in der machiavellistischen Tradition steht und nur das Problem variiert, das Machiavelli mit glänzender Schärfe formuliert hat: Vorausgesetzt, Ord-

---

[229] Machiavelli, Disc., I 12, ZO, S. 47. Vgl. dazu: Münkler, Machiavelli, S. 244. Dieses funktionalistische Religionsverständnis hat in der politischen Philosophie der Neuzeit Nachfolger gefunden (Kersting, Machiavelli, S. 150; Hein, Souveränität, S. 34). Spinoza beispielsweise schreibt: „Schrecklich ist die große Menge, wenn sie sich nicht fürchtet" (Spinoza, Ethica, IV, Lehrsatz 54, Anm.). Notwendig seien daher „nicht sowohl wahre als fromme Dogmen ..., d.h. welche, die den Sinn zum Gehorsam anhalten" (Spinoza, Traktat, S. 216). Der Unterschied zu Spinoza liegt darin, daß Machiavelli eine umfassende erzieherische Funktion der Religion im Auge hat. Spinoza hingegen hat die sanktionistische Wirkung der Religion verabsolutiert. Der Gehorsam wird durch die strafende göttliche Instanz eingeübt. Vgl.: Kersting, Machiavelli, S. 150. Spinoza schreibt im Politischen Traktat (Traktatus Politicus), S. X 8, S. 215: „Menschen sind vielmehr (von der Regierung, N.R.) so zu leiten, daß sie den Eindruck haben, nicht geleitet zu werden, sondern nach eigener Sinnesart und eigenem freien Entschluß zu leben". „Der äußerst scharfsinnige Machiavelli" wußte dies (Politischer Traktat, V 7, S. 67). Aus diesem Grund hat ihn Spinoza auch gewürdigt. Eine beeindruckende Parallele zeigt sich auch darin, daß auch Spinoza den Politikern bescheinigt, daß sie im Hinblick auf zu erlassene „gemeinsame Rechtsgesetze" nicht weise, sondern „schlau und verschlagen" sein müssen (Politischer Traktat, I 3, S. 9). Allerdings zieht Spinoza für die Politik daraus eine andere Konsequenz (Vgl.: Politischer Traktat, II 11, S. 23 f): Derjenige, der den Geist eines anderen täuschen kann, hat den anderen in der Tat unter die eigene Macht und damit unter Recht gebracht. Die Vernunft und die Freiheit spielen eine bedeutsame Rolle. In der Tradition von Machiavelli könnte man sagen Realismus und Freiheit.

nung ist gut, wie kann sie auch durch das Recht erhalten werden?[230] Machiavelli hat bereits zwei fundamentale Entdeckungen gemacht, die in der modernen Systemtheorie dann verallgemeinert worden sind: die Legitimation des Rechts durch Verfahren[231] und die Struktur des politischen Codes.[232] Als zentrale Stelle kann aus den „Discorsi" Machiavellis Überlegung angeführt werden, ob es nützlich sei, Verleumdungen durch gesetzliche Vorkehrungen abzuhelfen. Nun will Machiavelli Beleidigungen, üble Nachrede etc. aber nicht verbieten, sondern er gibt den Ratschlag und die Empfehlung, ein Recht auf Verleumdung zu schaffen und ein Verfahren einzurichten, in dem die Stichhaltigkeit der Vorwürfe geprüft werden kann.[233] Wie kann man nun die Verleumdung verhindern? Machiavelli führt dazu aus: „Zu ihrer Verhütung aber gibt es kein besseres Mittel, als Anklagen zu gestatten, welche Republiken ebensoviel nützen wie Verleumdungen schaden. Zwischen beiden ist der ausschlaggebende Unterschied, daß die Verleumdungen nicht durch Zeugnis bewiesen werden müssen und so ein jeder von jedem verleumdet werden kann. ... Man klagt vor dem Magistrat, vor dem Volke, vor einem Rate an; man verleumdet auf Plätzen und in Häusern. Verleumdungen sind da am häufigsten, wo Anklagen selten vorkommen und wo am wenigsten für ihre Annahme gesorgt ist. Der Gesetzgeber einer Republik muß daher Anordnungen treffen, daß jeder Bürger ohne Furcht und Scheu angeklagt werden kann."[234]

---

[230] Vgl.: Naucke, Grundbegriffe, Rdr. 231; Luhmann, Rechtssoziologie, S. 252; Ders., Ausdifferenzierung, S. 35 ff.; Ders., Recht, S. 407 ff.; Ders., Selbstreflexion, S. 419 ff., 441.

[231] Vgl.: Luhmann, Legitimation.

[232] So jedenfalls Blanke, Rechtstheorie, S. 70.

[233] Blanke, Rechtstheorie, S. 70. Dieses Problem wird auch in der neueren Forschung und Machiavellis Biographie verdeutlicht: Vgl.: Pfeifer, Verschwörung, S. 17, insbs. S. 23-39; sowie zur Biographie: Gil, Machiavelli, S. 13-18, wo geschildert wird, daß Machiavelli bereits im Alter von neun Jahren das (gescheiterte) Attentat der Pazzi auf Giuliano und Lorenzo Medici - zumindest mittelbar – miterlebte.

[234] Machiavelli, Disc., Mü I, 8, S. 149 f.

Parallel dazu empfiehlt er, das Recht einzuführen, daß „die Verleumder streng bestraft werden, die sich dann über ihre Bestrafung nicht beschweren können, da ihnen der Weg offenstand, gegen den öffentlich Klage zu erheben, den sie in den Häusern verleumdet haben. ... Rom hatte in dieser Hinsicht gute Einrichtungen, unsere Stadt Florenz aber stets schlechte. Auch hatte in Rom diese Ordnung viele gute, in Florenz diese Unordnung viele schlimme Folgen. Liest man die Geschichte dieser Stadt, so wird man sehen, wie viele Verleumdungen jederzeit gegen diejenigen ihrer Bürger verbreitet wurden, die mit wichtigen Angelegenheiten der Republik betraut waren. ... Es entstand daraus auf allen Seiten Haß, infolge des Hasses kam es zu Spaltungen, aus den Spaltungen entstanden Parteien, und die Parteien führten zum Sturz des Staates. Hätte es in Florenz eine Einrichtung zur Anklage der Bürger und zur Bestrafung der Verleumder gegeben, so wären unzählige Unruhen vermieden worden. Verurteilt oder freigesprochen hätte dann ein Bürger der Stadt nicht schaden können, und viel weniger Bürger würden angeklagt worden sein als verleumdet wurden, da man, wie ich schon bemerkt habe, nicht einen jeden anklagen wie man ihn verleumden kann."[235]

Nach Machiavelli kann man die Verleumdungen also nicht unterdrücken, aber das Recht kann sie steuern. Es kommt darauf an, den Konflikt durch Verrechtlichung zu institutionalisieren und ihn durch Verfahren zu kanalisieren. Erst seine Veröffentlichung und öffentliche Anerkennung erlauben es, ihn präzisen Spielregeln zu unterwerfen, die ihn kontrollierbar und beherrschbar machen.[236] Erst in dieser prozeduralen Form hat der Konflikt

---

[235] Machiavelli, Disc., Mü I, 8, S. 149 f. Daß das Thema Verleumdung im Spannungsverhältnis von Macht und Recht seit der Antike eine Rolle spielt, zeigt der Hinweis von Demandt, Volksgerichtshof, S. 20, wo Demandt von dem Sokrates-Prozeß vor dem Volksgerichtshof von Athen berichtet: „Hatte der Ankläger nicht wenigstens ein Fünftel der Ja-Stimmen, so mußte er 1000 Drachmen wegen Verleumdung zahlen und durfte hinfort keine Klage mehr erheben."

[236] Blanke, Rechtstheorie, S. 71.

für alle Beteiligten nützliche Funktionen. Er erhöht die Stabilität des politischen Systems, gewährt den Angeschuldigten ein Verfahren nach rationalen Beweisregeln und schafft den Stimmungen des Volkes ein Ventil auf dem Boden der Legalität.[237] Diesen Aspekt hebt auch Luhmann hervor, wenn er über politisches Entscheiden unter ausdrücklicher Bezugnahme auf Machiavelli sagt: „Über politisches Entscheiden ist in der Neuzeit primär, ja fast ausschließlich, unter dem Gesichtspunkt der Begrenzung von Willkür diskutiert worden. ... Im Anschluß an Begriffe wie höchste Gewalt oder Souveränität hatte diese Frage sich zugespitzt auf die Unterscheidung von Willkür und Beschränkung. Wenn es jetzt nicht mehr um die Lebensführung des guten (tüchtigen, tugendhaften) Fürsten ging, wenn das Problem also nicht mehr im Tugend/Laster- oder Fürst/Tyrann-Schema abgehandelt werden konnte, muß die Beobachtung des Entscheidens selbst aktuell werden. Das Moralschema konnte jetzt nicht mehr als Natur des Entscheidens, sondern nur noch als Beschränkung des Entscheidens mitgeführt werden, und seit Machiavelli wurde diskutiert, ob es nicht auch andere Gesichtspunkte gebe, zum Beispiel die Etablierung neuer Macht und der Erhaltung derjenigen Macht, die für Frieden und gerechte Ordnung notwendig sein."[238]

---

[237] Blanke, Rechtstheorie, S. 71.

[238] Luhmann, Politisches Entscheiden, S. 140. Die moderne Rechtssoziologie hat das Problem des Versagens von Gesetzen erkannt. Röhl, Versagen von Gesetzen, S. 413 f., beschreibt die Einwände der Systemtheorie gegen die Steuerungsansprüche des Rechts. Demnach sei Voraussetzung für eine zentrale Steuerung „von oben" eine hierachisch strukturierte Gesellschaft, die es aber in der Gegenwart jedenfalls nicht (mehr) gibt. Statt dessen stünde das Recht, so die Systemtheoretiker, prinzipiell gleichgeordneten, selbstreferentiellen und eigendynamischen Teilsystemen gegenüber. Auch wenn Röhl dieser Sichtweise nicht folgt, so stimmt er doch dem Befund der Systemtheorie zu, daß der Normalfall eine relative Wirkungslosigkeit des Rechts ist. Vgl. aus juristischer Sicht: Diederichsen/Dreier, Das mißglückte Gesetz.

2. Machiavelli und die Struktur des politischen Codes

Machiavelli ist ein Vordenker von Systembildung. Er erkennt, daß sich Macht nicht ohne Verfahren und Systembildung auf Dauer stellen läßt. Erst durch Ausdifferenzierung eines politischen Systems wird Macht politische Macht.[239] Er vollzieht so durch Verfahrensbildung und Differenzierung den Übergang vom Chaos zur Ordnung. Die Voraussetzung zur Stabilisierung von Ordnung kann durch einen Code stabilisiert werden. Daß und wie das Medium der Macht codiert wird, versteht sich keineswegs von selbst und geschieht auch in der gesellschaftlichen Evolution nicht ohne markante Brüche.[240] Die Stabilität begründet sich auch in der Schaffung von Ämtern, bei Machiavelli in Gestalt der Ordnungsstiftung durch den principe nuovo.

Nach Luhmann[241] funktioniert der politische Code wie alle anderen Codierungen auch nach einem binären Schematismus.[242] Machiavelli kann als Pionier bei der Herausbildung funktionsspezifischer, binär codierter „Kommunikationsmedien" in den gesellschaftlichen „Subsystemen" angesehen werden. Insbesondere der Code Politik ist hier entscheidend: Das Medium ist Macht. Der Code: Macht/Nichtmacht oder später Regierung/Opposition.[243] Diesen Aspekt sieht auch Waechter, wenn er feststellt:

---

[239] Luhmann, Ausdifferenzierung des politischen Systems, S. 69.

[240] Luhmann, Ausdifferenzierung des politischen Systems, S. 91.

[241] Luhmann, Rechtssystem, S. 60 f., 67 ff., Codierung, 165 ff.; Ders., Staatsräson, S. 136. Vgl.: Zu Luhmanns Rechtsbegriff, Dreier, Luhmann, S. 305 ff.

[242] „Binärcodes sind aus systemtheoretischer Perspektive Duplikationsregeln, die die Realität mit einer Differenz überziehen und dadurch einen Kontingenzraum schaffen. Im Gegensatz zu einfachen Unterscheidungen sind Binärcodes dadurch charakterisiert, daß die jeweils andere Seite der Unterscheidung durch die Negation ihrer Gegenseite definiert sind. Wird ein Binärcode (z.B. wahr/unwahr) auf sich selbst angewendet, so entstehen Paradoxien." Göbel, Binärcode, S. 106.

[243] Luhmann führt dazu aus: „Der Code machtüberlegen/machtunterlegen, der im 18. Jahrhundert schon öffentlich/privat heißt, wird durch einen Code Regierung/Opposition überformt", Staatsräson, S. 136. Vgl. auch: Luhmann, Recht, S.

„Die Art eigenständiger Legitimation und Eigengesetzlichkeit läßt sich vielleicht mit der Ausdifferenzierung von Sphären der Politik (Machiavell)... seit der Renaissance vergleichen."[244] Was amour/passion für die Liebe (Familie), Zahlung/Nichtzahlung für das Geld (Wirtschaft), Wahrheit/Unwahrheit für Wissenschaft, Recht/Unrecht für das Recht, ist im Bereich der Politik die Spaltung der Spitze in Regierung und Opposition.[245] Dieses formale Schema verteilt den Zugriff auf Macht und organisiert Berechtigungen und kanalisiert Erwartungen. Seine Stabilität beruht auf der Institutionalisierung von Instabilität, die den Wechsel von Regierung und Opposition zum Programm erhebt und dadurch die Opposition an das Wechselspiel der Macht bindet.[246] Es bleibt jedoch zu bedenken, daß „in der alten Ordnung ... politische Amtsmacht durch Geburt erreichbar (war) oder, davon abgeleitet, durch die Gunst des Monarchen oder durch Amtskauf oder durch Durchsetzung im Kreise einer etablierten Oligarchie (etwa in Venedig). Der Körper des Monarchen (nicht: seine Entscheidungsleistung!) repräsentierte transzedendente Mächte, und wenn nicht mehr dies, dann die Einheit der Untertanen."[247] Aus diesem Grund mußte der „Amtsinhaber" die Formen der Macht, also Gewalt, List, Täuschung und Gesetze als stabilisierende Hilfsmittel zur Machtetablierung einsetzen.

436,; Ders., Kommunikation, S. 170, Luhmann bezeichnet die „Stellenstruktur des Staates" als Code der Politik; „Politisch ist Macht jetzt nur noch, sofern sie zur Deckung kollektiver bindender Entscheidungen eingesetzt werden kann, und die Frage, wer und wer nicht dazu befugt ist, wird durch das Innehaben von Staatsämtern definiert."

[244] Waechter, Einheit des Staates, S. 143, Anm. 4.

[245] Vgl.: Nocke, Autopoiesis, S. 375, 383.

[246] Blanke, Rechtstheorie, S. 71.

[247] Luhmann, Ausdifferenzierung des politischen Systems, S. 100; Vgl. auch: S. 88, 98 f.

So verwissenschaftlicht bzw. formalisiert und von allen Interessen gereinigt wie später bei Luhmann, kommt ein solches Modell bei Machiavelli natürlich nicht vor. Gleichwohl zielt seine Staatsvorstellung in eine ähnliche Richtung, indem er den dominanten Interessengegensatz zwischen Volk und Adligen bzw. Stadtpatriziat nicht ein für allemal zugunsten der einen oder anderen Seite entscheiden, sondern in ein Verhältnis des labilen Gleichgewichts bringen will.[248]
Machiavelli vertraut darauf, mögliche Spaltungen bei gegensätzlichen Stimmungen im Staat zu institutionalisieren und den Konflikt so zu steuern. Die Parallelen zur Systemtheorie haben allerdings auch Grenzen. Im Gegensatz zu Machiavellis Klugheitsregeln oder Ratschlägen für den Fürsten gibt die Systemtheorie keine Ratschläge. Sie beschreibt die einzelnen Subsysteme der Gesellschaft. Für die Systemtheorie ist die (soziale) Ordnung im „Dissens" nur durch soziale Differenzierung möglich. Mit anderen Worten: „Jede Antwort auf die Frage ‚Wie ist soziale Ordnung möglich?' muß demnach auf verschiedene Theoriestücke aufgeteilt werden. Man könnte sagen: durch Sinn. Man könnte sagen, durch Bildung sozialer Systeme, die sich in Grenzen gegenüber einer überkomplexen Umwelt eine Zeit lang stabil halten können."[249]
Wie sich dies in der systemtheoretischen Konzeption verhält, soll ihr bedeutendster Vertreter selbst beschreiben: „In einer Zeit, in der man noch auf geheime Weisheiten schwört, antike Tugendkataloge reproduziert und sich mit moralischem Pathos gegen Machiavelli und Konsorten ereifert, findet man auch schon die überlegene Klarheit der juristischen Exposition des Staatsgedankens und sogar schon den Grundgedanken, daß die Stabilität des Systems nichts anderes ist als eine geeignete Unterscheidung."[250]

---

[248] Blanke, Rechtstheorie, S. 71 f.
[249] Luhmann, Ordnung, S. 285.
[250] Luhmann, Staatsräson, S. 137.

Luhmanns „Analyse geht von der Annahme aus, daß Begriff und Literatur der ragione di stato nicht nur einen Entwicklungsschritt in der politischen Theorie vollziehen, sondern zugleich einen Angelpunkt bilden in der Umstellung der politischen Funktion von gesellschaftlicher Stratifikation auf funktionale Differenzierung. Die Autoren der Staatsräson-Thematik können diesen Übergang nicht als solchen beobachten. Sie schreiben Theorie eher unter traditionalen Vorgaben, aber unter erschwerten Bedingungen. Sie tragen mit dazu bei, daß das Verständnis der Machtpraxis von Herrschaft auf Politik im modernen Sinne umgestellt wird, ohne daß die Problemstellung und die Begrifflichkeit dem gewachsen wären. Und nur in diesem Zusammenhang wird ein Begriff, der des ‚Staates‘, vorbereitet, der dann später als Träger der Funktionszuweisung eingesetzt werden kann. ..."[251] Luhmann konstatiert weiter: „Wenn vorneuzeitliche Gesellschaften auf der Grundlage von Stratifikation und/oder Zentrum/Peripherie-Differenzierungen Zentren politischer Macht ausdifferenzieren konnten, waren diese der Rivalität ausgesetzt. Gerade unter den Bedingungen einer noch nicht vollständig vollzogenen Ausdifferenzierung von Politik war jederzeit mögliche Rivaltität das Hauptproblem. ... Die Machtkonzentration an der Spitze ... führt aber zu der Konsequenz, vor der man noch hundert Jahre nach Machiavelli gerne die Augen verschließt: daß Tugend allein nicht genügt."[252]

Wie steht es nun mit der Tugend? Der Fürst, so schreibt Machiavelli zum hellen Entsetzen der ganzen tugendethischen Zunft, müsse „die Fähigkeit erlernen, nicht gut zu sein, und diese anwenden oder nicht anwenden, je nach dem Gebot der Notwendigkeit"[253]; er müsse „eine Gesinnung haben, aufgrund derer er bereit ist, sich nach dem Wind des Glücks und dem

---

[251] Luhmann, Staatsräson, S. 66.
[252] Luhmann, Staatsräson, S. 67.
[253] Machiavelli, Princ. XV, RI, S. 119

Wechsel der Umstände zu drehen und ... vom Guten so lange nicht abzulassen, wie es möglich ist, aber sich zum Bösen zu wenden, sobald es nötig ist".[254] Was Machiavelli hier als Gesinnung der Gesinnungslosigkeit, als Charakter der Charakterlosigkeit beschreibt, würden wir heute als optimale Rationalität bezeichnen. Für den machiavellischen Politiker ist Tugendhaftigkeit schädlich, da sie seine Beweglichkeit einschnürt, sein Handlungsrepertoire verkleinert und damit seine Handlungsmächtigkeit mindert.[255] Verkürzt könnte man auch sagen: „Pragmatisches Wissen ist Erfahrungswissen, Tugendwissen ist kein Erfahrungswissen."[256]

3. Machiavellis Gründungsleistung und die Folgeprobleme

In Machiavellis Souveränitätstheorie steht die Macht im Vordergrund. Machiavelli geht in seiner Souveränitätskonzeption von der Null-Situation der Anarchie aus. Um das Chaos in eine stabile Ordnung umzuwandeln, bedarf es eines starken Entscheidungsträgers mit prozedural unumschränkten Macht- und Sanktionsmitteln. Sein Ziel ist die Schaffung einer Ordnung und deren Erhalt. In Machiavellis politischer Philosophie findet eine Begründung von faktischer Macht und damit Souveränität statt. Eine dem entgegengestellte Begrenzung ist, abgesehen von den Klugheitsempfehlungen für den Fürsten, nicht vorgesehen.
Er begründet die Souveränität im Sinne zweckmäßiger Maximen des Machtgewinns und der Herrschaftssicherung, wenn nötig ohne Rücksicht auf Moral und Recht. Die Ordnung wird bei Machiavelli durch den „nuovo virtuoso" geschaffen. Der „uomo virtuoso" ist der politische

---

[254] Machiavelli, Princ. XV, RI, S. 139
[255] Kersting, Tugend, S. 452; Ders., Handlungsmächtigkeit, S. 235 f.
[256] Kersting, Machiavelli, S. 99.

Gründerheros, der dem Chaos Ordnung aufzwingt und Gesetze erläßt und durchsetzt. Musterbeispiel und Proto-Ordnungsstifter ist Mose, der seine Gesetze und Einrichtungen mit Zwang durchsetzte. Savonarola hingegen ist für Machiavelli ein abschreckendes Beispiel.

Dem Primat der Macht sind alle anderen Bestimmungen, Zwecke und Werte nachgeordnet. Machiavelli stellt die Stabilität in den Vordergrund seiner politischen Philosophie. Die Ziele des Souveräns sind die Konstitution, Erhaltung und Stärkung politischer Ordnung durch die Schaffung einer Zentralgewalt. Recht, Gesetze und Macht sind in der politischen Philosophie von Machiavelli keine Gegensätze, sondern Gesetze sind eine unter (den genannten) bestimmten Bedingungen leistungsfähigere Form von Machterhalt. Macht in Form des souveränen Fürsten entscheidet. Einen dem souveränen Fürsten übergeordneten obersten Richter mit prozessualen Machtmitteln gibt es nicht.

Für Machiavelli ist das rationale Zweck-Mittel-Schema ein taugliches Lösungsmittel. Aufgrund des Unfriedens in Italien und der verfeindeten Republiken ergibt sich aus dem Zweck-Mittel-Schema eine Lösung, d.h. die Schaffung einer umfassenden Macht derjenigen Fürsten, die alle Mittel in der Hand haben. Diese Handlungsmächtigkeit steht im Mittelpunkt des Kraftfeldes von Verdienst (Virtù), Schicksal (Fortuna), Notwendigkeit (Necessità), und Gelegenheit (Occasione).

Der Souverän ist gleichzusetzen mit dem Fürsten, der die Macht hat, Gesetze zu erlassen und diese durchzusetzen. Durch den „principe nuovo" entsteht die Etablierung von Fürstenherrschaft und so die Stabilisierung von Ordnung. Fundamente zur Erhaltung der Macht und der Ordnung sind die Gesetze.

Machiavellis politische Theorie vom Staat und seiner Erhaltung ist zugleich sein Idealbild des uomo virtuoso, der nach der mittelalterlichen Fürstenspiegel-Literatur nicht „König", sondern „Tyrann" wäre. Der uomo virtuoso festigt mit rücksichtsloser Konsequenz die Fürstenherrschaft und führt von der Ausnahmesituation durch Gesetze und Verfahrensordnung zur Stabilität des Staates. Machiavelli kennt somit innovative Mittel zur Steuerung von Politik. Er will Einrichtungen zur Anklage der Bürger im Falle der Verleumdung und zur Vermeidung von Unruhen schaffen. Diese erhöhen die Stabilität des politischen Systems.

Unabtretbare Grundgesetze für alle Menschen kennt Machiavelli nicht. Dies würde zur Schwächung der unabdingbaren Macht des souveränen Fürsten und seiner Handlungsmächtigkeit führen.

Machiavelli strebt, abgeleitet aus seiner eigenen Erfahrung auch mit der Folter, die Institutionalisierung und Steuerung des Rechts zur Stabilisierung des politischen Systems an. Ohne explizit natürliche Rechte der Menschen anzuerkennen, findet sich bei Machiavelli der Gedanke der Ausdifferenzierung von Politik gegenüber Moral und somit eine Art eigenständiger Legitimation und Eigengesetzlichkeit. Die Stabilisierung der Souveränität beruht darauf, mögliche Spannungen und Stimmungen im Staat zu institutionalisieren und Konflikte so zu steuern.

Es bleiben Folgeprobleme und offene Fragen bei Machiavelli. Einen rechtlichen Begriff der Souveränität kennt Machiavelli nicht. Als Folgeproblem stellt sich das Verhältnis von rechtlichen Begrenzungen der Souveränität. Gibt es unveräußerliche Grundgesetze oder bindende Momente für den Fürsten? Kennen die Nachfolger von Machiavelli, Bodin und Hobbes neben der faktischen Machtebene noch andere Begriffe der Souveränität?

2. Kapitel: Jean Bodin

„Einer muß ja schließlich das letzte Wort haben. Sonst gäbe es für jeden Grund einen Gegengrund, und es könnte endlos so weitergehen. Macht hingegen entscheidet. Es hat lange gedauert, bis wir das schließlich begriffen haben."
Albert Camus, Der Fall, S. 39 f.

I. Der zeitgenössische politische Hintergrund. Frankreich im 16. Jahrhundert zu Zeiten Bodins.

1. Die Entwicklung der staatlichen Ordnung und deren Krise

In den ersten eineinhalb Jahrhunderten seiner neuzeitlichen Geschichte wandelte sich das französische Königreich grundlegend. Zu Beginn des 16. Jahrhunderts, unter den Königen Ludwig XII. (1498-1515) und Franz I. (1515-1547), erreichte es im Zeichen einer günstigen Wirtschaftskonjunktur und weitgehender Ruhe im Innern einen Höhepunkt seiner machtpolitischen Entfaltung.[257] Jedoch änderte sich diese Situation bereits ab 1547. Zum einen durch das Eindringen der Reformation in Frankreich, zum andern durch die Krise der Volois-Dynastie in der zweiten Hälfte des 16. Jahrhunderts. Heinrich II. (1547-1559), der Katharina von Medici heiratete, entschloß sich zur Fortsetzung einer an Rom orientierten Religions- und Kirchenpolitik. So entstand ein Konflikt mit den protestantischen Kräften, die an die Möglichkeit eines protestantischen Königtums glaubten, was unter der Regentschaft von Katharina von Medici zu einem sechsunddreißig Jahre währenden Religionskrieg, dem Hugenottenkrieg,

---

[257] Hinrichs, Religionskriege, S. 125. Vgl. zu Bodin und den Religionskriegen 1562 – 1598: Hartmann, Geschichte Frankreichs, S. 20 ff., sowie Mayer-Tasch, Bodin, S. 9 – 21.

zwischen den katholischen Guisen einerseits und den hugenottischen Ständen andererseits führte. Frankreich drohte ein ähnlicher territorialer Zerfall wie dem von Partikularstaaten durchsetzten Deutschland. Die Zeit war gekennzeichnet von Unentschlossenheit, Resignation und dem Fortgang der blutigen Bürgerkriege der konfessionellen Fanatiker. Einen Ausweg suchten die „Politiques", indem sie nach dem gemeinsamen Erhalt des Friedens suchten; ihr Ziel war es, die königliche Autorität zu stärken.[258]

Hier zeigen sich die beiden Hauptkonflikte: Auf der einen Seite ein Religionskrieg um die Konfession und parallel ein „Krieg" um die politische Vorherrschaft, wobei sich die Konflikte häufig überschneiden. Es bestätigt sich wieder der Ansatzpunkt der Untersuchung, daß in Krisenzeiten, die im Normalzustand verborgenen Bedingungen der Grundlagen politischer Ordnung sichtbar werden. Dies ist der Hintergrund, vor dem Bodin sein Hauptwerk verfaßt.

Blutiger Höhepunkt dieser Zeit war die Bartholomäusnacht. Die Bartholomäusnacht, auch als „Pariser Bluthochzeit" bekannt, bezeichnet die Ermordung von 3.000 - 10.000 Hugenotten in Paris und ca. 10.000 - 20.000 in Frankreich in der Nacht zum 28.8. (Bartholomäustag) 1572 in Paris. Sie erfolgte auf Drängen der Königinmutter Katharina von Medici wenige Tage nach der Hochzeit des Protestanten Heinrich von Navarra (1553-1610), des späteren Königs Heinrich IV., mit Margarete von Valois (1553-1615), der Schwester des Königs Karl IX. (1550-1574). Bodin will in dem von religiösen Konflikten erschütterten Frankreich die Staatsgewalt stärken.

---

[258] Vgl.: Schnur, Bürgerkrieg, S. 11 ff.

2. Die Antwort Bodins als „Politiques"

In Reaktion auf die Krise der staatlichen Ordnung und der Bartholomäusnacht prägte sich das Gedankengut der „Politiques.[259] Die Motivation der von ihren Gegnern abschätzig „Les Politiques" genannten, lag nicht in metaphysischen, sondern diesseitigen politischen Werten, wie religiöser Toleranz und der politischen Einheitsidee.[260] Breuer[261] merkt dazu an: „Mit den ‚politiques', die sich seit Ende der sechziger Jahre bemühen, Hugenotten und Katholiken auf dem Boden des nationalen Interesses zu vereinen, teilt Bodin eine zentrale, für sein Konzept der ‚République' entscheidende Forderung: die Emanzipation des Staates von der Religion." Und weiter formuliert Breuer, daß „Bodins eigentliches Interesse ... nicht ... der wahren Religion" gilt, „sondern der Religion im Sinne eines bloßen Integrationsmediums, wie es bereits Machiavelli gefordert hat (von dem Bodin sich schon im Vorwort scharf distanziert)."

Hinsichtlich der Religion ist Bodin allerdings von ihrer Notwendigkeit überzeugt. Nach seiner Überzeugung stimmen selbst Atheisten darin überein, „daß nichts den Staat besser stabilisiert als die Religion, da sie Fundament für die Macht der Könige und Herren, die Ausführung der Gesetze, den Gehorsam der Untertanen, ... ist."[262] Bodin empfiehlt dem Fürsten, „keine Gewalt (zu) gebrauchen. Denn je stärkerem Zwang die Menschen unterliegen, desto störrischer werden sie. Wenn der Fürst der wahren Religion ohne Verstellung und Heuchelei anhängt, so kann sein Vorbild die Herzen der Untertanen ohne jede Gewaltanwendung bewegen.

---

[259] Vgl.: Mayer-Tasch, Bodin, S. 14.
[260] Vgl.: Mayer-Tasch, Bodins Leben und Werk, S. 16.
[261] Breuer, Sozialgeschichte, S. 160 f. Vgl. auch: Bermbach, Souveränität, S. 129 ff. und Kriele, Staatslehre, § 10, S. 48 ff., insbes. S. 50 ff.
[262] Bodin, Rep., IV 7, NI, S. 93 (F 653).

Auf diese Weise vermeidet er ... Aufregung, Unruhe und Bürgerkrieg, ..."²⁶³

Das Ziel der „Politiques" ist die Neutralisierung der religiösen Positionen für die politische Einheitsbildung. Die Antwort der „Politiques" und von Bodin ist die Neutralisierung der Religion für die Legitimität der staatlichen Herrschaft und Amtsführung.

Bodin (1529 oder 1530–1596) und seine Zeit könnte man in folgender Weise charakterisieren: Der französische Jurist und Philosoph Jean Bodin konstruierte in einer Zeit blutiger Religionskriege, während einer Periode der französischen Geschichte, als das Gewaltmonopol des Staates alles andere als unangefochten war, zum erstenmal in der neueren Geschichte den souveränen Staat. Bodin war nur knapp den Morden der Bartholomäusnacht entgangen. Er wurde als Verteidiger der Krone erkennbar, zugleich als Vertreter einer auf Ausgleich unter den Parteien bemühten Politik, wobei er immer wieder zwischen die Fronten geriet.²⁶⁴

Jean Bodins Hauptwerk, welches den Titel „Les six Livres de la République" trägt, ist in französischer Sprache geschrieben: „Einmal, weil die Quellen der lateinischen Sprache schon beinahe versiegt sind und gänzlich austrocknen werden, wenn die von den Bürgerkriegen hervorgerufenen Barbarei anhält, zum andern zu dem Zweck, um mich bei allen gebürtigen Franzosen besser verständlich zu machen."²⁶⁵ Bereits hier zeigt sich,

---

²⁶³ Bodin, Rep., IV 7, NI, S. 94 (F 654).

²⁶⁴ Vgl.: Roeck, Kein Religionsgespräch, S. N 5 und Niewöhner, Die abgeblasene Jagd, S. N7.

²⁶⁵ Bodin, Rep., Bd. 1, Vorwort, WI, S. 94. Hier sei auf die „Richtigkeit des Diktums" von Hermann Heller, Souveränität, S. 34, aus dem Jahr 1927 hingewiesen: „Will es mich doch bedünken, als ob viele, die von Bodin reden, nicht recht wüßten, wovon Bodin geredet hat. Wer die tralatizischen Urteile über die ebenso tralatizischen Zitate aus Bodin einmal verglichen hat, wird zugeben müssen, daß dieser große Staatsdenker zu den meistzitierten und am wenigsten gelesenen Autoren gehört". Dies hat sich nach Mayer - Tasch (Vorwort, S. 9) „bis zum heutigen Tag kaum ... geändert." Aus diesem Grund soll Bodin häufiger selber zu Wort kommen, was zur Folge hat, daß dem Leser mehr wörtliche Zitate begegnen.

daß für Bodin diese Zeit von prägender Bedeutung war. Die Folgen der Bürgerkriege im eigenen Land sind für ihn Barbarei.

1576 hat Bodin sein Werk über die République veröffentlicht. Rund fünfzig Jahre nach Machiavelli stand Frankreich[266] in den Wirren der konfessionellen Auseinandersetzung (insgesamt acht Hugenotten- bzw. Religionskriege 1562-1598, Bartholomäusnacht 1572).[267] Bodin wird zum „Politique",[268] d.h. zum Verfechter der Idee der Toleranz und Duldung konkurrierender religiöser Bekenntnisse. Prägend für Bodin ist vor allem die Hugenottenverfolgung. „Hugenotten" ist die Bezeichnung für die französischen Protestanten (Calvinisten). Sie mußten sich seit 1562 in den Religionskriegen behaupten. König Heinrich IV. von Bourbon (selbst ürsprünglivh Hugonotte, Rg. 1589-1610) bestätigt den Hugenotten am 13. April 1598 im Edikt von Nantes freie Religionsausübung und eine politisch-religiöse Sonderstellung. Am 25. Juli 1593 war Heinrich IV. zum katholischen Glauben übergetreten und hatte den Satz: „Paris ist ein Messe wert" geprägt.

---

[266] Vgl. zur französischen Gesellschaft zwischen 1560 und 1590: Bermbach, Souveränität, S. 101 ff.; Kriele, Staatslehre, §26, S. 102 f.

[267] Vgl. zum historischen Hintergrund auch die „literarische Lebensgeschichte" von Heinrich Mann, „Die Jugend des Königs Henri Quatre" und „Die Vollendung des Königs Henri Quatre." Zum geschichtlichen Hintergrund vgl. : Denzer, Bodin, S. 180 ff., sowie Speck, Bodin, S. 90 ff.

[268] Vgl.: Bermbach, Souveränität, S. 129 ff.

II. Bodin, Machiavelli, die Bildungsgesetze von Staatlichkeit und die Stellung der Familie

1. Bodins Verhältnis zu Machiavelli

Eine Brücke zwischen Machiavelli und Hobbes baut Jean Bodin: „Die erste Regel, an die man sich halten sollte, um Staaten (Republiqué) in ihrem Bestand zu erhalten, ist ..., das Wesen eines jeden Staates und die Ursachen der Krankheiten, die ihn befallen, sorgfältig zu ergründen".[269] Im Anschluß kommt Bodin zu dem Schluß, daß es bei Gefahr besser sei, „einen Staat in seinem Bestand zu erhalten"[270]; mit anderen Worten, es ist besser, daß man den schlechtesten Staat behält als gar keinen.[271] Bodins Hauptwerk über die Rèpublique ist systematisch im Aufbau, und es behandelt Grundfragen der Staatstheorie, verbunden mit einem Gründungsanspruch, ähnlich wie Machiavelli: „Unter einer Million Büchern, die auf allen Wissenschaftsgebieten geschrieben wurden, finden wir dennoch kaum drei oder vier, die sich mit dem Staat befassen; dabei ist die Wissenschaft von ihm die fürstlichste von allen. Plato und Aristoteles haben sich in ihren politischen Abhandlungen so kurz gefaßt, daß sie bei ihren Lesern mehr Appetit geweckt als gestillt haben. Im übrigen lehrt uns die Erfahrung der rund 2000 Jahre, die seit dem Erscheinen ihrer Werke vergangen sind, in aller Deutlichkeit, daß zu jener Zeit die politische Wissenschaft noch sehr im Dunkeln tappte."[272] Weiter stellt er fest: „Weder in der Vergangenheit, noch in der Zukunft gab und gibt es nun aber einen Staat (République) von solch hervorragender Schönheit, daß

---

[269] Bodin, Rep., Bd. II, IV 3, WI, S. 82 (F 574).
[270] Bodin, Rep., Bd. II, IV 3, WI, S. 83 (F 574).
[271] Meinecke, Staatsraison, S. 75.
[272] Bodin, Rep., Bd. 1, Vorwort, WI, S. 94.

ihm im reißenden Strom der Natur das Alter nichts anhaben könnte. Man sollte daher danach trachten, daß Veränderungen möglichst allmählich und natürlich ohne Gewalt und Blutvergießen vonstatten gehen. ... Es beginnt mit der Familie, befaßt sich anschließend mit der Souveränität und den einzelnen Gliedern des Staates, geht also auf den souveränen Fürsten, die verschiedenen Staatsformen, schließlich den Senat, die Beamten, die Magistrate, die Korporationen und Zünfte, die Stände und Gemeinden und die dem einzelnen eingeräumten Befugnisse und obliegenden Pflichten ein. Daran schließen sich Betrachtungen über Ursprung, Wachstum, Blüte, Wandel, Niedergang und Ruin von Staaten sowie zu verschiedenen politischen Problemen, deren gründliches Verständnis notwendig erscheint."[273]

Bodin beginnt mit der Familie und steht damit in der aristotelischen Tradition, befaßt sich dann mit der Souveränität, den verschiedenen Staatsformen und anderen politischen Problemen.

Während bei Niccolò Machiavelli noch die Steigerung der faktischen Macht im Vordergrund stand, - unter Ausklammerung der normativen und rechtlichen Wertungen, - leitet Jean Bodin den Blick der Rechts- und Staatsphilosophie auf den Souveränitätsbegriff und auf die Ausbildung der Souveränitätslehre. Zu der Analyse der zum Erwerb und zur Erhaltung der politischen Macht geeigneten Mittel kommen diejenigen der Entstehung des Rechtssystems eines Staates und die theoretische Konstruktion der Souveränität hinzu. Als normatives Element treten die Grundgesetze, die „leges fundamentalis", hinzu. Nur am Rande sei bemerkt, daß Bodin der einzige der drei politischen Philosophen ist, der Jurist war.

Zum einen gehört Bodin mit Machiavelli zu den bedeutendsten geistigen Förderern des modernen Staatsdenkens,[274] zum anderen nennt er bereits im

---

[273] Bodin, Rep., Bd. 1, Vorwort, WI, S. 94.

[274] Berber, Staatsideal, S. 203.

Vorwort ausdrücklich Machiavelli und greift ihn an: „Es hat aber später Leute gegeben, die aus der Kenntnis allein ihres Landes heraus ungetrübt von jeder Kenntnis der Gesetze und zumal des öffentlichen Rechts, das wegen des Gewinnes, der sich aus dem privaten Recht ziehen läßt, sehr vernachlässigt wird, über das, was in der Welt geschieht, geschrieben haben. Sie, so behaupte ich, sind es gewesen, die die heiligen Geheimnisse der politischen Philosophie entweiht und damit die Ursache gesetzt haben für das Wanken und den Zusammenbruch von Staaten, die sich sehen lassen könnten. Ein Beispiel dafür ist Machiavelli, der bei den Hofschranzen der Tyrannen große Mode war ... ."[275]

Bodin sieht sich als „Politique" zwei Gruppen von Gegnern gegenüber: den „Machiavellisten"[276] (d.h. Machiavelli i.w.S.) im Dienste der Krone und den konstitutionellen „Monarchomachen".[277] Hierzu führt Hegmann zutreffend aus: „Die erste dieser Gruppen setzt sich vor allem aus dem Beraterkreis der Catharina de Medici zusammen, der mit dem Principe in der Hand die Bartholomäusnacht vorbereitet habe, wie Bodin im Einklang mit vielen Zeitgenossen vermutet. Seiner vehementen Angriffe auf Machiavelli zum Trotz argumentiert Bodin selbst in einer Weise, die Machiavelli zumindest sehr nahesteht. Lediglich in der Beurteilung des entsprechenden Handelns ist er uneins mit dem Florentiner. Aus diesem Grunde

---

[275] Bodin, Rep., Bd. 1, Vorwort, WI, S. 94 f. Insgesamt wird Machiavelli von Bodin fünfmal erwähnt: Bd. 1, Vorwort, WI, S. 94 f. und II 1, S. 320 (F253); Bd. 2, V 1, S. 177 (F686), V 6, S. 286 (F813); und VI 4, S. 396 (F940).

[276] „Machiavellismus, eine auf Machiavelli zurückgehende, die Einheit von Politik und Ethik auflösende Machtlehre, die das Prinzip der Wertfreiheit in der Politik formulierte: Politik wird zum technischen Mittel der Machtbehauptung, die damit zum Selbstzweck wird. Allgemein versteht man unter Machiavellismus politische Skrupellosigkeit." Motschmann, Machiavellismus, S. 410. Vgl. grundlegend: Fell, Origins, Pre-Modern „Machiavellism", Book I, Vol. Five, p. 1 ff. und ders. Book II, p. 1 ff.

[277] Der Begriff bedeutet Kämpfer gegen die Monarchen. Vgl.: Bermbach, Staat, S. 107 ff.; Breuer, Sozialgeschichte, S. 14 f., führt zu den Monarchomachen nähere Beweggründe aus, die auf der Erfahrung der Bartholomäusnacht von 1572 beruhten.

sind seine Hauptgegner auch nicht die machiavellistischen Fürstenberater, sondern die Monarchomachen, die hugenottischen Kritiker des entstehenden Absolutismus. Diese Fraktion, die den König der Ständeversammlung unterordnen will, wird von Bodin zwar nirgendwo explizit genannt, aber die gesamte Argumentation der République scheint sich gegen sie zu richten. Mit ihrer Verteidigung eines legitimen Widerstands gegen den König provozieren sie in seinen Augen den Bürgerkrieg und nehmen so bewußt die Zerstörung des Staates in Kauf. Sie untergruben damit nicht nur die Macht des augenblicklichen Königs, sondern königliche Macht überhaupt."[278]

Bodin will solchermaßen den Staat gefährdenden Ansichten von „Machiavellisten" und „Monarchomachen" entgegenwirken. Er schränkt jedoch ein: „Beide Gruppen sind also Menschen, die mit ihren völlig gegensätzlichen Schriften und Taten (gleichermaßen) den Untergang der Staaten betreiben. Sie tun dies aber nicht so sehr aus bösem Willen, sondern vielmehr aus Unkenntnis über die staatlichen Angelegenheiten, die zu erhellen ich mich in diesem Werk bemüht habe."[279] Er will das „Staatsschiff" vor dem Untergang bewahren, d.h. um staatliche Einheit und damit die Verhinderung des Bürgerkrieges zu erreichen, muß Frieden herrschen, bevor ein wirkliches soziales Leben überhaupt möglich werden kann.[280]

Bodin ist selbst pragmatischer Theoretiker und Politiker. Jedoch teilt er nicht die Klugheitsempfehlungen und die Machtperspektive Machiavellis. Den Thesen Machiavellis würde Bodin sicherlich größtenteils zustimmen, jedoch nicht in dieser Radikalität. Bodins Ratschläge für die richtige Besetzung eines Senats, also eines Beratungsgremiums des Souveräns, soll

---

[278] Hegmann, Individualismus, S. 151.
[279] Bodin, Rep., Bd. I, Vorwort, WI, S. 96.
[280] Hegmann, Politischer Individualismus, S. 154.

dies beispielhaft verdeutlichen: „Wenn ich von Weisheit spreche, so ist damit immer Weisheit, verbunden mit Gerechtigkeit und treuer Ergebenheit, gemeint. Denn Schurken als Senatoren sind, auch wenn sie mit List und Erfahrung gewappnet sind, nicht minder gefährlich, wenn nicht noch gefährlicher, als ungebildete schwerfällige Menschen, weil es sie nicht anficht, ein ganzes Gemeinwesen zu zerstören, solange nur ihr Haus inmitten der Trümmer erhalten bleibt."[281]

Diese Unterscheidung kannte Machiavelli nicht. Machiavelli empfahl auch „schurkische" Mittel. Handelte der Fürst nicht danach, würde der Fürst oder politische Herrscher schnell selbst beseitigt werden. Gemeinsam haben Machiavelli und Bodin, das Ziel der Stabilität des Staates stärken zu wollen. Bodin orientiert sich gegenüber Machiavelli stärker am Recht, da die Staatsordnung bereits besteht. Bodins Konzeption konzentriert sich daher auf die Erhaltung und Stärkung der Gesamtordnung. Daher tritt das Recht als zentrales Ordnungsmittel, nun aber befreit von den religiös umstrittenen Momenten, in den Mittelpunkt.

Im Frankreich des ausgehenden 16. Jahrhunderts erscheinen ihm die Mittel des Florentiners als nicht mehr angemessen. Bodin konstatiert seinen französischen Zeitgenossen, mehr als die Machtakkumulation zu verfolgen, d.h. mehr als nur die Steigerung der individuellen Machtmittel anzustreben. Er vertraut wenigstens z.T. auf die Rationalität und Einflußnahme durch Argumentation. Als genauer Beobachter und Analytiker war er sich bewußt, daß die Menschen, jedenfalls langfristig oder in Zweifelsfällen, nicht gegen die eigenen egoistischen Interessen handeln werden. Jedoch lassen sich die Konsequenzen beeinflussen, i.S. eines Abschwächens verstärken.

Bodin geht es mit seiner juristischen Argumentation vor allem darum, die Stellung des Machtmonopols, d.h. des Souveräns, zu stärken. Mit anderen

---

[281] Bodin, Rep., Bd. I, III 1, S. 405 (F 346).

Worten, es geht ihm weniger um die Entstehung als um den Erhalt des Staates.[282]

Als französische Besonderheit ist der König von Frankreich seit langem an der Macht und der bzw. „sein" Staat ruht auf Traditionen und (alten) Gesetzen.[283] Das „Machtmonopol" ist demzufolge respektiert und gefestigt. Die französische Gesellschaft ist einer rationalen Argumentation schon zugänglicher als die italienischen „Teilstaaten".

2. Anthropologie und die Bildungsgesetze von Gesellschaft- und Staatlichkeit

Um Bodins Argumentation besser zu verstehen, ist sein Menschenbild von Bedeutung. Bodin sieht die menschlichen Bedürfnisse hierarchisch geordnet.[284]

Im Methodus schreibt er: „...da der Selbsterhaltungstrieb zutiefst in unseren Herzen verankert ist, sind die ersten menschlichen Akte auf die Sicherung des eigenen Überlebens gerichtet, erst danach erstreben die Menschen Hilfen, ohne die das Dasein allzu hart wäre. Es folgt die Suche nach

---

[282] Dennert, Bodin, S. 262 merkt dazu an: „Bodin bleibt hier unklar, denn nirgends sagt er deutlich, wie Souveränität entsteht, die Frage der Entstehung des Staates hat ihn nicht interessiert." Ich halte diese so absolut formulierte These für nicht haltbar, da Bodin selbst schreibt (Rep., Bd. 1, III 7, WI, S. 521 (F 474): „Wir wollen uns daher zunächst mit der Entstehung befassen." Rep., Bd. 2, IV 1, WI, S. 25 (F 203): „Jeder Staat nimmt seinen Ursprung entweder in der Familie, in dem sie sich ganz allmählich vermehrt, oder aber bildet sich schlagartig aus einer versammelten Menschenmenge heraus oder aus einer aus einem anderen Staat herausgelösten Kolonie ähnlich einem Bienenvolk oder einem Trieb, den man von einem Baum bricht, um ihn einzupflanzen." Rep., Bd. 1, I 6, WI, S. 159 (F 70): „So also gelangen Staaten zur Entstehung, ...") Daraus folgt, daß Bodin ausdrücklich im vierten Buch im ersten Kapitel über die Entstehung von Staaten spricht.

[283] Vgl.: Bodin, Rep., Bd. 1, I 2, WI, S. 107 ff. (F 10 ff.) und Bd. 2, IV 3, WI, S. 83 ff. (F 575 ff.)

[284] Hegmann, Individualismus, S. 158. Auch hier befindet sich Bodin noch in aristotelischer Tradition.

einfachem Komfort und später die nach Annehmlichkeiten, die allerdings noch weit von der Raffinesse entfernt sind, die unsere Sinne so angenehm berühren. Auf diese Weise entsteht das Bedürfnis, Reichtum aufzuhäufen. Aber da die Verjüngungssucht, der Menschen und Tiere gleichermaßen frönen, kein Ende findet, wird sich ein Mensch umso stärker von der Gemeinsamkeit mit den Raubtieren abheben, je großzügiger er sich zeigt, um den Vorrang verheißenden Forderungen der Größe zu genügen. Hieraus erwächst die Leidenschaft zu herrschen und die Gewalttätigkeit den Schwächeren gegenüber. Streitigkeiten, Kriege, Versklavung und Gemetzel sind die Folge. Aber weil diese Art zu leben nur Unruhe und Gefahr erzeugt, ist die damit erworbene Größe eitler Schein. Einem feineren Geist kann sie kaum genügen. Aus diesem Grunde neigt sich jeder rechte Mensch mehr und mehr tugendhaften Handlungen zu, die allein wahres Lob und sichere Ehre einbringen. Sie sind für viele das höchste Gut."[285]

Bodin kommt zu dem Schluß: „Über die Strafen zu sprechen, ist weniger notwendig, als von den Belohnungen zu handeln, weil Gesetze, Gewohnheitsrecht und Ordonnanzen allesamt ihrer eine Fülle enthalten und es unvergleichlich mehr Laster als Tugenden, mehr böse Menschen als rechtschaffene gibt. Da aber Strafen an sich unangenehm, Belohnungen hingegen gefällig sind, haben es gut beratene Fürsten sich zur Gewohnheit gemacht, die Verhängung von Strafen den Magistraten zu übertragen und sich selbst die Austeilung der Belohnung vorzubehalten, um die Zuneigung der Untertanen zu gewinnen und ihrem Unmut zu entgehen."[286]

Um die Bedeutung von Bodins Anthropologie zu verstehen, betrachtet man am besten seine Vorstellung von der Entstehung von Staaten. Aus Familie, Dorf, Stadt, Landstrich wächst der Staat: „Die Gemeinschaft

---

[285] „La Méthode de l'Histoire", Kap. 3, S. 287; Übersetzung von Hegmann, Individualismus.
[286] Bodin, Rep., Bd. 2, V 4, WI, S. 214 (F 730).

mehrerer Familienoberhäupter, eines Dorfes, einer Stadt oder eines (ganzen) Landstrichs kommt nämlich ohne Staat genauso aus wie eine Familie ohne Kollegium." Mit dieser These, daß die menschliche Gemeinschaft in den ersten Entwicklungsstufen noch keine staatliche Ordnung bzw. Organisation braucht, nimmt er gegen Machiavelli und Hobbes Stellung, die den Staat und die Verteidigung von Beginn an für wichtig halten. Dies wird für Bodin erst in größeren Gemeinschaften oder Gruppen relevant. Dann folgen bzw. unterwerfen sich die Menschen einem einzelnen, im eigenen Interesse und um einheitlich handeln zu können. Bodin führt aus: „Bevor es nämlich unter den Menschen noch Gemeinwesen (cité), Bürger oder irgendwelche Staatsgebilde gegeben hat, war jedes Familienoberhaupt innerhalb des Hauses souverän und konnte über Leben und Tod seiner Frau und seiner Kinder bestimmen. Doch seit Macht, Gewalt, Geltungsdrang, Geiz und Rachsucht dazu führten, daß die Menschen mit Waffen übereinander herfielen, schieden Kriege und Kämpfe an ihrem Ende die Menschen jeweils in Sieger und Sklaven. Derjenige unter den Siegern, den sie zu ihrem Anführer und Feldherrn gemacht und unter dessen Führung sie den Sieg errungen hatten, herrschte nunmehr über die einen wie über loyal ergebene Untertanen, über die anderen wie über Sklaven. Während die Besiegten ihre Freiheit völlig verloren, ... So kamen die bis dahin unbekannten Begriffe Herr und Knecht, Fürst und Untertan auf. Vernunft und natürliche Einsicht lassen uns vermuten, daß Macht und Gewalt der Anfang und Ursprung der Staaten ist."[287] In diesem Zusammenhang ist das schon erwähnte Buch IV, Kapitel 1, „Von Entstehung, Wachstum, Blüte, Verfall und Untergang von Staaten"[288] von Bedeutung, wo Bodins Überzeugung zum Ausdruck kommt, daß Gewalt und Stärke der Ursprung der Staaten sind, wenn er schreibt: „Staaten verdanken ihre

---

[287] Bodin, Rep., Bd. 1, I 6, WI, S. 158 (F 68 f.).
[288] Bodin, Rep., Bd. 2, IV 1, WI, S. 25 ff. (F 503 ff.).

Entstehung der Gewalt des Stärkeren..." und fortfährt: „Solchermaßen ins Leben getreten, beginnt ein gut bestellter Staat, sich gegen die äußeren Mächte und inneren Krankheiten zur Wehr zu setzen und nimmt an Macht zu ...".[289] Quaritsch merkt dazu an: „Die Entstehung des Staates begreift Bodin ... als geschichtlichen Vorgang und als Werk des Menschen. Der vorstaatliche Zustand ist nicht – wie bei Hobbes – eine Hypothese, um den Staat denkend konstruieren zu können, sondern eine historisch nachweisbare Lage, in der sich die Sippen unverbunden gegenüberstanden: ‚chacun chef de famille estoit souverain en sa maison'.[290] Beide Vorgänge[291] sind historische Erklärungen, nicht konstitutive Akte einer juristisch begriffenen Staatsentstehung und Souveränitätsbegründung. Zwischen dem vorstaatlichen Zustand anarchischer Freiheit und dem Dasein von Über- und Unterordnungsverhältnissen auf der einen und der Existenz des souveränen Staates auf der anderen Seite klafft eine juristische Lücke... . An die Stelle hypothetischer Unterstellungen oder juristischer Nachkonstruktionen historisch genommener Vorgänge setzt Bodin die Existenz des Staates selbst: ‚Ainsi la République ayant pris son commencement, si elle est bien fondée s'assure contre la force éxterieure et contre les maladies intérieures.'[292] Der Übergang aus dem unstaatlichen in den staatlichen Zustand wird nicht mit irgendwelchen Akten der Machtergreifung oder Machtübertragung vollzogen; das sind lediglich faktische Voraussetzungen, welche die Staatsbildung ermöglichen und erleichtern. Entscheidend ist die Herstellung des Schutzes nach außen und des Friedens im Inneren. Die tatsächliche Beendigung der vorstaatlichen ‚Anarchie' ist das wesent-

---

[289] Bodin, Rep., Bd. 2, IV 1, WI, S. 25 (F 504).

[290] Bodin, Rep., Bd. 1, I 6, WI, S. 158 (F 68).

[291] Damit ist die Gewalt des Stärkeren oder die freiwillige Unterwerfung im oben zitierten Sinn als Entstehungsgrund des Staates gemeint.

[292] Bodin, Rep., Bd. 2, IV 1, WI, S. 25 (F 504).

liche Merkmal der Staatsentstehung. Sie bedarf für Bodin keiner besonderen juristischen Erklärung und keiner weiteren Rechtfertigung, weil sich erst im Friede schaffenden Staat die bessere Natur und die eigentliche Bestimmung des Menschen zu entfalten vermag."[293]
Bei dieser Vorstellung der Staatsgründung ist zu beachten, daß, wie bei Machiavelli, bisher nur vom Eigennutz die Rede war.[294] Demzufolge unterwerfen sich die „Untertanen" aus Selbsterhaltungstrieb. Daraus folgt: „Ist die Existenz des Staates bedingt durch das Dasein einer souveränen Gewalt und ist diese Gewalt deshalb souverän, weil sie mehr bedeutet als vorstaatliche Herrschaft über Anhänger und Unterworfene, da sie allgemein den Schutz nach außen und den Frieden im Innern herstellt, dann sind Staat und Souveränität in ihrer rechtlichen Existenz bedingt durch die Ausschaltung der Wesensmerkmale des vorstaatlichen Zustandes. Der Inhaber der Souveränität verliert die Souveränität, wenn es ihm nicht gelingt, den staatlichen Frieden aufrecht zu erhalten."[295] Dies ist ein Gedanke, der weiterführen wird, denn solange die Menschen von Raub und Plünderungen etc. bedroht sind, wäre die Entscheidung, sich „zu unterwerfen", auch dann die beste, wenn der Staat schon seit langer Zeit besteht. Neben die für Machiavelli charakteristischen, rein technischen Empfehlungen zur Mehrung oder Verteidigung individuellen Vermögens tritt bei Bodin das christliche Gewissen als normatives Element. Vor diesem Hintergrund wird verständlich, warum Bodin an Machiavelli nicht nur einige Aussagen kritisiert, sondern vor allem die mangelnde philosophische Belesenheit des Florentiners.[296] Machiavelli „hat ... nie ein gutes

---

[293] Quaritsch, Staat, S. 274 – 277.
[294] Hegmann, Politischer Individualismus, S. 160.
[295] Quaritsch, Staat, S. 277.
[296] Bodin, Rep., Bd. 1, Vorwort, WI, S. 95.

Buch gelesen"[297], wirft er ihm vor, eine Kritik, die nun nicht nur aus der unterschiedlichen Arbeitsweise der beiden Autoren verständlich wird.[298] Die unterschiedliche Arbeitsweise Machiavellis und Bodins und deren Folgen werden in dem von beiden benutzten Bild des Bogenschützen sehr schön deutlich. Im „Principe" schreibt Machiavelli „von neuen Fürstenherrschaften, die man mit eigenen Waffen und durch Tüchtigkeit (virtù) erwirbt: so muß ein kluger Mann stets Wegen folgen, ... wie (es, NR) die klugen Bogenschützen machen: wenn ihnen der Ort, den sie zu treffen beabsichtigen, zu weit entfernt erscheint, weil sie wissen, wie weit die Kraft ihres Bogens trägt, so setzen sie das Ziel beträchtlich höher an als den dazu bestimmten Ort, nicht um mit ihrem Pfeil in solche Höhe zu gelangen, sondern um mit Hilfe eines so hohen Ziels ihren Zweck zu erreichen."[299]

Bodin benutzt ebenfalls das Beispiel des Schützen. Er behandelt dieses Bild bei der Erörterung, daß man zunächst Ziele definieren muß, „weil jedes Ding zunächst auf sein höchstes Ziel untersucht und dann erst nach den Mitteln und Wegen zu fragen ist, wie dieses erreicht werden kann."[300] Im Anschluß führt er fort: „Es kann zwar sein, daß jemand das Ziel der Betrachtung erkannt hat, nicht immer aber auch die Mittel findet, es zu verwirklichen; daß es ihm also ergeht wie einem schlechten Schützen, der zwar die Scheibe sieht, aber nicht darauf zielt. Je mehr er sich aber bemüht und anstrengt, desto größer ist auch die Möglichkeit, daß er trifft ... Wer sich aber über sein Ziel und die Definition des ihm unterbreiteten

---

[297] Bodin, Rep., Bd. 2, V 1, S. 177 (F 686).

[298] Hegmann, Individualismus, S. 161.

[299] Machiavelli, Princ., VI, RI, 41. Die Metapher vom Bogenschützen, hat Vorläufer: Aristoteles, Nikomachische Ethik, 1094a 20 ff.; Vgl.:Brandt, Philosophie, S. 170 – 174. Bei Aristoteles besteht allerdings folgende Differenz: Die Menschen schließen sich des bloßen Überlebens willens zur Polis zusammen; bleiben aber des guten Lebens willen in der Polis.

[300] Bodin, Rep., Bd. 1, WI, S. 98 (F 1).

Gegenstandes nicht im Klaren ist, darf nicht mehr Hoffnung hegen, je auch die Mittel seiner Verwirklichung zu finden, als einer, der einfach in die Luft hineinschießt, ohne das Ziel zu sehen."[301]
Für Machiavelli ist der Erfolg der entscheidende Beweggrund des Zielens. Für ihn steht dieses Ziel fest. Er gibt Ratschläge, die Technik zur Erreichung dieses Zieles. Bei Bodin hingegen ist das Ziel nicht feststehend, es ist noch offen. Er „bemüht" sich um das Ziel selbst. Während Machiavelli also die Frage nach dem Sinn offensichtlich für beantwortet hält, zumindest insofern sie praxisrelevant sein könnte, sieht sich Bodin nicht nur Irrtümern in bezug auf den Ist-Zustand der Welt ausgesetzt, sondern zudem Fragen nach dem, was man in der Welt anstreben soll.[302] Bodin geht es - anders als Machiavelli - nicht nur um Sicherheit, Frieden, und um Machtanhäufung des Staates um jeden Preis. Bodins Ziel ist der wohlgeordnete Staat, der dem einzelnen, in das Staatsgefüge einbindet[303]: „Sowenig man daran denkt, mit der Erziehung des Kindes zu beginnen, ehe man es genährt und großgezogen hat und sich sein Verstand ausgebildet hat, sowenig verwenden auch die Staaten große Mühe auf die sittlichen Tugenden, die freien Künste oder gar auf die Erforschung der Natur und des Göttlichen, ehe sie nicht mit dem Notwendigsten, dessen sie bedürfen, ersehen sind."[304] Der Staat hat jedoch auch die Tugend zu fördern. Religion und alteuropäische Tradition werden und bleiben Prüfsteine für die Politik. Für Bodin „besteht auch kein Zweifel, daß bei einem Fürsten Wissen, das nicht einhergeht mit der so seltenen Eigenschaft einzigartiger Tugendhaftigkeit, vergleichbar ist mit einem scharfen Messer in der Hand eines Wahnsinnigen; nichts ... ist schrecklicher als Wissen verbunden mit

---

[301] Bodin, Rep., Bd. 1, I 1, WI, S. 98 (F 1).
[302] Hegmann, Individualismus, S. 177.
[303] Bodin, Rep., Bd. 1, I 1, WI, S. 105 (F 9); Vgl. Hegmann, Individualismus, S. 177.
[304] Bodin, Rep., Bd. 1, I 1, WI, S. 102 f. (F 6).

Ungerechtigkeit und bewaffnet mit Macht."[305] Daraus folgert Bodin, daß ein König, der „zwar selbst die Seeräuber" verurteile, aber selbst „wüte und raube ... mit gewaltigen Streitkräften zu Wasser und zu Lande."[306] Bodin rät dazu: „Diese Methode, die Anführer von Räuberbanden auf den Weg der Tugend zu führen, war schon immer eine gute Sache und wird es auch immer bleiben, verhindert sie doch, daß Menschen dieses Schlages in einem Akt der Verzweiflung die Herrschaft der Fürsten angreifen und hilft darüber hinaus, das übrige Raubgesindel und damit die Feinde des Menschengeschlechts auszurotten."[307] Hier zeigt sich, daß Bodin noch zwischen Antike, Mittelalter und Neuzeit argumentiert.

III. Der Souveränitätsbegriff und seine Ausbildung

1. Die Definition des Staates

„Unter Staat versteht man die am Recht orientierte, souveräne Regierungsgewalt über eine Vielzahl von Hausordnungen und das, was ihnen gemeinsam ist."[308] Mit dieser Definition beginnt Bodin seine „Sechs Bücher über den Staat." Schon diese einleitende Formulierung hebt ihn von allen Zeitgenossen und der alteuropäischen Tradition ab. Zu einer solchen Definition war bisher noch niemand vorgestoßen. Bodin definiert hier – zum erstenmal in der Staatstheorie – den Staat oder das Gemeinwesen als

---

[305] Bodin, Rep., Bd. 1, III 1, WI, S. 403 (F 344).

[306] Bodin, Rep., Bd. 1, I 1, WI, S. 100 (F 3).

[307] Bodin, Rep., Bd. 1, I 1, WI, S. 100 (F 3). Aus der Geschichte der Rechtsphilosophie ist dieses Argument als Tyrannis-Lehre oder lex corrupta-Argument bekannt. Als Beispiel sei hier das Bandensystem genannt, in dem das Räuberbandenargument des Augustinus zum Absprechen der Rechtsqualität führt: „Was sind Staaten ohne Gerechtigkeit anderes als große Räuberbanden?" (Augustinus, Der Gottesstaat, S. 222).

[308] Bodin, Rep., Bd. 1, I 1, WI, S. 98, (F 1): „République est un droit gouvernement de plusiers mesnages, et de le qui leur est commun, avec puissance souveraine."

eine Form der Herrschafts- und Machtausübung. Der Staat bzw. das Gemeinwesen und die Herrschaft sind zum erstenmal in der Staatstheorie identisch. Bodin nennt diese neue Form der Herrschaft Souveränität. Die Herrschaft über eine Vielzahl von Haushalten bzw. Familien tritt in den Vordergrund. „Die drei Hauptkriterien" eines Staates oder Gemeinwesens sind „die Familie, die Souveränität und das, was in einem Gemeinwesen der Gemeinschaft gehört."[309]

2. Der Begriff der Souveränität

Das Prinzipielle der neuen Betrachtung wird noch deutlicher, wenn der Begriff der Souveränität[310] selbst analysiert wird.[311] „Unter Souveränität ist die dem Staat eigene absolute und zeitlich unbegrenzte Gewalt zu verstehen."[312] Das Absolute und die Beständigkeit sind die beiden Elemente, die das Wesen dieses Begriffes ausmachen. Entscheidend ist aber, daß Bodin

---

[309] Bodin, Rep., Bd. 1, I 1, WI, S. 100 (F 4).

[310] Vgl.: Quaritsch, Souveränität; Klippelt, Staat und Souveränität VI – VIII, S. 99 ff., Scupin, Souveränität, S. 2 ff.; Baldus, Souveränitätsproblem, S. 381, merkt zu dem Begriff der Souveränität an: „Die Wissenschaft vom öffentlichen Recht kennt kaum eine vielschichtigere und umstrittenere Frage als die nach der Souveränität ... Unklarheit besteht aber schon darüber, ob es sich um einen Rechtsbegriff oder um eine soziologische Kategorie handelt. In der Soziologie bezeichnet Souveränität gewöhnlich das faktische Zuhöchst-Sein eines Menschen oder einer sozialen Organisation; im juristischen Bereich wird der Terminus zum einen in einem formalen Sinne verwendet als eine durch die Rechtsordnung begründete Kompetenz, letztverbindlich über Inhalt und Geltung von Rechtsnormen zu entscheiden, zum anderen im Sinne einer Fülle von Kompetenzen, also als Rechtsinhaltsbegriff, der eine bestimmte Anzahl von Hoheitsrechten bündelt." Aus soziologischer Sicht setzt sich Neves, Leviathan, S. 122 – 128, mit dem Souveränitätsbegriff auseinander, wobei er mit Bodin beginnt. Vgl. für die Zeit von 1600 - 1913: Stolleis, Geschichte des öffentlichen Rechts in Deutschland, Bd. 1, S. 170 ff., 222 ff.; Bd. 2, S. 62 ff., 363 ff., 440 ff.

[311] Dennert, Souveränität; Vgl.: Di Fabio, Staatswerdung, S. 8, der auf folgendes hinweist: „Die Juristen haben jedoch seit Jean Bodin den Souveränitätsbegriff eher als den Letztgrund der weltlichen Rechtsordnung gesehen, als Ausdruck einer unabgeleiteten Befugnis zu kollektiv verbindlichen Entscheidungen, insbesondere zur Rechtssetzung."

[312] Bodin, Rep., Bd. 1, I 8, S. 205, (F 122).

hier einen Gründungsanspruch hat und sich bewußt ist, mit dieser Definition etwas Neues auszusprechen: „An dieser Stelle eine Definition der Souveränität zu geben ist deshalb notwendig, weil sich noch nie ein Rechtsgelehrter oder ein Vertreter der politischen Philosophie dieser Mühe unterzogen hat, obwohl doch gerade die Souveränität den Kern jeder Abhandlung über den Staat darstellt und vor allem anderen begriffen sein will."[313] An der Neuheit dieser Definition ändert auch nicht, daß Bodin im Stil der Neuzeit Überzeugungen griechischer, lateinischer und sogar hebräischer Definitionen gibt, die das gleiche besagen sollen - ein im Grunde etwas unlogischer Vorgang, nachdem er vorher ausdrücklich erklärt hat, niemand hätte die „République" bisher in dieser Weise definiert.[314] Bodin selbst führt aus, worin das Neue liegt. Indem er die Eingangsdefinition des Staates noch einmal wiederholt, kennzeichnet er die Souveränität im Sinne seiner neuen Definition mit Merkmalen, die nach alteuropäischer Auffassung keiner rechtlichen Herrschaft zukommen. Die Beständigkeit ist das erste Merkmal der Definition. Im achten Kapitel breitet Bodin seine Argumentation aus, um so mögliche Einwände gegen die Dauer der Souveränität auszuschalten. Sein Fazit lautet, daß eine zeitlich begrenzte Herrschaft für ihn keine souveräne Herrschaft ist. Dies gilt auch für das zweite Merkmal, die Absolutheit, d.h. die „absolute Gewalt": „Ein Volk oder die Herren in einem Staat können ... die souveräne, zeitlich unbegrenzte Gewalt ... einem anderen dazu übertragen, über die Menschen, ihr Eigentum, den ganzen Staat nach Belieben zu verfügen."[315] Hier wendet sich Bodin gegen das göttliche Recht bzw. gegen das Naturrecht.[316]

---

[313] Bodin, Rep., Bd. 1, I 8, WI, S. 205 (F 122).
[314] Dennert, Bodin, S. 229.
[315] Bodin, Rep., Bd. 1, I 8, WI, S. 210, (F 128).
[316] Vgl.: Dennert, Bodin, S. 229 f.; Ders., Souveränität, S. 59.

Hauptmerkmal und Angelpunkt der souveränen Gewalt liegen aber darin, „daß das Wesen der souveränen Macht und absoluten Gewalt vor allem darin besteht, den Untertanen in ihrer Gesamtheit ohne ihre Zustimmung Gesetze vorzuschreiben."[317]
Hierdurch wurden die Einzelrechte, in welche die mittelalterliche Hoheitsgewalt zersplittert war, zu einer einzigen, maßgebenden Kompetenz zusammengefaßt. Es bleibt festzuhalten, daß im ersten Teil des achten Kapitels des ersten Buches das Prinzip der absoluten Herrschergewalt in bis dahin einzigartiger Klarheit hervortritt. Nach Dennert ist „Souveränität ... ein kaltes und rationales Axiom, das etwas funktionieren machen soll. Die Souveränität dient damit einem Zweck. Eine politische Gemeinschaft, die durch einen Souverän beherrscht wird, ist folglich etwas anderes als eine, die durch Vasallenverhältnisse oder der Vasallität ähnliche Bindungen zusammengehalten wird."[318] Hier tritt der absolute Herrscherwille hervor. Dies führt zu den Merkmalen der Souveränität.

---

[317] Bodin, Rep., Bd. 1, I 8, WI, S. 222 (F 142).

[318] Dennert, Souveränität, S. 59 f.; Vgl. zu Bodin, insbes. Bd. 1, I 8 und 19, A. London Fell, Origins, Vol. One, Introduction, p.xxi, der auf folgende Entwicklung hinweist: „From Jean Bodin to Locke and Montesquieu and from Jefferson to Woodrow Wilson and later writers, there has a long been recognition of the central importance of legislation for concepts of public law, and of the pivotal importance of legislated public law for ideas of sovereignty and the state. During the later Renaissance, Jean Bodin's famos Books of the Republic of 1576, especially Book I, 8, 10, made legislation a central enduring feature of sovereignty and the state in modern thought, compatible with later trends toward absolutism and constitutionalism alike. In the seventeenth century Locke's Of Zivil Gouverment stated in chapter thirteen that 'there can be but one supreme power, which is the legislative, to which all the rest are and must be subordinate'. Thomas Hobbes' Leviathan stated in chapter twenty-six that 'the legislator ... is... the sovereign.'" Sowie Ders., Origins, Vol. Three, p. 11 ff.

3. Die Merkmale der Souveränität: Der Souverän als Gesetzgeber

a) Das Hauptmerkmal der Souveränität und ihr Zweck

Wie schon angesprochen, gibt es für Bodin eine maßgebende Kompetenz: „Diese Befugnis zu Erlaß und Aufhebung von Gesetzen umfaßt sämtliche andere Hoheitsrechte und Souveränitätsmerkmale. Genau genommen könnte man daher sagen, daß sie das einzige Souveränitätsmerkmal ist, weil sie eben alle anderen in sich einschließt als da sind das Recht Krieg und Frieden zu entscheiden, die Entscheidung in letzter Instanz über die Urteile der Magistrate, das Recht zu Ernennung und Absetzung der höchsten Beamten, ... Sie alle sind Ausfluß der Macht, allen als Gesamtheit und jedem einzelnen das Gesetz vorschreiben zu können und selbst nur von Gott Gesetze anzunehmen"[319]

Stellt man nun die Frage danach, wem im frühneuzeitlichen Staat die Gesetzgebungskompetenz zukam, so erscheint es angesichts der Epoche des Obrigkeitsstaates und des Absolutismus als selbstverständlich, zunächst auf den Monarchen bzw. Herrscher zu verweisen. Eine solche Sichtweise wird unterstützt insbesondere durch die Souveränitätslehre von Bodin. Ein Herrscher ist nur dann souverän, wenn er die Gesetzgebungskompetenz nicht mit anderen teilen muß. Daraus folgt einerseits, daß die Souveränitätslehre Bodins den Ausschluß der Stände vom politischen Entscheidungsprozeß implizierte. Andererseits erhielt der Souverän die Legitimation für die bewußte Gestaltung des Gemeinwesens durch die ihm allein zustehende Gesetzgebung.[320]

Im 16. Jahrhundert hat sich in Frankreich die Gesetzgebung von der Jurisdiktion emanzipiert, die „puissance de donner et casser la loy" wurde

---

[319] Bodin, Rep., Bd. 1, I 10, WI, S. 294, (F 223). Im folgenden werden die einzelnen Merkmale historisch belegt (224 ff.).

[320] Klippelt, Einführung, S. 9.

von Jean Bodin als der eigentliche Kern der Souveränität herausgearbeitet. Entscheidend bei Bodin ist in diesem Punkt die faktische Macht in Form der Vorstellung einer generalisierten Fähigkeit, Gehorsam für Weisungen zu erreichen. Alle puissance publique wird als vom Souverän abgeleitet gedacht, auch die Gewalt der Korporation und anderer Selbstverwaltungsangelegenheiten beruht auf der des Souveräns.[321]

Der Souverän ist der Gesetzgeber. Der Wille des Souveräns ist das Gesetz. Darin liegt seine Wirksamkeit und seine Totalität. Bodins Souveränitätskonzeption ist ein Absage an die alten Vorstellungen des Mittelalters. Es findet eine Nivellierung statt. Die Stellung der Stände und der Parlamente, nichts ist im Grunde mehr vorhanden, das den gesetzgeberischen Willen des Souveräns einschränken könnte.[322] Mit dem Beseitigen der

---

[321] Waechter, Einheit des Staates, S. 34. Waechter weist in seiner Anmerkung zu Recht darauf hin, daß nur die Familie unabgeleitete Gewalt sei.

[322] Dennert, Souveränität, S. 60; Luhmann, Recht, S. 409 f. führt dazu aus: „Angesichts der rasch wachsenden Komplexität und der damit verbundenen Rechtsunsicherheit hatte der frühneuzeitliche Territorialstaat seine Aufgabe zunächst darin gesehen, das in seinen Territorien geltende Recht mitsamt der Organisation der Rechtspflege zu vereinheitlichen, es unter zentrale Kontrolle zu bringen und damit die eigene Staatseinheit zu konsolidieren. Darin lag sein Verständnis von Souveränität und seine politische Konsolidierung. Der Begriff der Souveränität bzw. der hoheitlichen Gewalt verdeckte, daß zwei sehr verschiedene Begriffe von Macht im Spiel waren, nämlich die Vorstellung einer generalisierten Fähigkeit, Gehorsam für Weisungen zu erreichen, und die Vorstellung von Rechtsmacht, die daran zu erkennen war, daß Macht in der Form Recht auftrat und durchgesetzt wurde, also in immer schon spezifizierter Form. Der Zusammenschluß beider Aspekte von Herrschaft war vor allem deshalb unerläßlich, weil es als Lokalverwaltung nur Gerichtsbarkeit gab. Souveränität bedeutete seit der zweiten Hälfte des 16. Jahrhunderts daher praktisch vor allem: politische zentralisierte Kontrolle der Gerichtsbarkeit mit Aufhebung grundherrlicher, kirchlicher oder korporativer, auf jeweils eigene Rechte begründeter Gerichtsbarkeiten, sie bedeutete Aufzeichnung und Vereinheitlichung regionaler Sonderrechte und Inanspruchnahme der Druckpresse; sie bedeutete Übernahme der Sprache und der begrifflichen Errungenschaften des römischen Zivilrechts – wenn nicht als geltendes Recht, so doch als Grundlage der Rechtsgelehrsamkeit; und sie bedeutete zunehmende Gesetzgebungstätigkeit. Mit einer glücklichen Formulierung von Fritz Neumann kann man deshalb auch von einem ‚politischen Gesetzesbegriff' sprechen und darin eine Art Transmissionskonzept zwischen politischer Raison und rechtlicher Geltung sehen. Theoretisch ging man deshalb, spätestens seit der zweiten Hälfte des 16. Jahrhunderts, mit Bodin, Suárez, Pufendorf usw. von der Vorstellung einer naturrechtlichen Einheit von Politik und Recht aus. Sie beruhte auf der Annah-

Schranken entfällt auch die Ursache für die Probleme, an denen der Staat oder das Gemeinwesen in Zeiten von Bodin fast zugrunde gegangen ist. Diese Problembeseitigung ist der Zweck der Souveränität. Sie hat, so gesehen, eine negative Zielsetzung; sie dient vor allem der Beseitigung bestimmter Momente, die das Gemeinwesen gefährden.[323] Der Souveränitätsgriff ist also bei Bodin nicht ein abstrakt-rationales Denkschema vom Gemeinwesen zu ermöglichen. Bodins Ziel ist die Erhaltung eines Bestehenden: Frankreichs. Er will das „Staatsschiff" aus den Klauen des Bürgerkrieges retten. Bodin hat aus diesem Grund die Hauptfunktion des Fürsten neu definiert: der Souverän ist Gesetzgeber. Andere Funktionen sind wichtig, aber abgeleitet und somit nachrangig. Diese Bestimmung markiert den staatstheoretischen Übergang vom Mittelalter zur Neuzeit.[324]

b) <u>Die Souveränitätsmerkmale und die Unterscheidung von Gesetz und Vertrag</u>

Es folgt nun bei Bodin eine Aufzählung der einzelnen Merkmale der Souveränität. Nach Bodin „muß man diejenigen Merkmale kennen, die ihn (d.i. der Souverän, N.R.) vom gewöhnlichen Untertanen unterscheiden"[325]. „Da aber der Begriff Gesetz zu allgemein ist, ist es besser, die Hoheitsrechte einzeln zu präzisieren, die wie erwähnt von der Vorstellung des Gesetzes des Souveräns umfaßt sind.

---

me, daß erst dadurch das Individuum als Rechtssubjekt konstituiert werde und als solches Voraussetzung sei für das Entstehen einer auf Arbeitsteilung und Vertrag beruhenden Wirtschaft. Die wohl schärfste Formulierung dafür hat Hobbes geliefert."

[323] Dennert, Souveränität, S. 60.

[324] Quaritsch, Staat, S. 50.

[325] Bodin, Rep., Bd. 1, I 10, WI, S. 284, (F 212).

(2) So ist beispielsweise das Recht, Krieg zu erklären oder Frieden zu schließen, eines der wichtigsten Hoheitsrechte, weil es nicht selten über Gedeih und Verderb des Staates entscheidet. ...
(3) Das dritte Kennzeichen der Souveränität besteht zur Ernennung der wichtigsten Beamten.
(4) ... dem Recht der höchstrichterlichen Entscheidungsgewalt ...
(5) In diesem Merkmal der Souveränität wurzelt auch die Befugnis, Verurteilten in Abweichung vom ergangenen Urteil oder der Strenge des Gesetzes Gnade zu gewähren...
(6) Was das ... Treuegelöbnis angelangt, so ist es ebenfalls offensichtlich, daß es ... zu den wichtigsten Souveränitätsmerkmalen gehört, dem vorbehaltlos Folge zu leisten ist.
(7) Das Münzrecht ist von dergleichen Rechtsnatur wie das Gesetz und nur derjenige, der die Gesetzgebungsgewalt hat, kann auch das Geldwesen gesetzlich regeln. ...
(8) Wie die Regelung des Geldwesens ist auch die Bestimmung über Maße und Gewichte ein in der Souveränität begründetes Recht. ...
(9) Auch die Befugnis, den Untertanen Steuern und Abgaben aufzuerlegen oder einzelne davon auszunehmen, wurzelt in der Gesetzgebungsgewalt und der Befugnis zur Gewährung von Privilegien. ...
Ich übergehe hier einige weniger bedeutsame Rechte, die die souveränen Fürsten in ihren jeweiligen Ländern für sich behaupten..."[326]
Hier wird das neue Bild des Souveräns deutlich. Es gibt keine persönliche Verbindung mehr mit den Untertanen. Der Fürst kann befehlen. Sein Befehl ist Gesetz. Dem Gesetz ist zu folgen. Jedes Aufbegehren ist eine Beeinträchtigung der Souveränität. Vor Bodin hat noch niemand so deutlich gesagt, daß nur das positive Gesetz Gültigkeit hat, weil es das einzige Merkmal („seule marque de souveraineté") der Souveränität ist. Mit der

Souveränität tritt der Gedanke der totalen Gültigkeit des positiven Gesetzes notwendig ins Leben.[327] Mit der Schaffung der Institution der Souveränität, also der absoluten Entscheidung, findet ein staatstheoretischer Abschied vom Mittelalter und der damit verbundenen ständischen Gliederung statt. Damit verblasst auch die Vorstellung vom Gemeinwesen als einem gegliederten Ganzen, in dem jeder auf einer bestimmten Stufe einen bestimmten Platz einnimmt.[328]

Interessant ist Bodins Feststellung, daß „Gesetz und Vertrag ... auseinander gehalten werden" müssen.[329] Er begründet dies folgendermaßen: „Denn ein Gesetz hängt vom Willen dessen ab, der die Souveränität innehat und damit zwar alle seine Untertanen, nicht aber sich selbst binden kann. Ein Vertrag dagegen begründet wechselseitige Beziehungen zwischen dem Fürsten und den Untertanen und bindet beide Parteien gegenseitig."[330] Diese Unterscheidung ist eindeutig und logisch. Die Bindung des Souveräns an die Verträge ergibt sich aus dem Naturrecht, denn „den Gesetzen Gottes und der Natur ... sind alle Fürsten unterworfen."[331]

---

[326] Bodin, Rep., Bd. 1, I 10, WI, S. 295 – 318, (F 224 – 250).
[327] Dennert, Souveränität, S. 61.
[328] Dennert, Souveränität, S. 61.
[329] Bodin, Rep., Bd. 1, I 8, WI, S. 216, (F 135).
[330] Bodin, Rep., Bd. 1, I 8, WI, S. 216, (F 135).
[331] Bodin, Rep., Bd. 1, I 8, WI, S. 214, (F 133).

IV. Die Souveränität im Spannungsverhältnis

1. Principe „Legibus solutus"? Oder der absolute Souveränitätsbegriff

Der Souverän Bodinscher Prägung ist „legibus solutus". Seiner freien Disposition sind jedoch sog. Grundgesetze, die „loix qui concernent l'estat du Royaume"[332], in der lateinischen Fassung „leges imperii",[333] entzogen.

„Was die Grundgesetze der Monarchie angeht, insofern sie unmittelbar mit der Krone verknüpft sind, wie es beim Salischen Gesetz[334] der Fall ist, so darf der Fürst nicht von ihnen abweichen. Tut er es dennoch, so kann der Nachfolger jederzeit annullieren, was sich gegen die Grundgesetze der

---

[332] Bodin, Rep., Bd. 1, I 8, WI, S. 218, (F 137) und NI, S. 28, der von den „Grundgesetzen" spricht.

[333] De Republika libri rex, I 8, S. 139 (1586, zit. nach Quaritsch); Rep., I 8, NI, S. 28 f., Anm. 18, wo darauf hingewiesen wird, daß die Begriffe auch „loix du Royaume oder „loix Royales" oder in lat. Fassung „leges imperii" genannt werden. Quaritsch, Souveränität, S. 51.

[334] Bodin, Rep., I 8, NI, S. 28, Anm. 17: „In der Lex Salica war die französische Thronfolgeordnung geregelt, deren Hauptpunkte der Grundsatz der Primogenitur und das agnatische Prinzip waren." Unter Primogenitur versteht man das Erstgeburtsrecht. Unter Agnaten versteht man: Verwandte, die sich in rein männlicher Linie auf einen gemeinsamen Stammvater zurückführen, Verwandte der Schwertseite: Schwertmagen, Speermagen, Germagen, agnati masculi, loneca. Zu voller Entfaltung gelangte das agnatische Prinzip im deutschen Adel, dann auch begrenzt im ständischen Patriziat. Vgl. Fuchs/ Raab, Wörterbuch zur Geschichte, Bd. 2, S. 639 und Bd. 1, S. 53 f.
Im 2. Kapitel des I. Buches führt Bodin aus: „Töchter (waren) aufgrund alter zwischen den einstigen Herren geschlossener Verträge von der Erbfolge in gerader Linie wie in der Seitenlinie solange ausgeschlossen, als noch männliche Erben vorhanden waren. Das Gleiche trifft auf das Haus Savoyen zu, in dem das Salische Gesetz gilt. Solche innerhalb einer Familie geltenden Gesetze, ... werden von den Familienoberhäuptern zur Erhaltung ihrer jeweiligen Güter, Namen und alten Vorrechte geschaffen. Das kann im Falle großer und vornehmer Familiengeschlechter angehen und in der Tat haben denn auch derartige Verträge und häusliche Statuten manchmal nicht nur die Erhaltung einer Familie sondern auch den Fortbestand des Staates gewährleistet." Bodin, Rep., I 2, WI, S. 113, (F 18).

Monarchie richtet, denn auf sie stützt sich und auf ihnen beruht die souveräne Majestät."[335] Zu ihnen rechnet Bodin im Einklang mit den Anschauungen seiner Zeit in der Monarchie die Thronfolgeordnung[336] und unter jeder Staatsform das Verbot der Veräußerung geldwerter staatlicher Rechte, besonders die Abtretung oder den Verkauf von Land und Leuten.[337] Diese Bindung, vor allem an die Thronfolge ergibt sich aus der Analogie zur Familie, die bereits dargestellt wurde. Die fünf wichtigsten Merkmale seien noch einmal zusammengefaßt.[338]

Das erste und wichtigste Merkmal dieses Begriffs, das bereits alle folgenden Merkmale mitumschließt: Der Souverän kann unbeschränkt über das Recht verfügen.

Das zweite Merkmal dieses Souveräniätsbegriffs ist bereits im ersten impliziert: Der Souverän steht außerhalb des von ihm erlassenen Rechts.

Der Souverän kann jede Kompetenz an sich ziehen und alle Staatsgewalt, die sich in anderen Händen befindet, ist eine von ihm delegierte Staatsgewalt.

Die Souveränität gilt nicht nur unbedingt, unwiderruflich, sondern ist auch zeitlich unbeschränkt.

Die Souveränität des Souveräns ist auch inhaltlich unbeschränkt.[339]

---

[335] Bodin, Rep., I 8, NI, S. 28, (F 137).

[336] Bodin, Rep., Bd. 2, VI 5, S. 425 ff., (F 973 ff.); die Kapitelüberschrift lautet: „In einer wohlbestellten Monarchie mit einem König als Alleinherrscher sollte die Herrschaft weder durch Wahl, noch durch Losentscheid, noch weiblichen Trägern übertragen werde, sondern uneingeschränkt im Wege des Erbfolgerechtes dem nächsten männlichen Anverwandte der väterlichen Linie zufallen."

[337] Bodin, Rep., Bd. 2, VI 2, S. 324, (F 855 ff.), mit der Kapitelüberschrift: „Über das Finanzwesen". Quaritsch, Souveränität, S. 51; Ders., Staat, S. 347 ff.

[338] Vgl.: Kriele, Staatslehre, S. 56 ff.; Polmann, Herrschaftssysteme, S. 34 f.

[339] Vgl.: Bodin, Rep., Bd. 1, (1): I 10, WI, S. 292, S. 294, (F 221, 223); (2): I 8, WI, S. 213 f., (F 131 f.); (3): I 8, WI, S. 210 f., (F 128); (4): I 8, WI, S. 205, (F 122); (5): Vgl. (1).

Der legitime Handlungsbereich des Souveräns ist begrenzt durch die „loys de Dieu et de nature". Die kollidierenden Gesetze oder Befehle sind nichtig, „fausse et nulle".[340] Quaritsch schreibt zu dem Verhältnis des göttlichen und natürlichen Rechts: „Diese im Mittelalter wie früher Neuzeit allgemein anerkannte Rechtsschranke hat Bodin allerdings entkonfessionalisiert. Damit war der mittelalterliche Konfliktstoff ebenso aus seinem System entfernt wie die Interpretationsbehauptungen der religiösen Bürgerkriegsparteien. Göttliches und natürliches Recht bilden ein in sich identisches Konzentrat evidenter Gemeinsamkeiten und Grundwahrheiten der großen Religionen und Kulturvölker: Tötung Unschuldiger und rechtsgrundlose Konfiskationen bei armen Leuten."[341] Der Souverän ist auch an „völkerrechtliche Verträge" mit auswärtigen Fürsten gebunden. Dies gilt auch, wenn sie unter Druck eines siegreichen Feindes oder mit nicht christlichen Herrschern abgeschlossen werden.[342] Aber auch an Verträge mit seinen Untertanen ist der Souverän gebunden, sofern er sie selbst und nicht sein Vorgänger eingegangen ist.[343]
Die mangelnde Bindung des Souveräns ergibt sich daraus, daß niemand sich selbst gegenüber festlegen kann, was sich wiederum aus der autonomen Willensentscheidung ergibt. Bodin hat keinen Vertrag zwischen dem Souverän und den Bürgern abschließen lassen. Hinsichtlich der Vertragsgebundenheit ergibt sich, daß Verträge Reziprozitätsbeziehungen unter Gleichen sind, so daß der Souverän bei Vertragsabschlüssen nicht als Souverän, sondern als Vertragssubjekt handelt. Die Souveränität ist un-

---

[340] Bodin, Rep., Bd. 1, I 8, WI, S. 214 f., S. 228 f., S. 229 ff. (F 133, 149, 150 ff.), III 4, WI, S. 464 ff., (F 413 ff.).
[341] Quaritsch, Souveränität, S: 51; Ders., Staat, S. 383 ff.; Rep., Bd. 1, III 4, WI S. 464 f., (F 413).
[342] Bodin, Rep., Bd. 2, V 6, WI, S. 277 – 305, (802 – 834). „Über die Festigkeit von Bündnissen und Verträgen zwischen Fürsten."
[343] Bodin, Rep., Bd. 1, I 8, WI S. 232, (F 152 f.).

teilbar, kann aber nicht definiert werden. Es muß einen Punkt geben, bei dem die Kompetenz liegt. Wo aber liegen die Grenzen? Welche Kompetenzen hat der Souverän nicht?

a) <u>Die soziale Einheit der Familie und das Privateigentum</u>

Die erste Schranke ist die Familie. Sie liegt außerhalb der Kompetenzen des Souveräns. Damit zusammenhängend gelten die Grenzen auch für das Eigentum der Familie. Lediglich im Ausnahmezustand (sog. status neccessitatis) gibt es eine Eingriffsmöglichkeit seitens des Souveräns. Ihre Grundlage ist die Familie als „mesnage", d.h. als Haushaltseinheit, also damals meist als Großfamilie. Das bedeutet, daß die Familie dem Staate logisch und zeitlich vorausgeht.[344] Bodin drückt diese „priorité", wie er sie nennt, deutlich aus: „La République ne peut etre sans famille, non plus que la ville sans maisons, ou la maison sans fondements."[345] Die Familie ist ganz empirisch gesehen „une cellule politique".[346] Man kann die Familie nicht zerstören, da damit die Familienmitglieder zu Sklaven des Herrschers gemacht würden.[347]

Nun setzt Bodin ein praktisch-empirisches Element hinzu: Existenzvoraussetzung der Familie ist das Eigentum. Wir stellen fest: Das Privateigentum gehört bei Bodin zur Familie, nicht zum Einzelmenschen, „ce que leur es particulier." „Les états généraux" stellen die Repräsentation der von ihnen umfaßten Familien dar.[348]

---

[344] Scupin, Souveränität, S. 15.
[345] Bodin, Rep., Bd. 1,I 6, S. 158, (F 68).
[346] Bodin, Rep., Bd. 1,I 6, S. 158, (F 68).
[347] Scupin, Souveränität, S. 15.
[348] Scupin, Souveränität, S. 15.

Da das Eigentum nur mit Zustimmung der Familien angegriffen werden kann, so bedarf es zu jedem Eingriff in die Substanz des Eigentums, also auch zu seiner Besteuerung, der Zustimmung der Stände.[349]

b) Die Grundgesetze oder leges fundamentalis und die Frage der prozeduralen Durchsetzbarkeit

Bodin kennt, wie schon erwähnt, drei weitere Grenzen. Zum einen den Krongüterschutz, die Erbfolgeregelung im Sinne der lex salica und drittens die Bindung an das natürliche und göttliche Recht. Letztere beide unterscheidet er aber an keiner Stelle seines Werkes, d.h. er übernimmt hier die alte Formel des „Naturrechts" als rhetorische Figur. Da der Gewaltinhaber bei Bodin nicht an seine eigenen Gesetze gebunden ist, ja nach der politischen Praxis auch nicht an die Gesetze seiner Vorgänger, so ist der Träger der Souveränität „legibus absolutus".[350] Sofort macht Bodin aber eine Einschränkung, indem er zwischen „loi" und „droit" unterscheidet.[351] Den Willen, der sich im Gesetzesbefehl ausdrückt, muß der Souverän von Gott, von dem göttlichen Recht, vom „droit" her empfangen. Das göttliche Recht schreibt z.B. vor, daß gewöhnliche Gesetze nur dann aufgehoben werden dürfen, wenn „la justesse s'icelles cesse"[352]. Von hier aus wird klar, was der Ausdruck „droit gouvernement" bedeutet. Es handelt sich nach Bodin darum, daß nach göttlichem Recht regiert werden muß. Dieses

---

[349] Bodin, Rep., Bd. 1, I 8, S. 234, (F 155); Scupin, Souveränität, S. 15. Mit der Garantie des Privateigentums hängt auch das Steuerbewilligungsprivileg der Stände zusammen. Auf das Problem des sog. Steuerparadoxon kann hier nicht eingegangen werden (vgl. grundlegend: Quaritsch, Souveränität, S. 60 ff. und zusammenfassend: Kriele, Staatslehre, S. 60).

[350] Scupin, Souveränität, S. 22.

[351] Bodin, Rep., Bd. 1, I 10, S. 223 f., (F 223 f.) und I 8, S. 213 f., (F 132 f.).

[352] Bodin, Rep., Bd. 1, I 8, S. 213, S. 215, S. 217, (F 131, 134, 136).

göttliche Recht schränkt also die „suprema potestas", die Souveränität des Handelns ihres Trägers, ein.[353]

Nach der Theorie Bodins ist die Souveränität unteilbar. Der Ausweg aus der verfahrenen Denksituation liegt für Bodin darin, daß er meint, nur die Überwachung der Einhaltung der Begrenzungen der Souveränität durch das „droit gouvernement" oder etwaiger Verletzungen dieses Prinzips, nicht aber der Souveränität selbst liege bei den Korporationen.[354] Würde die Souveränität als solche überwacht, so wäre sie letztlich geteilt. Das hält Bodin für einen Widerspruch in sich selbst. Durch die Teilung käme es zu einer gemischten Regierungsform, „forme composée".[355]

Daß Bodin die Überwachung der Einhaltung des „droit gouvernement" einführt, ist eine leicht durchschaubare Fiktion, mit der er den tatsächlichen und vom geltenden Recht noch getragenen Verhältnissen entsprechen will.[356] Er geht sogar soweit, für die Gewährleistung dieser Überwachungsfunktion eine Zusammenarbeit der Magistrate, besonders der „parlements", mit dem König zu empfehlen, um deren Ziel, die „justice harmonique",[357] zu sichern.[358]

So kommt Bodin im Ergebnis zwar auf ein Widerspiel zwischen Fürst und Ständen heraus, aber er gibt den Ständen kein durchsetzbares oder unantastbares Recht auf diese Funktion.[359] Die Stände besitzen keine juridifizierte Kompetenz, mit der sie unter materialen Gesichtspunkten etwas gegen den Souverän durchsetzen könnten.

---

[353] Scupin, Souveränität, S. 22.
[354] Bodin, Rep., Bd. 1, I 8, S. 228 f., (F 149); Scupin, Souveränität, S. 23.
[355] Bodin, Rep., Bd. 1, II 1, S. 319, (F 251).
[356] Bodin, Rep., Bd. 1, III 4, S. 461 ff., (F 409 ff.); Scupin, Souveränität, S. 24.
[357] Bodin, Rep., Bd. 1, I 8, S. 228 f., (F 149); Scupin, Souveränität, S. 24.
[358] Scupin, Souveränität, S. 24
[359] Scupin, Souveränität, S. 24.

Folglich lassen sich zwei Fragen stellen. Erstens, wer stellt im Sinne einer Feststellungskompetenz fest, wann eine Verletzung vorliegt und zweitens, welche Rechtsfolge tritt dann ein?

Zur ersten Frage gibt Bodin keine Antwort. Es gibt keine Feststellungskompetenz (außerhalb des Souveräns). Eine Verletzung der „Bindungsfragen" zeigt sich allenfalls im jenseitigen Leben. Folglich erübrigt sich die Antwort auf die zweite Frage.

Es gibt keine juridifizierte Kompetentnorm zur Durchsetzung der Grundgesetze. Ergo gibt es keine Bindungswirkung. Es gibt keine Feststellungs- und Sanktionskompetenz, allenfalls „Erwartungen". Jedenfalls keine rechtlich durchsetzbaren Folgen. Der Souverän hat auch die Durchsetzungskompetenz. Seine Souveränität ist letztlich (juristisch) unbegrenzt. Dies ist die Bodinsche Grundlage für den absolutistischen Staat.

2. Die Einschränkungen der Souveränität: Ein logischer Widerspruch?

Der Souverän muß sich den Gesetzen Gottes und den Naturgesetzen unterwerfen. Zudem garantiert er den Untertanen das Eigentum und erklärt die Familie mit ihrer souveränen Gewalt zur Keimzelle des Staates. Aus der Garantie des Privateigentums leitet sich das Steuerbewilligungsrecht der Stände ab. Nirgends sagt Bodin allerdings, wie der Souverän dazu gezwungen werden kann, seinen Pflichten nachzukommen.[360]

Fraglich ist nun, ob man hier Grenzen und Einschränkungen der Souveränität als logischen Widerspruch auffassen soll. Hinter solcher Kritik steht unausgesprochen eine Vorstellung von Souveränität, wie sie später im 17.

---

[360] Hausmann, Bodin, S. 129.

Jahrhundert Thomas Hobbes und im 19. Jahrhundert John Austin entwickelten.[361]

Hier wird deutlich, daß Bodin noch nicht das ausgearbeitete rechtstheoretische Konzept von Hobbes hatte. Er konnte seine Souveränitätstheorie weder im Rechtsphilosophischen noch im Rechtstheoretischen zu Ende denken. Bodin stand noch zwischen dem Denken von der Antike und Mittelalter auf der einen Seite und Neuzeit auf der anderen Seite. Quaritsch[362] schreibt treffend und zeitbezogen dazu: „Sein Ziel mußte eine realisierbare Lehre vom Staat sein, er hatte also die Bedürfnisse der politischen Praxis und die eingewurzelten Rechtsüberzeugungen seiner Zeitgenossen zu berücksichtigen. Die Unantastbarkeit der Thronfolgeordnungen, in Frankreich noch abgesichert durch ein Verzichtsverbot für den Thronfolger und ein Abdankungsverbot für den König, mochte untauglichen Erben die Krone verschaffen. Die starre Rechtsregel stabilisierte jedoch die Herrschaft des fürstlichen Souveräns. Ihre Anwendung legitimierte seine Stellung und vermied interne Thronfolgestreitigkeiten mit Bürgerkriegsfol-

---

[361] Quaritsch, Souveränität, S. 52. Da Hobbes' Theorie noch dargestellt wird, sollen hier nur einige Anmerkungen zu J. Austin gemacht werden. Auf J. Bentham und J. Austin geht die sogenannte Befehls- oder Imperativtheorie zurück (Vgl.: Paulson, Naturgesetze, S. 449 f.). Nach der Imperativtheorie des Rechts sind Rechtsnormen (1) als Befehle zu betrachten, die (2) von einer überlegenen Macht ausgehen, die (3) für die Mißachtung ihrer Befehle Sanktionen androht, weshalb man (4) den Befehlen lieber gewohnheitsmäßig gehorcht (Austin, Lectures, vol. I, p. 88 ff.: „Law= commands of a souvereign supported by sanctions"; ders.: Lectures, vol. II, p. 687: „So far as the judges arbitrary extends, there is no law at all."; Vgl. zum einen: Dreier, Recht, Sp. 1446, sowie Klimmt, Macht, S. 172 f.; Zur Wirkungsgeschichte vgl.: Kelsen, Positivismus, S. 465 ff.; dazu Walther, Rechtspositivismus, S. 407 ff.). Bentham und Austin unterscheiden zum Teil in der Tradition von Hobbes strikt zwischen positivem Recht und nicht positiven Normen der Moral (Vgl.: Austin, The Province, S. 12; Oppermann, Die Rezeption, S. 65 f., weist jedoch daraufhin, daß „die unter dem Einfluß von Bentham entwickelte Rechtslehre von Austin ... nicht mit kontinentalem Rechtspositivismus gleichgesetzt werden (sollte, NR). Zwar zeichnet sie sich ebenfalls durch Trennung von Sein und Sollen aus, jedoch unterscheidet sich angloamerikanischer vom kontinentalen Rechtspositivismus durch seine empirische Tradition.").

[362] Quaritsch, Souveränität, S. 52.

gen. Ebenso minderte sie die Gefahr fremder Intervention und bewaffneter Konflikte durch Erbfolgekriege."

Bezogen auf Bodin, kann man den Bogen aber auch von Aristoteles zu Hobbes schlagen.[363] Nach Dennert[364] bleiben schon im Rückgriff auf Aristoteles zumindest implizite sittlich-ontologische Prinzipien erhalten - auch in dem Gedanken, daß Herrschaft Herrschaft über Haushalte sei. Dies zeigt, daß Bodin als Bindeglied zwischen Antike, Mittelalter und Neuzeit ein Wegbereiter für Hobbes ist. Gegenüber der konsequenten Durchführung der Konzentration der Entscheidungsbefugnisse bei Hobbes sind bei Bodin noch die früheren Mitwirkungsrechte der Stände erkennbar.[365] Die Absolutheit der souveränen Entscheidung ohne Letztinstanzlichkeit und Einseitigkeit bedeutet, daß alle traditionell zugelassenen intermediären Gewalten (Stände) des Mittelalters grundsätzlich von der Teilnahme an Souveränitätsbefugnissen als Entscheidungsbefugnissen ausgeschlossen sind.[366] Diese Souveränität oder Letztinstanzlichkeit bedeutet, daß es in dieser Welt keine Appellationsinstanz gegen die Entscheidung des Souveräns gibt. Die Bindung an göttliches Recht kann, auch wenn sie bei Bodin – wie bereits dargestellt – ausdrücklich zugestanden wird, nicht eingeklagt werden.[367] Schließlich ergeht die (letztinstanzliche bzw. einseitige, d.h. autonome) Entscheidung ohne ein Zusammenwirken von Ständen und Souverän. Dadurch ist gesichert, daß die Macht ungeteilt ist und so die Einheit und den Erhalt des Staates garantieren kann.[368]

---

[363] Dennert, Bodin, S. 218.
[364] Vgl.: Dennert, Bodin, S. 218.
[365] Waechter, Einheit des Staates, S. 34.
[366] Waechter, Einheit des Staates, S. 33; Quaritsch, Souveränität, S. 55.
[367] Waechter, Einheit des Staates, S. 33; Quaritsch, Souveränität, S. 56 ff.
[368] Vgl.: Waechter, Einheit des Staates S. 33; Quaritsch, Souveränität, S. 56 ff.

Bei Bodin bleibt es also bei einer verbalen und rhetorischen Einschränkung der Souveränität. Beispielhaft hierfür ist das von ihm genannte Salische Gesetz. Der Nachfolger des Souveräns kann jederzeit annulieren, was sich gegen die Grundsätze der Monarchie richtet. Der Amtsinhaber der Souveränität ist jedoch prozedural nicht von den Bindungswirkungen betroffen. Es bleiben Soll-Vorschriften. Es sind keine rechtlichen Schranken, sondern funktionale Erfordernisse zur Erhaltung der Stabilität.

V. Die Unteilbarkeit der Souveränität und die Folgen für die Staatsformenlehre

1. Die Staatsform und die Souveränität

Bodin geht anhand der Staatsformenlehre der Fragestellung nach, wie man Verfassungen der Staaten (der Gegenwart) beurteilt und wie sie klassifiziert werden können. Aristoteles hat die Staatsformen nach dem Kriterium gewertet, ob sie das gute Leben des Menschen in der Gemeinschaft ermöglichen. Den richtigen Verfassungen hat er Entartungsformen gegenübergestellt.

Bodin löst sich von dieser Tradition. Das Neue ist, daß die Staatsformenlehre nicht mehr an Ziel und Zweck des Staates anknüpft, sondern an die Unteilbarkeit der Souveränität.

Bodin steht bei der Entwicklung seiner Staatsformenlehre im Spannungsverhältnis von theoretischer Ableitung und empirischer Beobachtung. Er beginnt nicht mit der Frage nach dem „telos" des Staates. Am Anfang steht bei Bodin die Definition: „Unter dem Staat versteht man die am Recht orientierte, souveräne Regierungsgewalt über eine Vielzahl von Haushaltungen und das, was ihnen gemeinsam ist."[369] Die Staatsformen-

---
[369] Bodin, Rep., Bd. 2, I 1, WI, S. 98 (F 1).

lehre leitet Bodin, wenn auch nicht allzu systematisch, aus der Auffaltung der in der Staatsdefinition enthaltenen Prinzipien „souveraineté, droit gouvernement, communautè" ab.[370] Bodin strebt an, „zu brauchbaren Definitionen und Lösungen" zu kommen, die sich dem „wissenschaftlichen Zugriff" nicht entziehen.[371] Bodin führt hinsichtlich der Staatsformen und der Frage, ob es mehr als drei gibt, aus: „Nachdem wir die Souveränität und die ihr zukommenden Rechte und Merkmale erörtert haben, müssen wir unser Augenmerk auf die Inhaber der Souveränität in den Staaten richten, um so beurteilen zu können, wie sie verfaßt sind. Ruht die Souveränität bei einem einzelnen Fürsten, so sprechen wir von einer Monarchie. Liegt sie beim Volk als Ganzem, so sprechen wir von einer Demokratie. Liegt die Souveränität in Händen einer Minderheit des Volkes, so sprechen, wir von einer Aristokratie. Dies werden die von uns verwendeten Begriffe sein, weil sie jene Verwirrung und Unklarheit vermeiden helfen, die wegen der Vielfalt der möglichen Abstufungen dann entsteht, wenn man danach unterscheidet, ob die Regierenden gut oder schlecht sind. Indem sie so vorgegangen sind, sind manche zur Annahme gekommen, daß es mehr als drei Staatsformen gebe. Würde aber ihre Ansicht zutreffen und machte man also Tugenden und Laster zu den Kriterien der Verfassung eines Staates, dann gäbe es unzählige Staatsformen. Nun aber steht fest, daß, wenn man zu brauchbaren Definitionen und Lösungen kommen will, man sich nie mit Nebensächlichkeiten, von denen es unzählige gibt, aufhalten darf, sondern auf die wesentlichen inneren und äußeren Unterschiede abstellen muß, um nicht in ein ausweglose Labyrinth zu geraten,

---

[370] Denzer, Bodins Staatsformenlehre, S. 236.
[371] Bodin, Rep., Bd. 1, II 1, WI, S. 319 (F 252). Dieses „Neue" scheint auch Hobbes begeistert zu haben, denn er verweist - und das tut er äußerst selten - auf die Übereinstimmung mit Bodin: „Und wenn es Gemeinwesen gäbe, in denen die Rechte der Herrschaft geteilt wären, so müßten wir mit Bodin, De republica, Buch II, Kapitel 1 gestehen, daß solche mit Unrecht Gemeinwesen genannt werden und nichts anderes sind, als Zerrbilder eines Gemeinwesens." Hobbes, Elements XXVII, 7, TÖ, 194.

das sich jedem wissenschaftlichen Zugriff entzieht."[372] An anderer Stelle merkt er an: „Man wird mir vielleicht entgegenhalten, ich stünde mit meiner Auffassung allein da, und kein einziger jener antiken oder gar modernen Schriftsteller, die über den Staat geschrieben haben, sind zu dem gleichen Ergebnis gekommen. Ich will dies zwar nicht leugnen, doch diese Unterscheidung zu treffen, schien mir überfällig, um zum richtigen Verständnis der Verfassung der einzelnen Staaten zu gelangen.... . Entbehren nämlich schon die Prämissen eines soliden Fundaments, so läßt sich auf ihnen unmöglich etwas auf Dauer aufbauen."[373]

Aus der Absolutheit der Souveränität folgt deren Unteilbarkeit. Hieraus wiederum folgt die Abweisung der Theorien der Tradition von der gemischten Verfassung und eines inhaltlichen Richtigkeitskriteriums für die Ausübung der Souveränität, womit auch die Unterscheidung von guten und schlechten Staatsformen entfällt.

2. Das oberste Prinzip der Einteilung von Staatsformen: Die Souveränität

In der ersten Dimension orientiert Bodin die „Staatsformen" (status, formae oder genera Reipulicae/Rerum publicarum – l'estat oder sortes de/des républiques) an der Anzahl der Inhaber der Herrschaftsrechte als dem „wesentlichen" Kriterium.[374] Daran anschließend lehnt Bodin die Annahme einer aus jenen drei Staatsformen oder aus zwei von ihnen „gemischten" vierten oder fünften ab, wie es andere Autoren der Antike vertreten haben: „In der Antike war man sich überall durchaus einig, daß es mindestens drei Staatsformen gibt. ... Machiavelli und noch verschiedene andere teilten seine (Aristoteles, NR) Auffassung, die eine sehr lange Ge-

---

[372] Bodin, Rep., Bd. 1, II 1, WI, S. 319 (F 251 f.).
[373] Bodin, Rep., Bd. 1, II 7, WI, S. 398 (F 339).
[374] Küchenhoff, Staatsformenlehre, S. 508.

schichte hat. ... Wir haben daher schlüssig zu beweisen, daß sie geirrt habe. ... Nun hat Plato geschrieben, die beste Staatsform bestehe in einer Mischung von Volksherrschaft und Tyrannenherrschaft. Dies brachte ihm sofort den Tadel seines Schülers Aristoteles ein, der der Ansicht war, dies könne zu nichts Gutem führen und vorschlug, eine aus allen drei Komponenten zusammengesetzte Staatsform zu bilden. Damit widerspricht sich aber Aristoteles selbst. Denn wenn es schon untunlich ist, zwei Staatsformen, d.h. zwei Extreme, deren Verbindung überall sonst der Mittelweg zu sein pflegt, miteinander zu vermengen, dann ist eine Vermengung von drei Staatsformen erst recht unangebracht."[375]

In beiden Aussagen wird deutlich, daß sich Bodin gegen die traditionelle alteuropäische Verfassungstheorie und ihre Vermischung des einzig angemessenen Einteilungsgesichtspunktes der numerischen Bestimmung des Souveränitätssubjekts mit moralischen und anderen gleich unwesentlichen Merkmalen wendet.[376] Bodin setzt sich ausführlich mit den Beispielen auseinander, die die älteren Autoren für das Bestehen und die Vorzugswürdigkeit der gemischten Staatsform angeführt haben. So begründet er seine These, daß alle sogenannten Staatsformen unter einen der drei Status seiner ersten Dimension fallen.[377] Dadurch, daß nun die Zahl der Inhaber der Souveränität das Unterscheidungskriterium ist, kann es demzufolge keine gemischten Verfassungen und keine beste Staatsform neben diesen drei Typen geben, denn die Attribute der Souveränität sind unteil-

---

[375] Bodin, Rep., Bd. 1, II 1, WI, S. 320 f. (F 252 f.).
[376] Kersting, Wohlgeordnete Freiheit, S. 415 f., Anm. 141, führt dazu aus: „Interessant ist hier die radikale Auflösung der zentralen Frage der klassischen politischen Ethik nach der Gestalt des guten Herrschers ins psychologisch unverbindliche; nichts könnte deutlicher die Entfernung der neuzeitlichen, um den Souveränitätsbegriff herumgedachten Staatstheorie von der politischen Ethik der Alten anzeigen als diese karikierende Reigen unterschiedlichster und doch gleich nebensächlicher Herrschereigenschaften."
[377] Küchenhoff, Staatsformenlehre, S. 509 ff.

bar. Bodin setzt der Autorität der antiken Philosophen die vernünftige Begründung entgegen, die eine Vernunft der formalen Unterscheidung ist.[378] Im Anschluß beleuchtet Bodin das Verhältnis von Staatsformen und Souveränität: „Die Vermengung der drei Staatsformen miteinander dagegen führt zu keiner neuen Staatsform, denn Königs-, Aristokraten- und Volksherrschaft zusammen ergeben nichts anderes als eine Demokratie, ... Monarchie, Aristokratie und Demokratie sind praktisch miteinander dermaßen unvereinbar, daß man sich ihre Verbindung nicht einmal in Gedanken vorstellen kann. Denn wenn die Souveränität wie dargelegt unteilbar ist, wie könnte sie sich dann gleichzeitig auf einen Fürsten, die herrschenden Aristokraten und das Volk verteilen? Das wichtigste Vorrecht der Souveränität ist die Befugnis, den Untertanen Gesetze zu geben."[379]

3. Die Staatsformenlehre und die Frage der Qualität der Staatsformen: Staats- und Regierungsform

a) Die Unterscheidungskriterien für die Regierungsformen

Dieser Gedanke leitet zu einer weiteren Unterscheidungsform über. Um die Staatsformenlehre sicher aufzubauen, ist für Bodin die Unterscheidung von Staatsform und Regierungsform notwendig. Das bedeutet, daß zu dem Prinzip der Souveränität das der Regierungsform hinzukommt:[380] „Nun ist jede Monokratie entweder eine despotische oder eine tyrannische oder eine königliche. Deswegen handelt es sich aber nicht etwa um drei

---

[378] Denzer, Bodins Staatsformenlehre, S. 237.

[379] Bodin, Rep., Bd. 1, II 1, WI, S. 321 (254 f.); in der Übersetzung von Niedhardt wird dies deutlicher, Rep. II 1, NI, 49 (F 254 f.): „Das Hauptmerkmal der Souveränität ist die gesetzgebende Gewalt"

[380] Denzer, Bodins Staatsformenlehre, S. 238.

Staatsformen, sondern ihr Unterschied besteht in der unterschiedlichen Regierungsform, in der die Alleinherrschaft ausgeübt wird. Denn zwischen Staatsform und Regierungsform besteht ein großer Unterschied. Hierauf ist bisher noch niemand gekommen. Ein Staat kann zwar eine Monokratie, dennoch aber demokratisch regiert sein, wenn der Fürst ohne Ansehen von Adel, Reichtum und Tugend alle gleichermaßen an Ehren, Magistratsposten, Ämtern und Belohnungen teilhaben läßt. Eine Monokratie kann auch aristokratisch regiert sein, wenn beispielsweise der Fürst Würden und Pfründen nur Adeligen oder nur besonders tugendhaften Menschen oder den Reichsten verleiht. Selbst eine Aristokratie kann eine demokratische Regierungsform aufweisen, wenn z.B. Ämter und Ehren allen Untertanen zuteil werden. Sie kann sich aber auch aristokratisch regieren, wenn diese Dinge nur Adeligen oder Reichen zuteil werden. Diese Mannigfaltigkeit der Regierungsform hat die Verfechter einer gemischten Staatsform zu ihrem Irrtum verleitet. Sie alle übersehen, daß die Verfassung eines Staates etwas anderes ist als seine Regierung und Verwaltung, worauf an geeigneter Stelle noch einzugehen sein wird."[381] Den Grund der Unzulänglichkeit der bisherigen Staatstheorie erkennt Bodin in der Nichtbeachtung des Unterschiedes zwischen Staatsform (l'estat d'une République – status, forma, genus, République) und der Regierungsweise (gouvernement – gubernatio, ratio imperandi), eines Unterschiedes, „qui est une reigle de police qui n'a point esté tochée de personne."[382] Der Vorteil dieser Systembildung, also der „formalen" Kriterien der Staatsformenbildung, bewahrt Bodin vor Staatsformenideologie. Im zweiten Schritt unterscheidet er von der Form das „gouvernement" des Staates.[383]

---

[381] Bodin, Rep., Bd. 1, II 2, WI, S. 337 (F 272 f.).

[382] Bodin, Rep., Bd. 1, II 2, WI, S. 337 (F 272); Kersting, Wohlgeordnete Freiheit, S. 416 f.; Küchenhoff, Staatsformenlehre, S. 510, Anm. 8.

[383] Vgl.: Quaritsch, Staat und Souveränität, S. 309-315.

Im Begriff der Regierung sind hier wiederum die formale Dimension der Herrschaftsorganisation und die qualitative Dimension der Herrschaftsausübung zu unterscheiden. Je nachdem, ob der Souverän nun einen oder mehrere Personen mit der Wahrnehmung gouvernementaler Aufgaben betraut oder allen den Zugang zu öffentlichen Ämtern ermöglicht, wird von Bodin von einer monarchischen, aristokratischen oder demokratischen Regierungsform gesprochen. Dabei gilt, daß jede der drei Staatsformen jede der drei politischen Organisationsprinzipien erlaubt.[384] Das heißt, jeder der drei Staatsformen kann demokratisch, aristokratisch oder monarchisch regiert sein. Die neun möglichen Kombinationen stellt Bodin zwar nicht systematisch zusammen, sie sind aber alle vorhanden.[385] Die Stellung der Souveränität wird dadurch nicht berührt.[386] Ist die Unterscheidung nach der Regierungsform genauso formal wie nach der Staatsform, so kann Bodin doch die neun Kombinationen nach dem Gesichtspunkt des „droit gouvernement" werten, ohne das Prinzip der Unteilbarkeit der Souveränität aufgeben zu müssen.[387] Bodin weist aber daraufhin, daß allein die Monarchie alle drei Regierungsprinzipien in sich aufnehmen kann und die ausgewogenste Verfassung ist, da sie die einheitlichste Staatsform ist. In seinem „Gefahrenvergleich" führt er für die Vorteile der Monarchie aus:

---

[384] Kersting, Wohlgeordnete Freiheit, S. 416.

[385] Bodin, Rep., Bd. 1, II 1, WI, S. 337 (F 272), II 1, S. 333 f. (F 269), II 7, S. 397 f. (F 338 f), Bd. 2, VI 6, S. 491 f. (F 1050); Denzer, Bodins Staatsformenlehre, S. 238.

[386] Denzer, Bodins Staatsformenlehre, S. 260, führt dazu aus: „Die neun verschiedenen Kombinationen kann Bodin, anders als die Staats- und Regierungsformen, nach dem Gesichtspunkt der guten Regierung werten, ohne das Prinzip der Unteilbarkeit der Souveränität aufgeben zu müssen. Gute Regierung ist gemäßigte Regierung, die alle sozialen Gruppen oder Stände eines Staates harmonisch zusammenschließt und entsprechend ihrer Leistung und Bedeutung für den Staat an der Regierung beteiligt. In der gemäßigten Regierungsform sollen im Idealfall Elemente monarchischer, demokratischer und aristokratischer Regierung verbunden sein. Das Prinzip der gemischten Verfassung, das der Souveränitätsbegriff aus der Staatsformenlehre benannt hat, kommt bei der Erörterung der Regierungsform zu seinem Recht."

[387] Denzer, Bodins Staatsformenlehre, S. 238.

„Die vom Wettlauf um die Ämter in Aristokratien und Demokratien hervorgerufenen Aufstände, Parteiungen und Bürgerkriege sind (dagegen) eine regelmäßige, ja beinahe dauernde Erscheinung und fallen manchmal heftiger aus, als der Kampf um die Macht in einer Monarchie, in der Aufstände um Ämter oder um Herrschaft allenfalls nach dem Ableben des Fürsten und auch dann nur höchst selten vorkommen. Das wichtigste Merkmal eines Staates, nämlich die Souveränität, existiert, wenn man es genau nimmt, einzig und allein in der Monarchie, nur dort kann sie von Dauer sein. Denn in einem Staat kann nur ein einziger Souverän sein. Wo dies zwei, drei oder mehr sind, ist keiner von ihnen Souverän."[388] Und weiter führt er aus: „Es bedarf jedoch gar nicht vieler Worte, um zu beweisen, daß die Monarchie die stabilste Staatsform ist. Die Familie, das wahre Ebenbild des Staates, kann ja, wie wir schon belegt haben, auch nur ein einziges Oberhaupt haben, und auch alle Naturgesetze weisen uns den Weg zur Monarchie. Wir beobachten auch, daß von den ersten Anfängen an alle Völker der Erde, wenn sie ihrer natürlichen Eingebung folgen, sich nie andere Verfassungen gegeben haben, als die der Monarchie."[389]

Hinter der Unterscheidung von Staatsform und Regierungsorganisation steht die von Gewaltbesitz und Gewaltausübung; der Inhaber der Gewalt

---

[388] Bodin, Rep., Bd. 2, VI 4, WI, S. 414 f. (F 961 f.).

[389] Bodin, Rep., Bd. 2, VI 4, WI, S. 420 (F 968). Er kritisiert auch Machiavelli (den Republikaner), indem er ihm vorwirft: „Darum hat Machiavelli schwer gefehlt, indem er behauptet, die Demokratie sei die beste Staatsform. Seinen ursprünglich eingenommenen Standpunkt vergessend, hat er jedoch an anderer Stelle die Ansicht vertreten, um Italien seine Freiheit wieder zugeben, sei es erforderlich, daß ein einziger Fürst allein regiere. In der Tat hat er auch alles getan, um einen Staat aufzurichten, der so tyrannisch ist wie kein anderer auf der Welt. An wieder anderer Stelle räumt er dagegen ein, das Staatswesen der Venezianer sei das beste von allen. Dabei ist dieses, wenn es je so etwas gegeben hat, eine reine Aristokratie. Machiavelli weiß also nicht, wofür er sich entscheiden soll." Bodin, Rep., Bd. 2, VI 4, WI, S. 396 (F 939 f.). Vgl. zu Bodins Stellung gegenüber Machiavelli auch: Quaritsch, Staat und Souveränität, S. 325, Anm. 340.

ist Souverän, „der die Institutionen des Gouvernement schafft, ihnen den Aufgabenkreis zuweist, ihre Träger ein- und absetzt oder doch festlegt, welche der von ihm eingesetzten Instanzen diese oder andere Funktionen wahrnimmt."[390] Was nun die ebenfalls unter dem Begriff des „gouvernement" abgehandelte moralisch-rechtliche Qualität der Herrschaftsausübung angeht, so findet sich bei Bodin abermals eine trichotomische Einteilung: „Or toute Monarchie est seigneuriale, ou Royale, ou Tyrannique: ce qui ne fait point diversité de Républiques, mais cela provient de la diversité de gouverner la Monarchie ... la mesme difference se trouve en l'estat Aristocratique & populaire: car l'un & l'autre peut estre legitime, Seigneurial, ou Tyrannique."[391]

Die bei Bodin zu beobachtende ethisch-rechtliche Neutralisierung der Staatsformenfrage ist die Konsequenz einer staatsphilosophischen Sichtweise, die nicht mehr die gerechte Herrschaft, sondern die Herrschaft als solche in den Mittelpunkt ihrer Überlegungen stellt und unter dem Titel Souveränität die Eigenart neuzeitlicher Staatlichkeit zu erfassen versucht.[392]

Als Theoretiker der Staatssouveränität entwickelt Bodin zudem ein Konzept des Souveränitätsrechts, das in gleicher Weise von jedem der möglichen Formen ausgeübt werden kann.

---

[390] Quaritsch, Staat und Souveränität, S. 313; Kersting, Wohlgeordnete Freiheit, S. 416.
[391] Bodin, Rep., Bd. 1, II 2, WI, S. 337 (F 272 f.); Quaritsch, Staat und Souveränität, S. 316, zur Seigneurie, S. 317 ff.; Kersting, Wohlgeordnete Freiheit, S. 417 f.
[392] Kersting, Wohlgeordnete Freiheit, S. 417.

b) <u>Die Rolle der Justiz und der Harmonie als Optimierungskriterium für die Stabitität und Integration</u>

Nach Bodin „baut ... das Königtum zwangsläufig auf dem Prinzip der Harmonie auf ... Das hindert einen solchen König nicht, sein Königtum auf der Grundlage der Gleichbehandlung dadurch demokratisch zu regieren, daß er ohne Unterschied der Person und ohne Rücksicht auf ihre jeweiligen Verdienste allen seinen Untertanen durch Losentscheid oder nach einer bestimmten Reihenfolge Zugang zu allen beliebigen Ehren einräumt."[393] Bodin räumt aber ein, daß es solche harmonischen Monarchien so gut wie überhaupt nicht gibt. Die Harmonielösung sieht Bodin in der Verteilung der Ämter und im Gerichtshof, der Justiz: „Ein weiser König muß daher bei der Regierung seines Reiches auf Harmonie achten und mit Feingefühl eine Mischung von Adeligen und Nichtadeligen, Reichen und Armen anstreben, bei der dennoch der Adelige gegenüber dem Nichtadeligen leicht im Vorteil sein sollte. Denn es ist nur vernünftig, daß von zwei in der Kriegskunst oder Rechtskunde gleichermaßen hervorragenden Bewerbern der Adelige von ihnen gegenüber dem Nichtadeligen bei der Besetzung militärischer oder richterlicher Ämter den Vorzug genießen sollte. ... Sind Ämter mehrfach, also etwa doppelt zu besetzen, ist es besser, sie jeweils mit einem Adeligen und einem Nichtadeligen, einem Wohlhabenden und einem Bedürftigen, einem Jüngeren und einem Älteren zu besetzen. ... So zeigt sich etwa, daß in den obersten Gerichten oder in den Korporationen und Kollegien, deren Mitglieder aus allen möglichen Schichten kommen, die Rechtsprechung sehr viel ausgewogener ist, als gehörten ihre Mitglieder nur einem einzigen Stand an."[394]

---

[393] Bodin, Rep., Bd. 2, IV 6, WI, S. 493 (F 1051).
[394] Bodin, Rep., Bd. 2, VI 6, WI, S. 495 f. (F 1054 f.).

Hier verbindet Bodin alte aristotelische Gerechtigkeitsvorstellungen mit modern anmutenden Vorstellungen der Justiz. Er kommt zu dem Schluß: „Stünde nun jedem dieser drei Stände nach Maßgabe der persönlichen Verdienste und Fähigkeiten des einzelnen eine Beteiligung an Ämtern, Pfründen, Rechtsprechung und Ehrenstellungen zu, so würde sich eine wohltuende Harmonie alle Untertanen untereinander und zwischen ihnen in ihrer Gesamtheit und dem souveränen Fürsten einstellen."[395]

Die Rolle der Harmonie und der Justiz ist in der Integrationsfunktion, die mit Stabilität, also Dauerhaftigkeit korreliert ist, zu sehen.

4. Legitimitätskriterien der Ausübung der Souveränitätsrechte

a) Die Wahrung von Freiheit und Eigentum

Bodin kennt gemäß seiner Staatsdefinition noch ein viertes Prinzip der Einteilung von Staatsformen, nämlich den Grad der Gemeinsamkeiten im Staat und der Wahrung von Freiheit und Eigentum der Untertanen.[396] „Eine königliche Monokratie oder auch legitime Monarchie ist also eine Alleinherrschaft, wo die Untertanen den Gesetzen des Monarchen gehorchen, dieser das Naturrecht achtet und die natürliche Freiheit und das Eigentum der Untertanen unangetastet bleiben. Die despotische Monokratie ist gekennzeichnet dadurch, daß sich der Fürst mit Waffengewalt in einem gerechten Krieg zum Herrn über Person und Eigentum der Untertanen gemacht hat, sie aber so regiert, wie ein Hausvater seine Sklaven behandelt. Die tyrannische Monokratie ist jene, in der der Alleinherrscher unter Mißachtung des Naturrechts Freie wie Sklaven behandelt und das Eigentum der Untertanen als sein eigenes betrachtet. Diese Unterscheidung gilt

---

[395] Bodin, Rep., Bd. 2, VI 6, WI, S. 498 (F 1058).
[396] Denzer, Bodins Staatsformenlehre, S. 240.

auch für Aristokratie und Demokratie. Beide kommen entsprechend diesem Schema entweder in der legitimen oder der despotischen oder der tyrannischen Form vor. Von Tyrannei spricht man auch, wie Cicero ganz richtig festgestellt hat, bei einer Demokratie, in der das Volk eine Schreckensherrschaft führt."[397]
Bodins Theorie der Staatsformen ermöglicht insgesamt eine differenzierte Staatsgestaltung. Es zeigt sich deutlich, daß dieses differenzierte theoretische Instrumentarium viel geeigneter ist als das alteuropäische antike Schema der drei guten und drei schlechten Staatsformen. Es ermöglicht, die empirische Vielfalt der Staatenwelt zu subsumieren.

b) <u>Das Widerstandsrecht und die Tyrannei</u>

Hinsichtlich der Formen der souveränen Herrschaft haben wir bereits bei dem Begriff des „gouvernement" die drei Kategorien aufgezeigt: „royale" (oder „legitime"), „seigneuriale" und „tyrannique". Hier soll lediglich auf die Tyrannei eingegangen werden, da die Implikationen der Staatsformenlehre wie in einem Brennglas am Problem der Tyrannis und des Widerstandsrechts deutlich werden. Nach dem Begriff der Souveränität gibt es keinen Tyrannen: „Die Unkenntnis der wahren Bedeutung des Begriffs „Tyrann" hat bei vielen Irrtümer ausgelöst und damit erhebliche Probleme aufgeworfen. Nach unserer Definition ist ein Tyrann, wer sich eigenmächtig, ohne sich auf eine Wahl, auf ein Erbfolgerecht, auf einen Losentscheid, auf einen rechtmäßigen Krieg oder besondere Berufung Gottes berufen zu können, zum souveränen Fürsten aufgeschwungen hat. Der so verstandene Tyrann ist es, den die Schriften der Antike meinen und dessen Tötung die Gesetze fordern."[398] Die von Bodin erarbeitete Definition

---
[397] Bodin, Rep., Bd. 1, II 2, WI, S. 337 f. (F 273).
[398] Bodin, Rep., Bd. 1, II 5, WI, S. 361 (F 297 f.).

ist bis hierher noch nicht besonders klar. Er stellt jedoch die Kernfrage des Problems selber. Bodin[399] weist daraufhin, daß es vor allem um die Frage geht, ob ein souveräner Fürst, der durch Wahl, Losentscheid, Erbfolge, gerechten Krieg oder besondere Botschaft Gottes an die Macht gelangt ist, dann getötet werden darf, wenn er sich zu Grausamkeiten, Unterdrückung und Schlechtigkeit im Übermaß hinreißen läßt. Dies ist seiner Ansicht nach der Sinngehalt des Wortes. Er stellt die Frage, ob erlaubt sei, den Tyrannen zu töten. Er beklagt, daß manche sogar die beiden völlig unvereinbaren Begriffe „König" und „tyrannisch" einander gleichgesetzt und damit den Untergang so mancher glanzvollen und blühenden Monarchie heraufbeschworen haben. Bodin folgert daraus, daß es ein großer Unterschied ist, ob man sagt, der Tyrann darf von einem fremden Fürsten getötet werden, oder ob man sagt, dem Untertan ist dies erlaubt. Hier legt Bodin die traditionelle Unterscheidung zwischen Tyrann „absque titulo" und Tyrann „ab exercio" (auch ex parte exercii) den „Tyrannus ex defectu tituli" zugrunde, wobei letzterer ohne Rücksicht auf die Qualität seiner Herrschaft schon deshalb Tyrann ist, weil er die Herrschaft in verfassungswidrigerweise usurpiert hat.[400] Das Problem liegt darin, daß der „tyrannus absque titulo" hier am Ende als „périnée souverain" auftaucht, gegen den Souverän aber ein („aktives") Widerstandsrecht nicht erlaubt ist.[401] Jedoch hat Bodin selbst verdeutlicht, was er meint. Der Usurpator, in welcher Staatsform er auch auftritt, darf – entsprechend der klassischen Lehre – getötet werden. Selbst eine nachträgliche Wahl durch die Ständeversammlung schafft keine Legitimation, weil die einem „entmachteten Volk abgezwungenen Zugeständnisse nicht Zustimmung" sein

---

[399] Bodin, Rep., Bd. 1, II 5, WI, S. 363 (F 300).
[400] Vgl.: Quaritsch, Staat, S. 320.
[401] Vgl.: Bermbach, Staat, S. 142.

können.[402] Weiter wird deutlich, daß trotz der Unterscheidung von König und Tyrann - aufgrund des erlaubten Tyrannenmords, aber nicht des erlaubten Königsmords - bei den rechtmäßig zur Macht gekommenen Herrschern die Ausübung des Widerstandsrechts vom Besitz der Souveränität abhängt.[403] Bodin unterscheidet drei Fälle: (1) den souveränen oder (2) nicht souveränen Fürsten, sowie (3) den Untertan und Fremden. Daraus folgt, daß ein Tyrann, gleich ob Souverän oder nicht, von einem Souverän des anderen Landes abgesetzt oder getötet werden darf. Bodin gibt jedoch zu bedenken: „Was ... die Untertanen anbelangt, so kommt es darauf an, ob der Fürst absolut souverän ist oder nicht. Denn im letzteren Fall liegt zwangsläufig die Souveränität entweder beim Volk oder aber bei einer Oberschicht. In diesem Fall ist es zweifellos zulässig, den Tyrannen vor Gericht zu stellen, wenn man sich damit gegen ihn durchsetzen kann, oder aber im Wege der Selbsthilfe und offenen Gewalt gegen ihn vorzugehen, wenn andere Mittel nicht helfen ... . Ist aber der Fürst ... absolut souverän, dann hat weder der einzelne Untertan noch die Gesamtheit der Untertanen das Recht, die Ehre oder das Leben des Alleinherrschers anzutasten, gleichgültig ob dies im Weg der Gewaltanwendung oder auf dem Rechtsweg geschähe, und dies selbst dann nicht, wenn er die unbeschreiblichsten Schandtaten, Frevel und Grausamkeiten begangen hätte. Der Weg des Gerichtsverfahrens scheidet aus, weil nämlich der Untertan keine Rechtsprechungsgewalt über seinen Fürsten hat, von dem sich alle Macht und jede Befehlsgewalt ableitet. Er kann seinen Magistraten nicht nur alle Machtbefugnisse wieder nehmen, sondern in seiner Gegenwart ist alle Macht

---

[402] Vgl.: Bermbach, Staat, S. 142.
[403] Denzer, Bodins Staatsformenlehre, S. 262 f., 326, Anm. 58 merkt dazu an: „Bodin polemisiert hier gegen die monarchomachische Therorie und hält den Protestanten entgegen, daß ihre eigenen Theologen Luther und Calvin das Widerstandsrecht verneint haben."

und Jurisdiktionsgewalt jedes Magistrats, jedes kollegialen Organs, der Stände und Gemeinden aufgehoben, wie wir bereits erläutert haben ... ."[404] Daraus folgt, daß die eigenen Untertanen den Tyrannen auf dem Rechtsweg nur dann absetzen können, wenn er nicht souverän ist. Soweit der Tyrann aber souverän ist, gibt es kein Widerstandsrecht gegen ihn. Interessant sind jedoch die folgenden zwei Aspekte: „Bekanntlich haben die protestantischen Fürsten in Deutschland, bevor sie gegen den Kaiser zu den Waffen griffen, Martin Luther gefragt, ob dies erlaubt sei. Er hat schlankweg geantwortet, dies sei unstatthaft, wären Tyrannei und Ruchlosigkeit auch noch so groß. Man glaubte ihm nicht, so daß das Verhängnis nicht mehr aufzuhalten war und so manches ehrwürdige und angesehene Fürstengeschlecht in Deutschland ins Verderben stürzte."[405] „Wenn nun aber der Fürst des Vaterlandes als von Gott geleitet und gesandt stets heiliger ist und noch unverletzlicher zu sein hat als ein Vater, dann folgere ich daraus, daß ein Untertan unter keinen Umständen seinen souveränen Fürsten, sei er auch der abscheulichste und grausamste Tyrann, im geringsten antasten darf. Dagegen darf man ihm durchaus den Gehorsam verweigern, wo sonst das Gesetz Gottes oder das Naturrecht verletzt würden, oder sich durch Flucht entziehen, sich verbergen oder Schläge parieren. Aber man hat eher in den Tod zu gehen als das Leben oder auch nur die Ehre des Fürsten anzutasten. Welche Unzahl von Tyrannen gäbe es erst, wenn es erlaubt wäre, sie zu töten! Ein Tyrann wäre ja nach gängiger Auffassung schon, wer zuviele Hilfsgelder verlangte; ein Tyrann wäre nach Aristoteles' Definition in seiner Politik auch, wer gegen den Willen

---

[404] Bodin, Rep., Bd. 1, II 5, WI, S. 364 f. (F 301f.).
[405] Bodin, Rep., Bd. 1, II 5, WI, S. 368 (F 306). Auf Luthers Ansichten zum Widerstandsrecht kann hier nicht eingegangen werden. Es sei jedoch auf seine Schriften verwiesen: Luther, Ermahnung zum Frieden auf die zwölf Artikel der Bauernschaft in Schwaben, S. 162 ff.; Ders., Von der weltlichen Obrigkeit, wie weit man ihr Gehorsam schuldig sei, S. 9 ff. Vgl. dazu: Dreier, Göttliches und menschliches Recht, S. 289 ff.

des Volkes Befehle erließe; und Tyrann wäre, wer sich eine Leibwache hielte oder Verschwörer gegen seine Macht hinrichten ließe. Wie wären gute Fürsten dann noch ihres Lebens sicher? Ich behaupte nicht, daß es einem anderen Fürsten verwehrt wäre, Tyrannen mit Waffengewalt zu verfolgen. Daß dies zulässig ist, habe ich bereits festgestellt. Wohl aber behaupte ich, daß dies nicht Aufgabe des Untertanen ist."[406]

Hier zeigt sich, daß Bodin nur bei einem souveränen Tyrannen kein Widerstandrecht zuläßt, er jedoch ein Verweigerungsrecht oder ein Recht auf Ungehorsam kennt. Bodin erklärt nur die „monarchie tyrannique" für in dieser Weise angreifbar, nicht aber die „monarchie royale". Denn „il se peut faire, qu'un mesme Prince soit Monarque seigneurial des quelques subiects, royal des uns et tyran enuers les autres"[407]; er kann also durch sein Handeln das „droit gouvernement" teils respektieren, teils verletzen.[408] Da das niemand im Einzelfall klar bestimmen kann, so muß das Volk einen legitimen, souveränen, aber tyrannischen König eben ertragen. Seine Ermordung wäre jedenfalls ein noch größeres Übel, als es dieser je durch tyrannische Regierung hervorrufen könnte, weil mit dem Königsmord die Souveränität, die „essence de l'etat"[409] in Frage gestellt würde. Ist der Fürst souverän, so darf der Untertan diese Souveränität nicht antasten. Bodins Position ist hier mit der Luthers, den er zitiert, vergleichbar. Er fürchtet den Zerfall der (sozialen) Ordnung, d.h. der Souveränität. Würde er ein Widerstandsrecht zulassen, so bedürfte es einer Instanz, die zu entscheiden hätte, wann Souveränität außer Kraft gesetzt ist. Das ist aber ex definitione unmöglich.

---

[406] Bodin, Rep., Bd. 1, II 5, WI, S. 369 (F 307).
[407] Bodin, Rep., Bd. 1, II 4, WI, S. 352 (F 289).
[408] Scupin, Souveränität, S. 25.
[409] Bodin, Rep., Bd. 1, II 5, WI, S. 364 ff. (F 302 f).

Bei Bodin wird die lediglich verbal fortgeführte „Grenze" der Souveränität fortgesetzt, die wiederum prozedural unterlaufen wird. Was bleibt, ist die Rolle der Legitimationskriterien für die Bedingung von ungehorsam in der ebenfalls prozedural nicht durchzusetzenden Form.

VI. Innovative Momente in Bodins politischer Philosophie

1. Die Staatsform, die Geographie, das Klima und ihr Bezug zur Souveränität

Zu Beginn des fünften Buches stellt Bodin im ersten Kapitel Regeln auf, nach denen die Staatsformen sich der Unterschiedlichkeit der Menschen anzupassen haben und dar, mit welchen Mitteln das Wesen des Volkes erkannt werden könnte. Seine Arbeitsmethode ist hier gekennzeichnet durch ein historisches und vergleichendes Studium des Rechts. Bodin will durch ein umfassendes Studium der rechtlichen Institutionen - auch der Geschichte - zuverlässige Schlüsse über die Gesetze menschlichen Verhaltens und der („besten") Staats- und Regierungsformen unter bestimmten Bedingungen ziehen.

Schon in der Definition des Staates weist Bodin auf die Bedeutung der natürlichen Bedingungen seiner Existenz hin, und er folgert daraus, man könne „sagen, daß ein Staat über ausreichendes Territorium und genügend Raum für seine Bewohner, einigermaßen fruchtbaren ackerbaren Boden für seine Bewohner und einen ausreichenden Viehbestand verfügen muß, um die Ernährung und Bekleidung seiner Untertanen zu gewährleisten. Für ihre Gesundheit sind günstige Wetter- und Temperaturverhältnisse sowie gutes Wasser vonnöten und zum Schutz und Verteidigung des Volkes muß Baumaterial für Häuser und Festungen vorhanden sein, falls die örtlichen Verhältnisse nicht selbst ausreichend Schutz und Verteidigungsmöglichkeiten bieten. Dies alles sind die Dinge, um die man sich in jedem Gemeinwesen zu allererst und mit größter Sorgfalt zu kümmern pflegt, ehe man sich den Dingen zuwendet, die einem das Leben erleichtern, wie Medikamente, Metalle und Farben."[410] Lebensfähigkeit und Stabilität eines Staates hängen also auch von Faktoren ab, die nicht allein ordnungspolitisch garantiert werden können, sondern als Konstanten die politischen Institutionen, das politische Handeln, ja selbst soziale Wandlungsprozesse entscheidend beeinflussen."[411] Bodin führt dazu aus: „Ähnlich wie wir in der gesamten Tierwelt ... bemerkenswerte durch den Unterschied der Regionen bedingte Unterschiede beobachten, können wir auch sagen, daß es im Wesen der Menschen fast eben soviele Verschiedenheiten wie Länder gibt, ja selbst innerhalb derselben Klimazonen zeigt sich, daß die Völker in ihrem Osten sich stark von denjenigen in ihrem Westen ... und ... sich Nordländer von Südländern unterscheiden. Darüber hinaus beobachtet man innerhalb derselben Klimazonen selbst bei gleicher Länge, gleicher Breite, ja gleichem Grad einen Unterschied zwischen Höhenlage und Tallage, so daß innerhalb derselben Stadt der Unterschied zwischen Höhen und Tälern eine Verschiedenheit der Temperamente und auch der Gebräuche nach sich zieht. Dies wiederum hat zur Folge, daß Städte, deren Gebiet geographische Verschiedenheiten aufweist, stärker für Aufstände und Veränderungen anfällig sind als Städte, deren Gebiet durchweg gleiche Lagebeschaffenheit aufweist."[412] Geographie und Klima prägen auch den Charakter der Bevölkerung, sie wirken auf deren Lebensführung ein, haben Folgen für Politik, Wirtschaft, Religion und Kultur. Mit großer Ausführlichkeit nimmt Bodin dieses Thema auf, schließt damit an klassisches und mittelalterliches Denken an, das die politische Ord-

---

[410] Bodin, Rep., Bd. 1, I 1, WI, S. 102 (F 6)

[411] Bermbach, Staat, S. 143. Vgl.: Diamond, Arm und Reich, S. 501 – 504

[412] Bodin, Rep., Bd. 2, V 1, WI, S. 159 (F 663 f.).

nung immer auch in Beziehung zur natürlichen Ordnung des Kosmos setzt.[413]

Eine zu starke Idealisierung lehnt er jedoch ab. Zwar gibt es eine „beste" Staatsform. Sie ist jedoch nicht überall richtig. Es kommt auf die konkreten Gegebenheiten an. Dazu rechnet er die Geographie und das Klima. Bodin ist in diesem Punkt ein Wegbereiter und Vorläufer Montesquieus.[414] In jedem Fall setzt sich in der Bodin nachfolgenden Epoche der Frühen Neuzeit die Auffassung der wechselseitigen Abhängigkeit von Recht und Sozialleben durch, welches später ein Hauptthema der Rechtssoziologie bildet. Soweit er jedoch die konkreten Rechtserscheinungen seiner Zeit beobachtet und beschreibt, geschieht dies vor dem Hintergrund der grundlegenden Veränderlichkeit des Rechts im räumlichen und zeitlichen.

Nach Bodin muß „der kluge Führer eines Volkes ... daher dessen Gemütsart und Wesen gut kennen, ehe er irgendetwas zur Veränderung seiner Verfassung oder der Gesetze unternimmt. Denn eine der wichtigsten Grundlagen eines Staates, ja vielleicht sogar die wichtigste überhaupt ist es, seine Regierungsform der Wesensart seiner Bürger und die Edikte und Verordnungen in örtlicher, persönlicher und zeitlicher Hinsicht den gegebenen Umständen anzupassen."[415]

Diese beiden Zitate machen deutlich, daß Bodin als einer der ersten Theoretiker in der Frühen Neuzeit erkannte, daß soziale Ordnung und Souveränität nicht nur aus naturrechtlichen Prinzipien und dem zweckrationalen Willen des Souveräns allein abgeleitet werden können. Er hat die Sozialphänomene, wie Regierungsform, Religion, Sitten und Gebräuche, und die demographischen Daten, wie die „Lage" der Bevölkerung, der physikali-

---

[413] Bermbach, Staat, S. 143.

[414] Berber, Staatsideal, S. 204; Bermbach, Staat, S. 143; Vgl. aus rechtssoziologischer Sicht auch: Röhl, Rechtssoziologie, S. 5 - 7 (zu Montesquieu). Vgl.: Lampe, Rechtsanthropologie, S. 248 f.; Vgl.: Montesquieu, Vom Geist der Gesetze, XIX, 4 und I 3.

[415] Bodin, Rep., Bd. 2, V 1, WI, S. 161 (F 666), sowie S. 161 ff. (F 666 ff.).

schen Begebenheiten und die Art des Klimas, gesehen und auf das Recht, auf den Staat bezogen. Der kalte und trockene Norden bringt einen anderen, einen körperlich starken, energischen und geistig etwas weniger entwickelten Typus hervor, welcher zur Demokratie, dagegen der heiße Süden einen körperliche schwachen und etwas trägen, intelligenteren und religiösen Typus, der zur Theokratie neigt. In der mittleren Zone, zu welcher auch Frankreich gehört, zeichnet sich ein gemäßigter Typus ab, der die guten Eigenschaften von Nord und Süd in sich vereint und der „besten" Staatsform, der wahren Monarchie, zugeneigt ist.

Für Bodin bedeutet dies die Relativierung der Idee des besten Staates: Denn je nach den gegebenen natürlichen Bedingungen können Staats- und Regierungsformen sich ändern, müssen sich ihnen anpassen. Beides zu leisten, ist Aufgabe eines klugen Herrschers, er muß den sozialen, ökonomischen und politischen Wandel mit Rücksicht auf die natürlichen Gegebenheiten vorsichtig steuern."[416] So wenig also diese natürlich-konstanten Faktoren gesellschaftliche Veränderungen ausschließen, so sehr liegt in ihnen doch auch ein konservatives Element: Sie dienen dazu, Zweifel an allzu forciertem politischem Änderungswillen zu stärken, sie rechtfertigen die je unterschiedlichen Staats- und Regierungsformen der Völker, in denen sich deren Identität ausprägt, sie befördern aber auch dadurch den Gedanken der Toleranz gegenüber einem sich ausdifferenzierenden Staatsgefüge.[417] Aber die Gegebenheiten des Klimas, des Ortes und der Geschichte determinieren den Menschen nicht, sie können durch die Sitten und Gesetze korrigiert werden. Ja, es ist geradezu die Pflicht des Gesetzgebers und Herrschers, die schlechten natürlichen Anlagen des Volkes durch Kultur zu korrigieren, um einen geordneten Staat errichten zu können. Als Beispiele für die kulturelle Veredelung eines Volkes dienen die

---

[416] Bermbach, Staat, S. 143.
[417] Bermbach, Staat, S. 143.

Deutschen:[418] „Um hingegen zu begreifen, welchen machtvollen Einfluß Erziehung, Gesetze und Gebräuche auf das Wesen des Menschen haben, muß man nur einen Blick auf die Völker in Deutschland werfen, die zu Tacitus' Zeiten weder Gesetze, noch Religion, Wissenschaft oder etwas wie eine Staatsform kannten und dennoch heute in dieser Hinsicht hinter keinem anderen Volk zurückstehen." Als Negativbeispiel nennt er die Römer, „die den Glanz und die Tugend ihrer Väter dank trägen, weichlichen Müßiggangs eingebüßt haben."[419]

Hier zeigen sich also Anfänge einer soziologischen Betrachtung, die sich mit Rechtsgeschichte und Rechtsvergleichung[420] verbindet und dazu gleich die Verbindung mit der staatlichen Praxis anstrebt, deren Fehlen er an Aristoteles tadelt.[421] Machiavelli aber wirft er vor, einen Staat ohne moralische Basis zu konstruieren, während doch das Studium der Geschichte und des Staates für Bodin Wege zur Erkenntnis Gottes sind.[422]

---

[418] Denzer, Bodins Staatsformenlehre, S. 264 f.

[419] Bodin, Rep., Bd. 2, V 1, 187 (F 697 f.).

[420] Die frühen Ansätze der Rechtsvergleichung gehen bis auf Aristoteles zurück, der als „Rechtstaatsachenforscher" 158 zeitgenössischen griechische Verfassungen gesammelt hat und in der „Politik" eine sowohl vergleichende als auch wertende Staatslehre entwickelte. Vgl.: Kaiser, Vergleichung, S. 391, 392 m.w.N.; Röhl, Rechtssoziologie, S. 5. Wie modern dieser Ansatz ist, zeigt sich auch, wenn die aktuelle Staatsrechtslehre nach fünfzig Jahren Grundgesetz darauf hinweist: „Angesichts der zunehmenden supra- und internationalen Zusammenarbeit sowie der Europäisierung, ja Globalisierung der Probleme der Wirtschaft, Wissenschaft, Umweltschutz und militärischer Verteidigung ist die Staatsrechtslehre heute in besonderer Weise dazu aufgerufen, mit den Mitteln der Rechtsvergleichung die juristischen Problemlösungen anderer Rechtsverordnungen zu studieren und in die Diskussion um die Verfassungsauslegung einzubringen." Starck, Grundgesetz, S. 485.

[421] Berber, Staatsideal, S. 204 f.

[422] Berber, Staatsideal, S. 205.

2. Souveränität in Bodins Staatslehre und ihre soziologischen Aspekte: ein doppelter Ansatz

Bodins Staatslehre hat zwei Seiten. Auf der einen Seite entwirft seine Staatslehre das Bild eines nicht mehr mittelalterlichen Staates, dessen Souverän sich aus der Unterordnung unter die Religion und die Bindung an das lehensrechtliche `charges et conditions` befreit hat und zur Geltungsgrundlage des positiven Rechts geworden ist: hierin liegt ein Bruch mit der alteuropäischen Tradition bzw. mit der kontinentaleuropäischen Verfassung, die eine Souveränität des Landesherrn nur nach außen, nicht aber nach innen gekannt hatte.[423] Auf der anderen Seite aber ist Bodin dieser Verfassung noch insofern verhaftet, als die Derogationskompetenz des Souveräns an der durch das natürliche Recht festgeschriebenen sozialen Basis bzw. den Grundgesetzen endet.[424] Bodins Souveränitätsbegriff will nicht eine radikale Neugliederung des Staates und des Gemeinwesens, sondern vornehmlich die Erhaltung des Bestehenden.

a) Die Souveränität und das natürliche Recht

Was Bodins Souveränitätslehre fordert, ist, um an Max Webers bekannte Definition des neuzeitlichen Staates anzuknüpfen, erstens „eine Verwaltungs- und Rechtsordnung, welche durch Satzung abänderbar sind, an der der Betrieb des Verbandhandelns des (gleichfalls durch Satzung geordneten) Verwaltungsstabes sich orientiert und welche Geltung beansprucht nicht nur für die – im wesentlichen durch Geburt in den Verband hineingeladenen – Verbandsgenossen, sondern in weitem Umfang für alles auf

---

[423] Vgl.: Breuer, Sozialgeschichte, S. 170.
[424] Vgl.: Breuer, Sozialgeschichte, S. 170.

dem beherrschten Gebiet stattfindende Handeln"[425]. Nach Bodin ist der Fürst weder seinen eigenen Gesetzen noch denen seiner Vorgänger unterworfen, er kann Gesetze kassieren, ändern oder gemäß den Erfordernissen der Lage, der Zeit oder der Personen verbessern, und er ist dabei weder an Gewohnheitsrechte noch an die Zustimmung der Untertanen gebunden; er besitzt „derogation aux lois ciciles" und kann auch über die Privilegien verfügen, während umgekehrt nicht nur die einfachen Untertanen, sondern alle Personen mit Befehlsgewalt vollständig an seine Weisungen gebunden sind.[426]

Auch der zweite Teil der Weberschen Definition, wonach es „'legitime' Gewaltsamkeit ... nur noch insoweit gibt, als die staatliche Ordnung sie zuläßt oder vorschreibt",[427] trifft, wenn man den Staat mit dem fürstlichen Souverän gleichsetzt, zu.[428] Was Bodin proklamiert, ist nicht mehr und nicht weniger als das Monopol der legitimen Gewaltsamkeit, also die Zusammenfügung der öffentlichen Gewalt in die einzige, unteilbare und alleinzuständige Instanz des Souveräns, der gegenüber alle anderen Gewalten fortan nur noch abgeleiteten Charakter haben.[429] Der Souverän oder Fürst „kann seinen Magistraten nicht nur alle Machtbefugnisse wieder nehmen, sondern in seiner Gegenwart ist alle Macht und Judiktionsgewalt jedes Magistrats, jedes kollegialen Organs, der Stände und Gemeinden aufgehoben wie wir bereits erläutert haben."[430]

---

[425] Weber, Gesellschaft I, S. 30; Vgl.: Breuer, Sozialgeschichte, S. 163 f.; Vgl: Dennert, Bodins, S. 228.
[426] Bodin, Rep., Bd. 1, I 8, WI, S. 215 f., S. 222 f., S. 225, (F 134, 142, 145) und I 10, WI, S. 293, (F 222), III 5, S. 282 f., (F 432); Breuer, Sozialgeschichte, S. 164.
[427] Weber, Gesellschaft I, S. 30.
[428] Breuer, Sozialgeschichte, S. 164.
[429] Breuer, Sozialgeschichte, S. 164.
[430] Bodin, Rep., Bd. 1,II 5, WI, S. 365, (F 302 f.).

b) Vom Mittelalter zum souveränen Staat

Mit Bodins Souveränitätstheorie ist der staatstheoretische Abschied vom Mittelalter vollzogen, welches in seinen wesentlichen Zügen durch Privilegien, Immunitäten etc. bestimmt war.[431] Diese Struktur wurde zugunsten einer neuen Struktur durchbrochen, in der jede Ausübung von Gewalt durch eine nicht souveräne bzw. vom Souverän nicht legitimierte Instanz rechtswidrig war.[432]

Wie bereits oben beim Widerstandsrecht gezeigt worden ist, haben die Untertanen grds. zu gehorchen. Dies gilt auch für die Magistrate und für die Korparationen und die Stände.[433] Diese dürfen die Befehls- und Entscheidungsgewalt nicht in Frage stellen. Quaritsch merkt dazu an: „Damit war ein System entworfen, das, sozialwissenschaftlich formuliert, die gesellschaftlichen Konflikte in die Umwelt des Staatsapparates verlagerte und auf diese Weise lösbar machte. ... Die Verwirklichung dieses Prinzips stellte die Herrschaft im Verbande auf eine völlig andere, den tausend Jahren des Mittelalters ganz fremde Grundlage: die Pluralität der Herrschaftsgewalten wurde aufgehoben und durch ein für alle Verbandsangehörige geltendes und verbindliches Schutz- und Gehorsamverhältnis ersetzt."[434]

Bodin bleibt jedoch mit Blick auf die Idee des Überweltlichen und der Unverfügbarkeit der Schöpfung dem mittelalterlichen Denken verhaftet. Er kommt von dem Bild der Welt als Stufenkosmos nicht los. Für Bodin

---

[431] Vgl.: Quaritsch, Souveränität, S. 49 ff.; Ders., Staat und Souveränität, S. 107 ff.

[432] Breuer, Sozialgeschichte, S. 164 f.; Vgl.: A. London Fell, Origins, Vol.Three, insbes. p. 10 ff., wo er die Bezugnahmen von Bodin auf das Corpus Iuris Civilis und auf das römischen Recht untersucht und sich insgesamt vorsichtig zu Bodins Bezügen zum Mittelater hinsichtlich der Textpassagen äußert und darin eher eine Taktik im Zitieren von Autoritäten sieht. Vgl. auch p. 100 – 115.

[433] Vgl.: Bodin, Rep., Bd. 1, II 8, WI, S. 364 f., (F 302), III 4, S. 465 ff., (F 414 ff.), I 8, WI, S. 218 f., (F 137).

[434] Quaritsch, Souveränität, S. 272; Vgl.: S. 465ff.

bleibt die Welt ein Stufenkosmos, ein von einheitlichen Gesetzen beherrschtes harmonisches System, in dessen hierarchisch gegliederten Elementen sich der Schöpfer offenbart.[435] Dieser Kosmos ist unverrückbar. Die Basisstationen der sozialen Welt sind unverfügbar, weil sie Teil dieses Stufenkosmos sind. Hier wird wieder der analoge Aufbau zur aristotelischen Tradition deutlich, dessen wichtigste Thesen die Hausherrschaft und die politische Gemeinschaft sind. Auch Bodin hat in seiner Definition die „République" als die dem Recht gemäße Regierung einer Vielzahl von Familien und dessen, was ihnen gemeinsam ist, bestimmt. In dieser Bestimmung liegt eine deutliche Absage an die zeitgenössische Struktur, in der Herrschaft keineswegs direkte Herrschaft über Haushalte ist, sondern Herrschaft über ein pyramidal gestaffeltes System von Herrschaftsbefugnissen, in welchem der Haushalt nur die unterste Stufe bildet.[436] Mit der Absage an diese Form der Vergesellschaftung findet noch kein radikaler Bruch statt. Hier steht noch nicht das einzelne Individuum im Vordergrund. Alles baut auf der Familie auf, also auf dem zweiten Teil der von Bodin gegebenen Definition des Staates, der Familie, als dem eigentlichen Quell und Ursprung jedes Staates und dessen wichtigstem Glied.[437] Auf der Familie bauen alle weiteren Gemeinschaften auf, die Kooperationen und Kollegien und die Stände, in denen sich die Familienoberhäupter vereinigen, um sich gemeinsamen Dingen zu widmen.[438] Auf die bereits bestehende Sozialstruktur als solche will Bodin nicht verzichten. Der „oikos" und das Mittelalter reichen bis zu Bodin. Mit der Souveränitätstheorie ist somit erst ein Ansatzpunkt zur Lösung des Problems der Souveräni-

---

[435] Vgl.: Roellenbleck, Bodin, S. 345; Breuer, Sozialgeschichte, S. 166.
[436] Vgl.: Dennert, Bodin, S. 217; Breuer, Sozialgeschichte, S. 166.
[437] Bodin, Rep., Bd. 1, I 2, WI, S. 107, (F 10).
[438] Bodin, Rep., Bd. 1, III 7, WI, S. 521, (F 474), wo Bodin darauf hinweist, daß „Kooperationen und Kollegien ... ihren Ursprung in der Familien als ihrem Wurzelstamm" haben.

tät gefunden worden. Trotz des Bemühens von Bodin, die Positionen des Fürsten zu stärken, bleibt die Theorie in Teilen der Form des Mittelalters und des Ständischen verhaftet. Die Staatstheorie mußte über Bodin hinausgehen. Sie tat es im folgenden – insbesondere bei Hobbes – und wäre dennoch ohne die wegbereitende Arbeit von Bodin nicht möglich gewesen.

3. Bodins Lösungsansätze für die Folgeprobleme von Machiavelli

Nach Bodins Argumentation hat der Souverän keine prozedural gegen ihn durchsetzbare Appellinstanz zu fürchten. Der Souverän besitzt die unbegrenzte Definitions- und Entscheidungsmacht in politischen Angelegenheiten.

Nach Bodins Argumentation ist die Familie die Keimzelle des Staates. Hier bleibt Bodin in der alteuropäischen Tradition und fällt hinter Machiavellis Staatskonzeption zurück. Mit Bodin vollzieht sich jedoch zugleich die Wandlung des mittelalterlichen, lehensrechtlich fundierten Personenverbandsstaates zum Territorialstaat sowie in Ansätzen zum modernen Anstaltsstaat mit seinem Verwaltungsapparat, seinem Berufsbeamtentum durch einen Prozeß der Entkonfessionalisierung und Versachlichung von Herrschaft. Damit proklamiert Bodin das Monopol der legitimen Gewaltsamkeit, also die Zusammenführung der öffentlichen Gewalten in die einzige unteilbare und allein zuständige Instanz des Souveräns, dergegenüber alle anderen Gewalten fortan nur noch abgeleiteten Charakter haben.

Bodin kennt aber auch eine Begrenzung der Souveränität durch die Grundgesetze. Diese Einschränkungen bleiben aber verbaler und rhetorischer Natur. Die Begrenzungen bestehen aus zwei Schranken: Der sozialen Einheit der Familie und ihrem Privateigentum einerseits und den „leges fundamentalis" andererseits. Souveränität wird bei Bodin als nur Gott unterstellte Instanz verbindlicher Letztentscheidungen verstanden. Damit geht er über Machiavellis reinen Machtbegriff der Souveränität hinaus. Er fügt der reinen faktischen Argumentation durch den rechtlichen Souveränitätsbegriff eine normative Ebene hinzu. Allerdings fehlt es an der Durchsetzungsmöglichkeit der Grundgesetze, womit diese letztlich Fiktion bleiben.

Revolutionär ist die von Bodin weiterentwickelte Staatsformenlehre. Nach Bodin kann es nur drei mögliche Staatsformen geben. Bodin unterscheidet erstmals in Staats- und Regierungsformen. Damit löst er sich von der alteuropäischen Tradition. Zu dem Prinzip der absoluten Souveränität kommt das der Regierungsform hinzu. Aus der Unteilbarkeit der Souveränität folgt bei Bodin die Abweisung der Theorien der Tradition von der gemischten Verfassung und eines inhaltlichen Richtigkeitskriteriums für die Ausübung der Souveränität, womit auch die Unterscheidung von guten und schlechten Staatsformen entfällt. Hier wird Bodins innovative Stellung in der frühen Neuzeit deutlich.

In Bodins Souveränitätskonzeption gibt es kein Widerstandsrecht gegen den Inhaber einer intakten Staatsgewalt. Ein Widerstandsrecht würde den Grundgesetzen der Souveränität widersprechen und am Ende dessen Verlust bedeuten. Bodin definiert den Begriff des Tyrannen dahingehend, daß dieser sich eigenmächtig, also ohne Wahl, zum Fürsten aufgeschwungen hat. Gegen diesen, der ohne Erbfolgerecht, gerechten Krieg oder besondere Botschaft Gottes an die Macht gelangt ist, ist Widerstand möglich. Ein solcher Tyrann darf getötet werden, wenn er sich zu Grausamkeiten, Unterdrückung und Schlechtigkeiten hinreißen läßt. Ist der Fürst souverän, so darf der Untertan diese Souveränität allerdings nicht antasten.

Als innovative Elemente in Bodins Argumentation werden innerhalb seiner Theorie von den drei Staatsformen erstmals rechtsvergleichende und soziologische Bezüge deutlich. Er bezieht empirische Parameter wie die

Geographie und das Klima in seine Argumentationsstruktur mit ein. Hier erweist er sich als moderner Kultur- und Rechtsanthropologe. Trotz traditoneller Bezüge zum mittelalterlichen Denken vollzieht sich mit Bodins Souveränitititätstheorie der staatstheoretische Neubeginn unter Beibehaltung der hierarchisch strukturierten sozialen Welt.

Als Folgeprobleme und Lösungen, die bei Machiavelli noch offen geblieben sind, stellt sich Bodin dem Spannungsverhältnis von faktischer Macht und normativen Rechten.

Bodin ist allerdings nicht in allen Punkten von der Konzeption von Machiavelli weit entfernt. Bei Bodin steht nur, statt der Null-Situation der Anarchie, das andere Problem der Sicherung der Stabilität der bereits bestehenden Staatsordnung im Vordergrund. Beiden gemeinsam ist die Analytik der Stabilität. Die Differenz besteht in der stärkeren Orientierung bei Bodin am Recht, weil die Staatsordnung bereits besteht. Aus diesem Grund ergibt sich seine Konzentration auf die Erhaltung und Stärkung der Gesetzesordnung. Das Recht als zentrales Ordnungsmittel, tritt in den Mittelpunkt.

Der Souverän darf faktisch ungehindert tun, was er will, ohne daß Rechtsbehelfe gegen ihn geltend gemacht werden können. Bei Bodin sind die normativen Rechte der Bürger jedoch nicht durchsetzbar. Mangels Durchsetzbarkeit hat Bodin ein offenes Problemfeld hinterlassen. Die Souveränität greift nicht unmittelbar auf die Individuen durch. Bei Bodin gibt es nur eine vorstaatliche Sphäre mit Sicherung der Familie und des Privateigentums als wesentlicher Schranke, die aber praktisch nicht rechtlich wirksam wird. Ob sich dies bei Hobbes mit einer Anknüpfung an das Individuum ändert, wird der Fortgang der Untersuchung zeigen.

3. Kapitel: Thomas Hobbes

„Die„Schwierigkeiten einer auf den Staat bezogenen politischen Ordnung sind unübersehbar."
Niklas Luhmann, Metamorphosen, S. 101

I. Der zeitgenössische politische Hintergrund. England zur Zeit Hobbes'

Während der Lebenszeit von Thomas Hobbes[439] (1588-1679) gibt es eine Periode, die in der englischen Geschichte[440] besonders ereignisreich und turbulent ist, die Zeit des englischen Bürgerkrieges zwischen 1640 und 1660.
Daß für Hobbes ebenfalls diese Zeit von entscheidender Bedeutung ist, bringt er in den ersten zwei Sätzen seines Alterswerkes Behemoth zum Ausdruck: „Wenn es ebenso wie im Raume, in der Zeit Höhe und Tiefe gäbe, so möchte ich wahrhaft glauben, daß der Höhepunkt der Zeit zwischen 1640 und 1660 liegt. Denn wer damals wie vom Berge der Versuchung aus die Welt betrachtete und die Handlungsweise der Menschen besonders Englands beobachtete, würde einen Überblick über alle Arten von Ungerechtigkeiten und Torheiten, die die Welt sich je leisten könnte, bekommen haben."[441]

---

[439] Grundlegend: A. P. Martinich, Hobbes; Zusammenfassend: Malcom, Hobbes, p. 13 ff.
[440] Vgl. grundlegend: Kluxen, Geschichte Englands, sowie Schröder, Geschichte Englands, S. 9 ff., insbes. S. 19, 30.
[441] Hobbes, Behemoth, MÜ, S. 12; Vgl. Sommerville, Hobbes, p. 1 ff., insb. p. 19 – 28.

Für Hobbes zeigt sich im Behemoth, daß der Bürgerkrieg[442] mit breiter Konsequenz gezeigt hat, daß allein ein mit absoluten Machtbefugnissen ausgestatteter Souverän in der Lage ist, der permanenten Drohung eines Rückfalls in den Naturzustand, d.h. dem Bürgerkrieg, erfolgreich Widerstand zu leisten.[443] Zwischen 1640 und 1660 finden neben dem religiösen Bürgerkrieg und der Revolution auch der Sturz der Monarchie und die Hinrichtung Charles I. (1625-1649) statt.[444] In diesen zwanzig Jahren, in denen Hobbes seine Hauptwerke veröffentlicht, überlagern sich zwei verschiedene Konflikte. Der eine Konflikt ist der Konfessionskonflikt zwischen Katholiken (der Inhaber der Krone ist katholisch), der anglikanischen Hochkirche und der radikalen Bewegung von Baptisten und Puritanern, die in der Kirche (auch in der äußeren Organisation) jede Hierarchie beseitigen wollen. Sie wollen eine „echte" Gemeinschaft aller Gläubigen begründen. Zwischen diesen drei Konfessionsgruppen gibt es erhebliche Konflikte. Der zweite Konflikt ist der Machtkampf zwischen der Krone und dem Parlament,[445] insbesondere dem House of Commons. Der Hintergrund liegt darin, daß das House of Commons immer stärker von einem wirtschaftlich in guten Verhältnissen lebendem Bürgertum dominiert wurde, welches aufgrund seiner ökonomischen Stärke versuchte, die Grenzen der Kompetenzen

---

[442] Münkler (Bürgerkrieg, S. 230 f. m.w.N.) weist daraufhin, daß bis heute in der Geschichtsschreibung kein Einvernehmen darüber besteht, ob die Ereignisse zwischen 1640 und 1660, der Einberufung des Langen Parlaments und der Restauration der Stuart-Monarchie, als Revolution oder Bürgerkrieg zu bezeichnen sei, oder ob ökonomische und soziale Faktoren, oder religiöse Auseinandersetzungen, oder drittens der Streit um die Verfassungs- sowie Steuer- und Rechtsfragen, das ausschlaggebende Moment des Konflikts gewesen sind.

[443] Münkler, Bürgerkrieg, S. 238; Vgl.: Voigt, Leviathan, S. 17 f.

[444] Vgl. : Wende, Der Prozeß gegen Karl I.

[445] Grundlegend: Langheid, Souveränität, insbesondere das 1. Kapitel. Zur Souveränitätslehre Hobbes', S. 54 – 64; sowie Sommerville, Hobbes, p. 80 – 104, mit Bezugnahmen auf Bodin p. 82 – 86, 91 – 93 und Ottow, Mixed Monarchy, S. 72 ff., insbes. S. 87 – 88, 102 – 104.

zwischen dem, was es selber entscheiden durfte, und dem, was die Krone entschied, zu seinen eigenen Gunsten zu verschieben. Das Parlament bemühte sich darum, die Macht des Königs zurückzudrängen und die eigene Macht zu erweitern.

Dies sind die beiden Hauptkonfliktlinien: Ein Konfessionskrieg und ein „politischer Krieg". Zudem überschneiden sich diese Konflikte vielfach. Das bedeutet, wenn die Monarchen katholisch sind und das Parlament ist Anhänger der anglikanischen Hochkirche, dann ergibt sich ein Zusammenfallen zwischen dem Kampf um die Krone und dem Kampf um den „falschen Glauben" sowie spiegelbildlich, den Kampf gegen das Parlament und den Kampf für den „richtigen Glauben" auf seiten der Könige. Hier verstärken und überschneiden sich politische und religiöse Interessen. Diese Situation des Zusammentreffens von politischen und religiösen Interessen bringt besonders explosive und radikale Mentalitäten und Vorgehensweisen und damit unerbittlich harte Auseinandersetzungen hervor. Hier tritt wieder der Ansatzpunkt in den Vordergrund, daß in Krisenzeiten die im Normalzustand verborgenen Bedingungen der Grundlagen politischer Ordnung sichtbar und thematisierbar werden.

Soweit man von dem politischen Konflikt ausgeht, kann er auf die Kurzformel gebracht werden: Das Parlament kämpft um mehr Mitwirkungsrechte gegenüber der Krone. Jedoch bildet sich gleichzeitig eine große Gruppe, z.B. in der Armee, dem Kleinbürgertum und der Bauernschaft, d.h. nicht bei den Besitzbürgern, die die Rolle des Parlaments gegenüber dem König stützen wollen. Hier entsteht eine starke Bewegung zur Abschaffung der Monarchie und zur Errichtung einer demokratischen Staatsform. Dies sind auch die religiösen Gruppen, die in der Kirche die Hierarchie abschaffen wollen (was auf der reformatorischen Tradition der Abschaffung der Tradition von „Oberen" und „Unteren" und des Selbsterkennens der Bibel beruht). Auch bei dieser radikalen Strömung gibt es einen Zusammenfall der religiösen und politischen Vorstellungen. In dem Maße, wie sich diese „dritte Kraft" Geltung verschafft, rücken Krone und Parlament wieder zusammen. Beide haben etwas zu verlieren, und zwar gegenüber der dritten Gruppierung. Der Konflikt entzündet sich daran, daß das Parlament das Steuerbewilligungsrecht hat, wohingegen der König das Recht hat, das Parlament einzuberufen und zu entlassen.[446]

Maurer[447] schreibt zu dem Konflikt von Krone und Parlament: „Mit den Namen Machiavelli und Bodin verbindet man einen neuen Begriff von der Würde des Fürsten, von seiner spezifischen virtù, die ihn über die Sphäre der privaten Moral hinaushebe, und von der Souveränität der Krone, welche äußere Eingriffe und ständische Mitregierung nicht leide. In England wurde diese Vorstellung erst später breit rezipiert. ... Während im 17. Jahrhundert die Frage der Abgrenzung von Krone und Parlament zur entscheidenden Streitfrage werden sollte, schien dieses Problem im Zeitalter Elisabeths (1558 – 1603, N.R) noch von untergeordneter Bedeutung. Als Prärogativen der Krone galten damals: Entscheidung über Krieg und Frieden, Zusammensetzung des „Privy Council", Münzrecht, Dispens von der Anwendung von Gesetzen im Einzelfall, Ernennung der Beamten, Rechtsprechung, überlieferte Feudalrechte. In allem Übrigen war die Krone an der Mitwirkung des Parlaments gebunden. ... Entscheidend war, daß das Parlament noch immer keine autonome Institution war, sondern an die Einberufung, Vertagung oder Auflösung durch die Krone gebunden war. ... Dem Parlament kamen zwei Funktionen zu: Der Königin Steuern zu bewilligen, was grundsätzlich für militärische Unternehmungen gefordert wurde, und Gesetze zu verabschieden. Gesetzesvorlagen konnten sowohl im Oberhaus als auch im Unterhaus eingebracht werden; Gesetzeskraft

---

[446] Kluxen, Geschichte, S. 287 – 294.
[447] Maurer, Geschichte, S. 151- 153.

erlangten sie erst, wenn sie in beiden Häusern mit Mehrheit beschlossen und von der Königin in Kraft gesetzt worden waren."

König Charles I löst 1629 das Parlament auf, was zwischen 1629 und 1640 zu einer parlamentslosen Zeit führt. Gleichzeitig erhebt er Steuern, was nach der traditionellen Lehre „verfassungswidrig" ist (wobei England – bis heute – keine geschriebene Verfassung hat). Eigentlich hätte das Parlament die Steuern beschließen müssen. Der König hat es aber nicht einberufen. Die Steuern will er zum Teil für den Kampf gegen die Parlamentsfraktion einsetzen und sein Heer aufstocken. Charles I. beruft am 13. April – für drei Wochen – das sog. kurze und am 3. November 1640 das sog. lange Parlament[448] ein. Das lange Parlament tagt insgesamt neun Jahre lang. 1642 beginnt, weil das Parlament seine Forderungen, mehr Kompetenz zu bekommen, nicht durchsetzen kann, der (erste) Bürgerkrieg.[449] Der König kämpft gegen die Parlamentstruppen, die sich zum Teil mit den schottischen Truppen verbündet haben. 1646 liefert sich der König den Schotten aus, um vor den Truppen des Parlaments in Sicherheit zu sein. Das Parlamentsheer siegt und fordert die Auslieferung des Königs. Die Schotten liefern den König aus. 1648 gibt es den zweiten Bürgerkrieg, aus dem Oliver Cromwell als Sieger hervorgeht. Am 30. Januar 1649 wird Charles I., nach einer Gerichtsverhandlung des sog. Rumpfparlamentes, von diesem als Tyrann und Feind aller Engländer verurteilt und hingerichtet. Gleichzeitig werden die Monarchie und das House of Lords abgeschafft. Folglich bleibt nur noch das House of Commons übrig. England ist somit in eine „Republik" verwandelt.[450] Genauer gesagt handelt es

---

[448] Vgl.: Hobbes, Behemoth oder das lange Parlament, wo er gleich zu Beginn auf die fünf (bzw. sechs) Hauptfaktoren des Bürgerkrieges eingeht, S. 13 f.

[449] Vom 22. August 1642 durch das Aufplanzen der königlichen Standarte in Nottingham bis zum Ergeben Charles I. 1646 gegenüber den Schotten. Vgl.: Maurer, Geschichte, S. 189.

[450] Vgl.: Langheid, Souveränität, S. 26 – 28; Vgl.: Klenner, Leviathan, S. 27 – 33.

sich um die Armee Gottes unter dem „Anführer" Oliver Cromwell (welcher am 3. September 1658 stirbt). Der Armeeführer wird zum Lord Protector. Die Revolution ist vollendet, die „Republik" ist gegründet. Diese „Republik" konnte sich nur gut 10 Jahre halten, bis am 29. Mai 1660[451] Charles II (1660-1685) aus dem Exil zurückkehrte, in London einzog und den Thron bestieg. Somit ist wieder ein katholischer Stuart an der Macht. Es beginnt das Zeitalter der Restauration: Monarchie und Parlament mit Unter- und Oberhaus. Diese Periode dauert bis zum Lebensende von Hobbes.

Zwischen 1640 und 1660 gibt es Bürgerkriege, Umwälzungen und Machtwechsel. Es herrscht eine außerordentliche Unsicherheit. Jeder Umschwung bedeutet Unsicherheit und Furcht. Dies ist der Hintergrund, vor dem, in der wichtigsten Phase, die politischen Schriften von Hobbes entstehen. Das Werk Leviathan, 1651 erschienen, ist die letzte systematische Fassung seiner politischen Philosophie. Aus diesem Grund soll das Werk des Leviathan im Vordergrund dieser Untersuchung stehen.[452]

Auch bei Hobbes' politischer Philosophie darf der historische Hintergrund nicht außer Acht gelassen werden. Die vier wichtigsten Punkte sind die folgenden: Sozial löst sich die Ordnung des feudalen Ständestaates auf.[453] Ökonomisch entspricht dies einer zunehmenden Orientierung am Markt und an der Konkurrenz.[454] Politisch beherrscht der Konflikt zwischen Parlament und Krone das Geschehen, gipfelnd im konfessionellen

---

[451] Vgl.: Maurer, Geschichte, S. 210.

[452] Hobbes' politische Philosophie könnte man in drei Abschnitte einteilen. Die erste Fassung: „Elements of Law Natural and Politic" 1640, die zweite „Version" 1642 in „De Cive" und die dritte und letzte Fassung 1651 im „Leviathan".

[453] Es sei darauf hingewiesen, daß die britische Gesellschaft gegenüber dem europäischen Kontinent im 17. Jahrhundert frühzeitiger den Verlust der feudalen oder ständischen Schranken durchlebte, die auf dem Kontinent noch politisch wirksam waren. Vgl.: Bienfäit, Freiheit, S. 37, Anm. 9, m.w.N.; Willms, Leviathan, S. 43 ff., 55 ff.

[454] Vgl.: Hüning, Hobbes, S. 46; Willms, Leviathan, S. 43 ff.

Bürgerkrieg von 1642 bis 1649. Religiös hat sich die Einheit der Gläubigen in konkurrierende Konfessionen aufgelöst.[455] Hobbes hat diese Krisen seiner Zeit erfaßt und sie als Herausforderung seines eigenen Denkens begriffen.[456].

II. Der Gründungs- und Originalitätsanspruch des Hobbes'

1. Die analytisch-synthetische Methode

Hobbes' revolutionäre Neubegründung der Staatstheorie und der politischen Philosophie steht sowohl mit den Veränderungen der zeitgenössischen Metaphysik und Wissenschaft als auch mit der für den Beginn der Neuzeit charakteristischen tiefgreifenden Umgestaltung der Sozialwelt und des politischen Raumes in enger Verbindung.[457] Die „Elementa Euklids", auf die Hobbes 1629 zufällig stieß, werden ihm zum wissenschaftlich - methodischen Schlüsselerlebnis.[458] Für Hobbes gilt seitdem die Geometrie als Muster wahrer Wissenschaft. Dabei darf, wenn sich Hobbes als Vertreter des mos geometricus versteht, nicht übersehen werden, daß „geometrisch" in der Wissenschaftssprache des 17. und 18. Jahrhunderts nicht bloß die euklidische Geometrie, sondern auch die Methode der Mechanik,[459] d.h. die der exakten Naturwissenschaft, bezeichnet.[460]

---

[455] Vgl.: Kriele, Staatslehre, S. 93 ff.
[456] Vgl.: Willms, Aspekte, S. 93-106; Ders., Vermessung, S. 75-100.
[457] Kersting, Die Begründung, S. 15.
[458] Höffe, Selbsterhaltung, S. 35.
[459] Vgl.: Strauss, Hobbes; Ders., Naturrecht, S. 172 ff.
[460] Röd, Naturrecht, S. 10.

Mit Hobbes beginnt eine neue Grundrichtung in der politischen Philosophie. Hier beginnt die politische Wissenschaft als Wissenschaft überhaupt. Um ein Problem wissenschaftlich zu erfassen, muß man es erklären können.[461] Man zerlegt das Ganze in die Einzelteile und setzt dann wieder die Bestandteile zusammen. Hobbes nennt als Beispiel die Uhr.[462] Daraus resultiert auch seine resolutiv-kompositive oder analytisch-synthetische Methode.[463]

---

[461] In diesem Ansatz von Hobbes könnte man bereits einen Vorläufer von Max Webers Verständnis der Soziologie als Theorie sozialen Handelns sehen, jedenfalls in dem „wissenschaftschaftstheoretischen Instrumentarium". Weber vertritt das Konzept einer verstehenden Soziologie. Soziologie ist für ihn „eine Wissenschaft, welche soziales Handeln deutend verstehen und dadurch in seinem Ablauf und seinen Wirkungen ursächlich erklären will." WuG I 1§ 1, S. 1.

[462] Hobbes, Lev., TU, The Introduction, p. 9; Ders., EU, Einleitung, S. 5.

[463] Nach der h.M. in der Literatur verwendet Hobbes in allen drei großen Werken eine resolutiv-kompositive Methode, d.h. er zerlegt den Staat zunächst in seine Einzelteile (resolutiv), um diese anschließend genauer zu untersuchen und sie wieder zusammenzusetzen (kompositiv) Diese analytische Zerlegung geschieht nur gedanklich, d.h. er beginnt mit den Einzelteilen und schreitet zur Synthese fort. Vgl. hierzu: Hobbes, DCp VI, 1, EW I, 65, FK 77,KS 74 und VI, 7, EW I, 73, FK 83 f. KS 82 f. Hobbes macht deutlich, daß die Methode der Staats- wie auch der Naturwissenschaften, die von der Sinneswahrnehmung zu den Ausgangspunkten der Wissenschaft geht, analytisch ist; die von den Ausgangspunkten dagegen synthetisch, siehe EW I, 65, KS 75. Vgl. für die Staatsphilosophie zur kompositiven (synthetischen Methode. DCp VI,7, VI, 12, EW I, 73-75, 80-81, FK 62-64,KS 67-68,KS 82-83,88-89; DCvPreface, EW II, XIV-V, OL II 145-147,GA 67-68; für die resolutive (analytische)Methode: DCp VI,7, EW I, 73-74, FK 62-63, KS 82-83, DHo 10.4,OL II 92, GA 18-19.

Vgl.: Baruzzi, Hobbes, S. 76 f.; Kersting, Etatismus, S. 59; Weiß, Hobbes, S. 60, 62, einschl. Anm. 126; Willms, Hobbes, S. 70; Wolfers, „Geschwätzige Philosophie", S. 54. Die h.M. wird neuerdings von Ludwig, Die Wiederentdeckung des epikureischen Naturrechts: zu Thomas Hobbes' philosophischer Entwicklung von De Cive zum Leviathan im Pariser Exil 1640-1651, in Frage gestellt, insbes. S. 95-117. Ludwig weist diese Ansicht zurück. Nicht die resolutiv-kompositive Methodenkonzepte der Paduaner Schule, sondern die methodologischen und erkenntnistheoretischen Vorstellungen von Aristoteles einerseits und Mersenne und Gassendi andererseits hätten die politische Philosophie des Leviathan geprägt. Vgl. dazu: Kersting, Leviathan, S. 51; Hobbes, DCp , Epistle Dedicatory, EW I; IX, KS, Widmung, 5, wo Hobbes – der mit Gassendi und Mersene (eng) befreundet war – auf deren Bedeutung für die Astronomie und allgemeine Physik und deren Erfindungsgeist hinweist.

Galilei gilt Hobbes als Vorbild.

2. Der Originalitätsanspruch

Hobbes hat einen Gründungsanspruch. Er bezieht sich[464] u.a. auf Galilei, der sich die schwierige Frage nach dem Fall schwerer Körper und der Erdbewegung gestellt hatte und der, „im Kampf mit dieser Schwierigkeit, als erster die Natur der Bewegung als Tor zur allgemeinen Physik eröffnet" hat, außerdem auf „Harvey, der als Leibarzt der Könige James und Charles ... eine neue Lehre ... aufgestellt hat ... von der Bewegung des Blutes und der Zeugung von Tieren ...".

Nach Hobbes ist der Staat ebenfalls ein Gebilde, das die Menschen selber erzeugt bzw. geschaffen haben. Demzufolge ist eine politische Wissenschaft, als Wissenschaft von Erzeugungsgesetzen des Staates, als strenge Wissenschaft möglich, weil die Menschen selbst die Erzeugenden sind. Aus diesem Grund können die Menschen wissen, daß die Prinzipien der Erzeugung, die wir analysieren, auch tatsächlich diejenigen sind, nach denen sich Staaten bilden. Daraus folgt nach Hobbes, daß die politische Wissenschaft eine noch viel sichere Wissenschaft als alle Naturwissenschaften ist.

Nach der alteuropäischen oder aristotelischen Lehre waren gerade die mit dem praktischen Handeln des Menschen befaßten Wissenschaften nicht als strenge Wissenschaften möglich. Bis zu Hobbes mußte man sich mit Wahrscheinlichkeiten zufrieden geben. Nach der alten Lehre konnte man

---

[464] Hobbes, DCp, Epistle Dedicatory, EW I, VIII, KS, Widmung, 4; Vgl. auch zu Hobbes' „Selbsteinschätzung": Kersting, Machiavelli, S. 49 f., der auf die Unterschiede zu Machiavelli hinweist, sowie Luhmann, Soziale Ordnung, S. 232: „Die Probleme wurden gleichsam nach dem Modell des Arztes aufgefaßt, der sich Krankheiten gegenübersieht, der den Grund der Abweichung zu begreifen und sie zu beseitigen versucht."

über so etwas Veränderliches wie den Menschen keine gesicherten Erkenntnisse haben. Hobbes behauptet nun das Gegenteil.

Aus den Bildungsgesetzen eines Gegenstandes kann man alle Eigenschaften erklären. Die Civil philosophy ist analog zu den Naturwissenschaften aufgebaut. Der Unterschied besteht darin, daß die Natur nicht von den Menschen gemacht ist, d.h. in den Naturwissenschaften kann man zu Hobbes' Zeiten (anders als heute) nur Hypothesen aufzustellen. Anders ist es bei Dingen, die die Menschen erschaffen haben, wie beispielsweise dem Staat. Dieser kann demonstriert bzw. nachgewiesen werden, weil ihn die Menschen selbst geschaffen haben. Hobbes' Anspruch ist, die vorhandenen „Theorien" auf Wissenschaftlichkeit zu prüfen.

3. Die einzelnen Menschen als einfache Bestandteile

Ein Blick auf die Inhaltsgliederung des Leviathan zeigt die systematische Aufteilung des Werkes. Es ist in vier Teile unterteilt, die sich wiederum in Kapitel aufgliedern. Die Aufmerksamkeit der Forschung hat sich bislang weitgehend auf die ersten beiden Teile konzentriert. Dies liegt vor allem daran, daß die politisch herausfordernden, philosophisch interessanten und wirkungsgeschichtlich einflußreichen Argumentationen und Lehrstücke sowie die Kritik an der aristotelischen Tradition sich hauptsächlich in der ersten Hälfte des Leviathan finden. Auch die vorliegende Untersuchung hat ihren Schwerpunkt in der Erschließung der Kritik in den ersten beiden Teilen des Leviathan. Der erste Teil des Leviathan handelt „Vom Menschen" (of men), der zweite „Vom Staat" (of commonwealth). Die ersten beiden Teile des Werkes beschäftigen sich mit diesem Übergang vom Menschen zum Staat.

Das Aufkommen der modernen Naturwissenschaften führt zu Konsequenzen. Was folgt, ist die Zurückdrängung des metaphysisch-teleologischen, also des aristotelischen, durch den naturwissenschaftlich-mechanistisch-kausalen Naturbegriff. Die Natur wird als Gesamtheit der Dinge unter Kausalgesetzen angesehen. Es folgt eine Verlagerung bzw. Zentralstellung der menschlichen, eben nicht mehr auf einen teleologischen Naturbegriff bezogenen, Vernunft.

„Die wirklich brisanten, ja revolutionären Partien sind ... die mit kaltem Verstand konzipierten Leviathan-Kapitel 13-18" bzw. 19 („die den ersten sechs ‚De Cive' Kapiteln entsprechen").[465] Er selbst weist in seinem Werk „De Corpore" auf sein Werk über die Staatsphilosophie (Civil philosophy) „De Cive" hin. Er stellt dort den nicht unbescheidenen Anspruch, daß er als erster die Staatsphilosophie zur Wissenschaft gemacht habe und diese nicht älter sei als das Buch, daß er selbst über den Staatsbürger geschrieben habe.

Thomas Hobbes grenzt sich deutlich von der antiken Moralphilosophie und Staatsphilosophie ab.[466] Der Bruch mit der Tradition liegt in dem methodischen Ansatz bei der Kausalerklärung statt bei der Teleologie.

Die nach Hobbes entscheidende Frage ist nun, wie man ein so komplexes Gebilde wie den Staat wissenschaftlich begreifen kann. Seine Antwort

---

[465] Klenner, Hobbes, S. XXV; Ders., Leviathan, S. 28.

[466] Dies wird an zwei Aussagen besonders deutlich: „To conclude, there is nothing so absurd, that the old Philosophers (as Cicero saith, who was one of them) have not some of them maintained. And I beleeve that scarce any thing can be more absurdly said in naturall Philosophy, than that which now is called Aristotles Metaphysiques; nor more repugnant to Government, than much of that hee hath said in his Politiques; nor more ignorantly, than a great part of his Ethiques." Hobbes, Lev., 46, TU, 461 – 462, EU S. 510 f.

... but Civil Philosophy yet much younger, as being no loder (I say provoked, and that my detractors may know how little they have wrought upon me) than my own book De Cive. But what? were there no philosophers natural nor civil among the ancient Greeks? There were men so called... But it follows not that there was philosphy. ... they... began ... to mingle the sentences ... afterwards also many foolish and false ones... of Aristotle." Hobbes, DCp Espistle Dedictory, EW I, IX – X, KS 5 f.

besteht darin, daß das zu erklärende Gebilde in seine einfachen Bestandteile zu zerlegen ist: Die einzelnen Menschen. Aus den Gesetzen, nach denen sich diese Bestandteile bewegen, muß man versuchen, die Bildungsgesetze des Staates herauszufinden.

Der Ausgangspunkt der Rechts- bzw. politischen Philosophie ist das Individuum. Nach Hobbes ist das methodische Vorgehen so zu verstehen, daß aus dem Leben der Menschen - als Gedankenexperiment - alles dasjenige weggedacht wird, was zum Staat gehört. Wenn man dann nachvollziehen kann, nach welchen Gesetzen und in welcher Form sich Staaten bilden können, dann ist dies eine wissenschaftliche Theorie der Entstehung des Staates. Hobbes will verdeutlichen, daß man wenn man, über alle Bestimmungen im Zusammenleben der Menschen, die mit Staatsbildung zu tun haben, hinwegdenkt und die Menschen als einzelne ansieht, man im Anschluß erkennen kann, welche Probleme auftreten und wie man aus dieser Analyse erkennen kann, nach welchen Gesetzen sich so etwas wie Staaten und Rechtsnormen entwickeln.

4. Die Grundverfaßtheit der Welt: „mater in motion" und der Selbsterhaltungstrieb der Menschen

Die Ausgangsbestimmung der Menschen - in wissenschaftlicher Sicht - als einzelne Atome des Staates wird bei Hobbes als „matter in motion" charakterisiert. Hier liegt ein radikaler Wandel zu der Argumentationsstruktur von Bodin und Machiavelli. Alles, was existiert, ist Materie in Bewegung oder bewegte Materie. Dies gilt auch für das Denken. Auch das Denken ist nur eine Veränderung und Bewegung, in der die Verhältnisse der Ideen zueinander im Gehirn verändert werden.

Nach Hobbes haben alle Lebewesen einen Grundtrieb: die Selbsterhaltung. Der Selbsterhaltungstrieb ist die grundsätzliche Bestimmtheit aller

Lebewesen. Hobbes nimmt die Selbsterhaltung als einzige Grundlage für seine Staatstheorie.[467] Die einzelnen Menschen sind komplexe organisierte Formen der Materie, die sich selbst erhalten wollen. Die Menschen wollen ihren Blutkreislauf [468] reproduzieren. Aufgrund der von Harvey gewonnenen Erkenntnis des Blutkreislaufs und des Stoffwechsels wurde erkannt, daß organisches Leben hoch organisiert ist und sich in der ständigen Zirkulation des Blutes durch alle Körperteile reproduziert. Das ist Leben, und dieses gilt es zu erhalten. Dies ist die Grunddefinition des Menschen.

III. Die Antinomie des Naturzustandes

1. Die anthropologischen Grundannahmen

Der erste Teil des „Leviathan" handelt vom Menschen. Hier wird das anthropologische[469] Fundament der politischen Philosophie Hobbes' entwickelt. In der Einleitung bezeichnet Hobbes den Staat als künstliches Tier oder einen künstlichen Menschen, der die Natur durch die Herstellung dieses künstlichen Tieres nachahmt. Das Leben ist nur eine Bewegung der Glieder, die innerhalb eines besonders wichtigen Teils beginnt:

---

[467] Vgl.: Hobbes, Lev., 13, EU, S. 95, 14,EU, S. 99.

[468] Vgl.: Hobbes, DCp., S. 4.

[469] Riedel, Metaphysik, S. 172 f., bemerkt zur Anthropologie: „Diese Lehre, die Anthropologie, gehört zu jenen Wissenschaften, die im 17. Jahrhundert ihre Grundlegung erhalten." Er ist der Meinung, daß sie „bei Hobbes ... eine Zwischenstellung" einnimmt. „Die Anthropologie bildet einen eigenen Teil der Philosophie, dessen Grundsätze nach zwei Seiten hin abhängig sind: von der Physik (De corpore) die Sätze über Anlagen, Begierden und Leidenschaften, von der Politik (De Cive), die Sätze über Sitten, Tugenden und Laster des Menschen." In der Anmerkung weist er auf Hobbes, D Cp, I 9 und auf die Zwischenstellung der Anthropologie, besonders deutlich in Hobbes, De homine XI – XIII und Leviathan, I, VI und XIII, hin. „Es beruht also ganz auf der Architektonik von Hobbes' System, wenn ihm die Hobbes-Interpretation

„Denn was ist das Herz, wenn nicht eine Feder, was sind Nerven, wenn nicht viele Stränge, und was sind Gelenke, wenn nicht viele Räder, die den ganzen Körper so in Bewegung setzen, wie es vom Künstler beabsichtigt wurde?"[470] Von dieser Vorstellung ausgehend, entwickelt Hobbes in den ersten Kapiteln des ersten Teils ein Bild des Menschen. Wir würden dieses Bild heute als mechanistisch[471] bezeichnen, da in ihm die mechanischen Lebensvorgänge im Vordergrund stehen. Kreische interpretiert dies wie folgt: „Die mechanistische Anthropologie bei Hobbes und Spinoza hatte den Sinn, die Selbständigkeit und die Naturlage der Menschen als Programmierung anzusehen, aus der heraus sich der Mensch als denkende und handelnde Individualität begreift.[472] Auch hier denkt Hobbes das teleologische und hierarchische mittelalterliche Weltbild radikal um. Sein mechanistisches Menschenbild gipfelt in der Rückführung aller Handlungen auf die Grundantriebe der Selbsterhaltung und der Furcht.[473] In seiner Autobiographie sprach Hobbes später hinsichtlich seiner vorzeitigen Geburt am 5. April 1588 davon, daß - ausgelöst durch die Nachricht vom Eindringen der spanischen Armada in britische Gewässer -, seine Mutter „did bring forth twins at once, both me and Fear".[474] Die Furcht stand nicht nur symbolisch am Anfang seines Lebens, sondern spielt auch eine bestimmende Rolle in seiner politischen Philosophie: „Die Furcht vor Unterdrückung spornt uns an, zuvorzukommen oder die Hilfe von Bundesgenossen zu suchen, denn es gibt keinen anderen Weg, Leben und Freiheit

---

in der Regel am Leitfaden der Anthropologie, d.h. der mechanistischen Erklärung der Leidenschaften, nachgegangen ist."

[470] Hobbes, Lev., Einleitung, EU, S. 5.

[471] Schapp, Freiheit, S. 85; Röd, Hobbes, S. 283 ff.

[472] Kreische, Politiktheorie, S. 45.

[473] Vgl.: Hobbes, Lev., 13.

[474] Fetscher, Leviathan, Einleitung, S. XI; Münkler, Bürgerkrieg, S. 217. Vgl. grundlegend: A. P. Martinich, Hobbes, p. 1 ff.

zu sichern."⁴⁷⁵ Im ersten Teil werden die tiefsitzenden Affekte und grundlegenden Leidenschaften der menschlichen Natur geschildert. Es wird das besondere Verhältnis des Menschen zur Vergangenheit, Gegenwart und Zukunft ausgebreitet und das Bündel seiner theoretischen und praktischen Vernunftkriterien beschrieben, das der Verfolgung seiner Interessen in einer Welt, bestehend aus Knappheit und Konkurrenz, leidlichen Erfolg beschert.⁴⁷⁶

Ausgangspunkt der Betrachtung ist die Empfindung, durch die die Umwelt auf den Menschen einwirkt.⁴⁷⁷ Einbildung ist daher nichts anderes als zerfallende Empfindung.⁴⁷⁸ Das Denken besteht in der Möglichkeit der Reihung von Einbildungen.⁴⁷⁹ Hobbes leitet jetzt zur Sprache und Vernunft über. Mit der Sprache benennt der Mensch die Gedanken.⁴⁸⁰ Für Hobbes gibt es nur einen richtigen Gebrauch der Sprache. Dieser wird von ihm zu Beginn seiner drei großen politischen Werke ausführlich dargestellt.⁴⁸¹ Hobbes zeigt deutlich, wer für ihren Mißbrauch verantwortlich ist: „Wörter sind die Rechensteinchen der Klugen, mit denen sie nur rechnen. Sie sind aber das Geld der Narren, die es nach der Autorität eines Aristoteles, Cicero, Thomas, oder irgend eines anderen Gelehrten bewerten, wenn es

---

⁴⁷⁵ Hobbes, Lev., 12, EU, S. 77.

⁴⁷⁶ Chwaszcza, Moralphilosophie, S. 83.

⁴⁷⁷ Hobbes, Lev., 1, EU, S. 11.

⁴⁷⁸ Hobbes, Lev., 2, EU, S. 13.

⁴⁷⁹ Hobbes, Lev., 3, EU, S. 19 ff.

⁴⁸⁰ Hobbes, Lev., 4, EU, S. 24.

⁴⁸¹ Hobbes, EL 5, EW IV, 19-26, TÖ, 50-55; 10 GA, 14-20, insbes. 77 f.; Lev. 4, TU, 24-31, EU, S. 24-31. Interessant ist auch sein Hinweis: „Die Erfindung des Buchdrucks (Vgl. zur Anthropologie und zum Buchdruck bei Hobbes und seiner Zeit: Luhmann, Recht, S. 410 f.; Ders., Anthropologie, S. 162, 221-223; Ders., Die Gesellschaft, S. 291 ff.). ist, obwohl genial, nichts Außergewöhnliches, wenn man sie mit der Erfindung der Buchstaben vergleicht (Hobbes, Lev., 4, TU, 24, EU S. 29.

nur ein Mensch ist."[482] Nach Hobbes' „Sprachtheorie" besteht Sprache aus Namen (oder Benennungen) und ihren Verknüpfungen.[483] Wissenschaftliche Diskurse sind für Hobbes eine Art Begriffsarithmetik. Die Vernunfttätigkeit gilt ihm als „Rechnen, das heißt Addieren und Subtrahieren, mit den Folgen aus den allgemeinen Namen, auf die man sich zum Kennzeichen und Anzeichen unserer Gedanken geeinigt hat."[484] Vernunft zeigt sich in der Wissenschaft vordringlich im logisch korrekten Ableitungszusammenhang, nicht aber in der Entdeckung erster Prinzipien oder der Begründung erster Ziele.[485] „Zweck und Nutzen der Vernunft" bestehen darin, die Überlegung (logisch) korrekt von den ersten Definitionen zu Folgerungen zu leiten,[486] weshalb sich Vernunft und Wissenschaft ebenfalls wechselseitig stützen. Vernunft ist ein Optimierungsmittel, das wissenschaftliche Erkenntnis von Ursache-Wirkungs-Relationen für handlungsvorbereitende Zweck-Mittel-Analysen[487] fruchtbar macht und den Menschen in die Lage versetzt, seine Umwelt zu seinem Vorteil zu

---

[482] Hobbes, Lev., 4, TU, 28 f, EU, S. 29.

[483] Vgl.: Wolfers, „Geschwätzige Philosophie", S. 20-24. Hier sei auf die umfassende Untersuchung von Joachim Kreische, Politiktheorie, S. 49 ff., insbes. S. 57 – 65 hingewiesen, welcher sich mit der „pragmatischen Sprachtheorie" (S. 12) von Hobbes auseinandersetzt. Kreische überprüft die Sprachtheorie Hobbes' und stellt in seiner Untersuchung fest, daß „Hobbes eine zweistufige Konzeption des Sprachgebrauchs unterbreitet, indem Sprache zum einen als Werkzeug des monologischen Kalküls und zum anderen als notwendiges Kommunikationsmedium der Gedanken (‚mental discourse') seine Bestimmung findet" (S. 57). Vgl. hierzu auch Anja Lemke (Sprachphilosophie, S. 1 ff.). Für ihre Interpretation ist leitend, „daß die Sprache für Hobbes kein bloßes Instrument darstellt, das die Welt abzubilden vermag, sondern daß Sprache diese Welt allererst hervorbringt, indem sie in der Lage ist, unsere Wirklichkeit und hier in besonderem Maße die politische zu konstruieren" (S. 1).

[484] Hobbes, Lev., EU, S. 32.

[485] Hobbes, Lev., EU, S. 36 f.

[486] Hobbes, Lev., EU, S. 33.

[487] Vgl.: Luhmann, Anthropologie, S. 193: „Unruhe wird von religiösen und in der Religion erreichbaren Zielen umgestellt auf Selbstreferenz und wird damit tiefer gelegt auf eine Ebene, die über Handlungsmotive und Zweck – Mittel - Rationalität nicht mehr kontrollierbar ist und kein telos mehr hat. Weshalb? Um Funktionsanschlüsse zu ermöglichen!"

gestalten und seine Zukunft zu planen.[488] Bis dahin zeichnet Hobbes ein außerordentlich konstruiert anmutendes Bild vom Menschen. Dabei ist er bemüht, komplexe Verhaltensweisen auf ihre letzten Elemente zurückzuführen und sie aus diesen zu konstruieren. Das wesentliche Resultat dieser Darlegung besteht in der „Erkenntnis", daß die Individuen nach Selbsterhaltung und Lustgewinn streben.[489]

Mit dem Beginn des 10. Kapitels bezieht Hobbes zum ersten Mal systematisch die zwischenmenschlichen Beziehungen in die Betrachtung ein. Der Hobbessche Mensch ist durch die Vernunft notwendig auch ein Machtwesen. „Die Macht eines Menschen besteht, allgemein genommen, in seinen gegenwärtigen Mitteln zur Erlangung eines zukünftigen anscheinenden Guts und ist entweder ursprünglich oder zweckdienlich."[490] Da die Macht ein allgemeines Vermögen darstellt, manifestiert sie sich nicht in einem konkreten Gegenstand, sondern jede Eigenschaft oder Fähigkeit, die für die Verfolgung von Gütern geeignet ist, kann Macht bedeuten. Das ursprüngliche Machtpotential der Menschen besteht in erster Linie in Körperstärke und Klugheit. Darüber hinaus jedoch stellen alle sozialen Bemühungen, sofern sie für die Erlangung von Gütern dienlich sein können, eine Macht dar: „Diener zu haben" ist ebenso Macht, „wie Freunde zu haben".[491] Mit Hilfe der Macht, die auch in Reichtum, Wissen und Ehre bestehen kann,[492] versucht der Mensch, für sein jetziges und zukünftiges Leben Sicherheit zu erreichen. Das fortwährende Verlangen nach immer neuer Macht ist ein allgemeiner Trieb der gesamten Menschheit, der nur mit dem Tod endet. Hobbes sieht den Grund dafür nicht im-

---

[488] Chwaszcza, Moralphilosophie, S. 89.
[489] Hobbes, Lev., EU, S. 39 ff.
[490] Hobbes, Lev., EU, S. 66.
[491] Hobbes, Lev., 10, EU, S. 20.
[492] Hobbes, Lev., 8, EU, S. 56.

mer darin, daß sich ein Mensch einen größeren Genuß erhofft als den bereits erlangten, sondern darin, daß er die gegenwärtige Macht und die Mittel zu einem angenehmeren Leben ohne Erwerb von zusätzlicher Macht nicht sicherstellen kann."[493]

„Da die Menschen als materielle Wesen gesehen werden, die sich selbst erhalten müssen, erscheinen Todesfurcht und die Sorge der Existenzsicherung als die zentralen Handlungsantriebe und es muß davon ausgegangen werden, daß alle Akteure nach immer mehr Mitteln streben. Da gleichzeitig alle über die Möglichkeit verfügen, andere zu töten, wollen sich auch alle vor potentiellen Gefährdungen schützen."[494]

2. Der reine Naturzustand

Hobbes untersucht und beschreibt, wie sich die Elemente der Gesellschaft, also die Menschen, zueinander verhalten. Er beginnt mit dem vorstaatlichen Zustand, dem Naturzustand. Im Naturzustand sind die Menschen von Natur aus gleich.[495] „Die Natur hat die Menschen hinsichtlich ihrer körperlichen und geistigen Fähigkeiten so gleich geschaffen, daß trotz der Tatsache, daß bisweilen der eine einen offensichtlich stärkeren Körper oder gewandteren Geist als der andere besitzt, der Unterschied zwischen den Menschen alles in allem doch nicht so beträchtlich ist, als daß der eine aufgrund dessen einen Vorteil beanspruchen könnte, den ein anderer nicht ebenso gut für sich verlangen dürfte. Denn was die Körper-

---

[493] Hobbes, Lev., EU, S. 75.

[494] Maurer, Herrschaft, S. 28 f.

[495] Hier liegt ein wesentlicher Unterschied zu Aristoteles. „Vgl. im Unterschied dazu, die bis ins Mittelalter dominante aristotelische Staatslehre, derzufolge einige zum Herrschen und andere zum Gehorchen geboren sind, eine naturgegebene Ungleichheit, die bei Aristoteles Ausdruck in der Begriffsdifferenzierung von ‚praxis' und ‚poiesis' findet und zur Legitimierung der Sklavenhaltergesellschaft dienen sollte." Maurer, Herrschaft, S. 29, Anm. 19.

stärke betrifft, so ist der Schwächste stark genug, den Stärksten zu töten ... und was die geistigen Fähigkeiten betrifft, so finde ich, daß die Gleichheit unter den Menschen noch größer ist als bei der Körperstärke ... Denn Klugheit ist nur Erfahrung."[496] In den Körperkräften und geistigen Fähigkeiten sind sich die Menschen also im potentiellen Wirkungsgrad gleich. Daraus folgt, daß Hobbes mit dem alten Feudaldenken und Feudalsystem abschließt bzw. es beiseite räumt. Nach Hobbes können alle Menschen etwas erreichen. Sie haben alle (ungefähr) das gleiche Anspruchsniveau an Gütern. Es besteht die natürliche Gleichheit (aller Menschen). Bei seinem rastlosen Machtstreben trifft der Mensch auf das entsprechende Machtstreben der anderen Menschen. Er sieht sich ihren Angriffen ausgesetzt und versucht, ihnen zuvorzukommen. Die Furcht vor einem gewaltsamen Tod wird noch verstärkt. „Daraus (aus den drei Konfliktursachen, N.R.) ergibt sich klar, daß die Menschen während der Zeit, in der sie ohne eine allgemeine, sie alle im Zaum haltende Macht leben, sich in einem Zustand befinden, der Krieg genannt wird, und zwar in einem Krieg eines jeden gegen jeden"[497] („bellum omnium contra omnes"[498]). Dies ist die zentrale These der Hobbesschen Naturzustandskonzeption. Obwohl dieser Krieg als ein Krieg eines jeden gegen jedermann charakterisiert wird, darf man ihn nicht als eine Kette fortwährender Gewalttätigkeiten interpretieren. Vielmehr besteht ein Kriegszustand in einem Zeitraum, in dem der Wille, sich zu bekämpfen, hinlänglich bekannt ist.[499] Wenn die Bereitschaft, Krieg zu führen, allein auch nicht ausreicht, um die weitergehenden Charakterisierungen des Naturzustandes als kulturlos und das

---

[496] Hobbes, Lev., 13, TU 86-87, EU, S. 94.
[497] Hobbes, Lev., 13, EU, S. 96.
[498] Hobbes, OL III, S. 100; Vgl. hierzu: Klenner, bellum omnium contra omnes, S. 3-23; Nocke, Naturrecht, S. 88.
[499] Hobbes, Lev., 13, EU, S. 96.

menschliche Leben darin als einsam, armselig, ekelhaft, tierisch und kurz[500] zu rechtfertigen, so kann an Hobbes' Bild des Naturzustandes als eines permanenten Krieges doch kein Zweifel bestehen.[501] Ein Verständnis des Naturzustandes erschließt sich daher am besten über eine Analyse der Konfliktursachen (principal causes of quarrel).[502] Diese liegen nach Hobbes in der menschlichen Natur und sind: „Erstens Konkurrenz (competition), zweitens Mißtrauen (diffidence), drittens Ruhmsucht (glory)."[503] Die erste Konfliktursache veranlaßt Menschen zu Übergriffen um eines Gewinnes Willen, die zweite, um Sicherheit zu erreichen, und die dritte, um das eigene Ansehen zu erhöhen.[504]

Von Natur aus sei der Mensch demzufolge auch nicht gesellschaftlich veranlagt, sondern allein die drei Konfliktursachen treiben ihn, in Kontakt mit seinen Mitmenschen zu treten.[505]

---

[500] Hobbes, Lev., 13, EU, S. 96.

[501] Vgl. dagegen: Bittner, Staatskonstruktion, S. 396 f.; dafür Kersting, Hobbes, S. 102 ff.; Nida-Rümelin, Konflikttheorie, S. 111.

[502] Vgl.: Kavka, Hobbsian Moral, p. 83-125.

[503] Hobbes, Lev., 13, EU, S. 95.

[504] Hobbes, Lev., 13, EU, S. 96.

[505] Auf den Einfluß von Hobbes auf Kants Argumentation macht Unruh, Herrschaft, S. 92 f., aufmerksam. Er schreibt: „Daß Kant die von Hobbes explizite anthropologische Definition des Menschen teilt, läßt sich auch mit weiteren, nicht aus der ‚Rechtslehre' stammenden Textstellen belegen. ... Am deutlichsten zeigt sich die Parallele zu Hobbes jedoch anhand der 1798, also ein Jahr nach den ‚Metaphysischen Anfangsgründen der Rechtslehre', publizierten Schrift Kants zur ‚Anthropologie in pragmatischer Absicht'. Nach deren Argumentation zielen die Leidenschaften des Menschen auf Ehre, Gewalt und Geld, was zu den entsprechenden Neigungen der Ehrsucht, Herrschsucht und Habsucht führe ... Auch wenn keine vollständige Kongruenz besteht, ist die Anlehnung an die von Hobbes entwickelte Trias (Konkurrenz, Mißtrauen, Ruhmsucht) klar erkennbar."

3. Die drei Konfliktursachen im Naturzustand

Im Naturzustand gibt es also drei Bedingungen bzw. Konflikt-ursachen, um andere um ihre Herrschaft zu bringen (principal causes of quarrel).[506] Es gibt ein bestimmtes Streben nach Sachen, von denen jeder einzelne glaubt, daß sie für seine Lebensführung notwendig sind und gebraucht werden (competition). Dieses glauben jedoch auch andere. Diese Sache selbst gibt es jedoch gegebenenfalls nur einmal. Die Folge ist, daß nun diese beiden Selbsterhaltungsmächte miteinander in Konflikt geraten. Es kann demzufolge jederzeit knappe Güter geben, d.h. Güter, die der einzelne als für sich wichtig definiert. Hobbes sagt damit, daß es nicht an sich Gutes und Schlechtes gibt, sondern daß Güter knapp sein können und daß der einzelne sie gerne haben möchte. Soweit nun – was jederzeit vorkommen kann – zwei oder mehrere Menschen eine Sache als ein erstrebenswertes Gut definieren, bleibt es dabei, daß die Sache nur einer haben kann. Dann versucht jeder - mit den Mitteln, die ihm zur Verfügung stehen -, sich dieses Gut zu verschaffen.

Die zweite Konfliktursache (diffidence) wird von Hobbes in zwei Unterpunkte aufgeteilt. Zum einen gibt es Menschen, die z.B. etwas anbauen und Ackerbau betreiben. Während der Ernte kommt nun jemand anderes und nimmt dieses weg. Dieses Situation kann man nicht ausschließen. Zum anderen gibt es den Aspekt, daß es Menschen gibt, die ausprobieren möchten, wie weit ihre physische Kraft reicht. Diese Menschen haben Freude daran, sich gegen andere zu wenden, und Freude an der Vergegenwärtigung der eigenen Kraft. Diese Menschen testen ihre eigenen Macht. Es gibt demzufolge verschiedene Situationen, in denen andere einen Menschen zu überwältigen versuchen.

---

[506] Hobbes, Lev., 13, TU, 88, EU, S. 95.

Die dritte Konfliktursache (glory) besteht darin, daß alle Menschen nach Ruhm streben. In Gesellschaft wollen alle die Größten sein. Jeder erwartet vom anderen, daß er diese hohe Meinung von sich bestätigt. Da es nun alle erwarten, kann aber niemand befriedigt werden. Jeder will mehr gelten. Hier ist eine große Konfliktsituation, die in allen sozialen Beziehungen außerordentlich wirksam, also disfunktional ist. Der Wunsch nach der Anerkennung seiner selbst, gemessen an der eigenen Selbstschätzung, ist der Konfliktpunkt.

Die sich Hobbes stellende Frage ist nun, wie man diese Konfliktursachen beseitigen kann. Das Mittel, um hiervon wegzukommen, heißt, Macht zu akkumulieren.[507]

Diese Handlungsmotive allein erklären aber noch nicht den permanenten Krieg aller gegen alle. Für Hobbes sind keineswegs alle Menschen gleich „böse", sondern nur „einige".[508] Eine wesentliche Voraussetzung muß hinzutreten, und das ist die Gleichheit aller Menschen. Seine Gleichheitsvorstellung setzt woanders ein, nämlich bei den prinzipiellen Möglichkeiten der einzelnen.[509]

Dieses Gleichheitspostulat, das in den ersten beiden Absätzen des 13. Kapitels erläutert wird, erlaubt keine Herrschaftsordnung von Natur aus, wie sie Aristoteles[510] etwa in den drei natürlichen Herrschaftsverhältnissen - des Mannes über die Frau, der Eltern über die Kinder und des Herrn über den Sklaven - vorliegen sah. Die Konkurrenz um knappe Güter führt da-

---

[507] Hier kann man Parallelen zu der späteren Herrschaftssoziologie von Max Weber erkennen. Für Weber bedeutet Macht „jede Chance, innerhalb einer sozialen Beziehung den eigenen Willen auch gegen Widerstreben durchzusetzen, gleichviel worauf diese Chance beruht.". WuG I 1, § 16, S. 28; Vgl.: Kreische, S. 49, 219; Zimmermann, Staat, S. 501, der ebenfalls einen Hinweis auf die Machtdefinition von Weber gibt.

[508] Hobbes, Lev., 13, EU, S. 95.

[509] Willms, Reich, S. 135; Vgl.: Kwon, Individualismus, S. 63 ff.

[510] Aristoteles, Nik. Ethik,V 10, 1134b, 7 ff. und Pol, I 2, 1252a 26 – 1252 a7.

her nicht zur Feststellung der Überlegenheit des einen über den anderen und der Beilegung von Feindseligkeiten durch Abhängigkeit, sondern mündet in dauernder Feindschaft und wechselseitiger Furcht.[511] „Und wenn daher zwei Menschen nach demselben Gegenstand streben, den sie jedoch nicht zusammen genießen können, so werden sie Feinde und sind in Verfolgung ihrer Absicht, die grundsätzlich Selbsterhaltung ... ist, bestrebt, sich gegenseitig zu vernichten."[512]

Der Mensch ist dem Menschen ein Wolf („homo homini lupus").[513] Hier macht Hobbes deutlich, daß ein Naturzustand eine moralisch differenzierte Unterscheidung von Gewaltverhalten verbietet. Weniger, weil er nicht an die Existenz einer natürlichen, von gesellschaftlichen Setzungen unabhängige Moral glaubt, sondern vor allem, weil die begriffliche Unterscheidungsleistung der Moralcodes ins Leere greifen würde.[514]

Da der Konfliktsituation im Naturzustand keine Grenzen gesetzt sind, kann von niemandem erwartet werden, sich Beschränkungen aufzuerlegen, die möglicherweise zum eigenen Untergang führen würden. Die fehlende natürliche Anlage zur Geselligkeit und die Neigung, andere herabzusetzen, um sich selbst zu erhöhen, tun ein übriges, um Frieden im Naturzustand unmöglich zu machen. Hier interpretiert die herrschende Lehre Hobbes' Anthropologie pessimistisch, wobei die Tatsache, daß der Mensch des Menschen Wolf sei, besonders deutlich werde.[515] Die oben angeführte Reihenfolge der von Hobbes genannten Konfliktursachen ist

---

[511] Nida-Rümelin, Konflikttheorie, S. 112.
[512] Hobbes, Lev., 13, EU, S. 95.
[513] Hobbes, CI, Widmungsschreiben, S. 59; ders., OL II, S. 135.
[514] Kersting, Hobbes, S. 106 f.
[515] Vgl.: Brugger, Kreuz, S. 678; Vgl. Kriele, Staatslehre, S. 109 meint: „... es ist eine Legende, daß Hobbes' politische Theorie von einem anthropologischem Pessimismus ausging."

nicht willkürlich: Als erstes Konkurrenz, als zweites Mißtrauen und als drittes Ruhmsucht.

Hobbes entwickelt seine Staatsphilosophie in Stufen. Aus der Grundannahme der Selbsterhaltung entwickelt er den Staat.

Nach Hobbes sind die Indianerstämme Nordamerikas näher am Naturzustand, weil sie noch ausschließlich Stammesorganisation haben,[516] in der das Verwandtschaftsgefühl das eigentliche verbindende gesellschaftliche Band ist.[517]

Diese Stämme sind zwar noch näher an der basalen Einheit der Selbsterhaltung, jedoch stellen sie schon ein soziales Zusammenleben dar. Hobbes ist bewußt, daß es in keiner Phase, d.h. weder in der alteuropäischen Tradition noch in der „neuen Welt", diese hypothetische Situation, in der es

---

[516] Vgl. hierzu: Diamond, Arm und Reich, S. 325 – 333 (zu Hobbes, S. 116). Nach Diamond unterscheiden sich Stämme – die ca. um 13.000 v. Chr. entstanden sind – von Gruppen und Horden dadurch, daß sie mehrere hundert Menschen zählen und bereits begannen, fest zu siedeln. Der Stamm besteht auch aus verschiedenen Sippengemeinschaften, die Heiratspartner untereinander austauschen. Es gab aber auch sog. Chiefdoms oder Häuptlingsreiche, die als Protostaaten in Form der gesellschaftlichen Strukturierung ca. 5500 v. Chr. entstanden sind und wohl erst vor knapp 100 Jahren verschwanden. Diese Häuptlingsgebiete lagen z.B. in den von Hobbes zitierten Gebieten Nordamerikas, d.h. in Gebieten, an denen große und gut strukturierte Staaten Interesse hatten und dies im Wege der militärischen Kolonisation durchsetzten. Vgl. hierzu die Geschichte der Indianer auf dem Gebiet der USA: Brogan,„The Indians 1492-1920", S. 51 ff.

Die Stämme entwickelten sich sehr viel später zu Häuptlingsreichen. Diese Häuplingsreiche bestanden aus mehreren zehntausend Einwohnern, die in mehreren Städten siedelten. Es wird ein Gewaltmonopol in der Person des Herrschers etabliert, um eine zentrale Konfliktregelung zu ermöglichen. Diese gehen aber nicht mehr wie in Stämmen aus Lineage und Klanstrukturen hervor. Es wird der Weg frei für militärische und politische Unternehmer (Breuer, Staat, S. 211). Hier wird Macht in Bezug auf Gewalt in einer Person situationsgebunden institutionalisiert. Vgl.: zum Prozeß der Institutionalisierung von Macht: Popitz, Macht, insbes. S. 42 f. Es legitimiert sich die Stellung des Herrschers oder Souveräns nicht mehr aus konkreter Leistung, sondern aus Vererbung. Vgl.: Wimmer, Evolution, S. 193, der darauf hinweist, daß die Formierung von erheblichen Rangpositionen, die wichtigste evolutionäre Abweichung von der Grundstruktur segmentärer Gesellschaften darstellt. Es etabliert sich eine dauerhafte zentrale Instanz. Der souveräne Herrscher unterscheidet sich auch äußerlich von anderen Personen und trifft alle wichtigen Entscheidungen.

[517] Vgl. auch: Bodin und seine Ausführungen zur Familie.

isolierte Menschen bzw. Individuen gab, real gegeben hat. Hobbes will durch seinen künstlichen und wissenschaftlichen Denkansatz die einzelnen Elemente durch das Erkennen der Naturgesetze den großen Staat, den künstlichen Menschen oder Leviathan[518] als sterblichen Gott „schaffen". Die einzelnen Menschen werden zusammengefügt und müssen miteinander interagieren. Die Natur hat die Menschen weitgehend gleich gemacht hat. Dies ist auch gerade mit Blick auf die alteuropäische Tradition und die zu Hobbes' Zeiten geltende europäische Gesellschaftslehre, die noch jedem gemäß seinem Stand einen natürlichen Ort in der Gesellschaftspyramide zuweist, revolutionär.

Nach der damaligen herrschenden Lehre war der Mensch von der Natur an seinen Platz gesetzt.[519]

Die drei Konfliktursachen können jederzeit auftreten. Gleichwohl stehen die Menschen in Austauschpositionen und sozialen Beziehungen zueinander. Es gibt jedoch noch keine Regeln dafür, wie man sich in solchen Konflikten verhält. Jeder ist im Naturzustand auf sich selbst angewiesen. Die Menschen haben aber die Fähigkeit der Vernunft.[520]

Jeder Versuch vorweg, soviel Macht wie möglich zu sammeln, führt zu dem Krieg eines jeden gegen jeden. Der Krieg ergibt sich einerseits aus

---

[518] Vgl.: Hobbes, Lev., EU, Einleitung, S. 5.

[519] Vgl. zum noch heutigen gängigen sog. Rechts- / Links-Schema: Binder, Philosophie des Rechts, § 9 und die Bemerkungen von Dreier, Rechts- Links-Schema, S. 199 ff., insbes. 200 f. Aus soziologischer Sicht hat Luhmann systemtheoretische Überlegungen zum Schema konservativ – progressiv vorgelegt: Luhmann, „Konservativ" und „progressiv", S. 267 – 286.

[520] Problematisch bleibt, „daß sich der andere irrational verhält. ...Die Menschen handeln infolge von starken Affekten gegen ihre eigene Einsicht in das, was zu tun vernünftig wäre. Natürlich wollen A und B auch vor affektiven Handlungen dieser Art möglichst geschützt sein. Auch hier gibt es keine definitive Sicherheit, aber je offensichtlicher und massiver die drohende Konsequenz ist, um so unwahrscheinlicher wird es, daß der andere in dieser Weise gegen seinen eigenen Vorteil handelt." Stemmer, Handeln, S. 95 f.

dem Wissen um unvermeidbare Konfliktsituationen und zum anderen aus der vernünftigen Vorauskalkulation für die Zukunft.
Unter diesen Bedingungen ist jeder des anderen Menschen Wolf. Hobbes schildert anthropologische Gegebenheiten so, wie sie sind. Er hat entgegen der weitverbreiteten und wohl herrschenden Meinung keine pessimistische Anthropologie. Er analysiert die Ursachen und zieht Schlüsse daraus.
Das Radikale und Skandalöse an Hobbes' Argumentation ist, daß die Vernunft den Menschen zu Krieg führt. Das Voraussehen, also die Antizipation, führt zu dieser verschärfenden Situation. Nach Hobbes verschärft die Vernunft – die bis dahin in der Philosophie immer das Gute war – die gegebene Lage, weil sie in die Zukunft hinein zu planen vermag. Durch die Vernunft des Menschen werden die Konflikte radikaler. Jeder versucht, den anderen zu unterwerfen, damit er in zukünftigen Konfliktsituationen die stärkeren Machtressourcen auf seiner Seite hat.
Hobbes' Theorie stellt sich einem neuen Problem. Die Vernunft denkt sich ein Mittel zur Lösung aus. Das Lösungsmittel ist untauglich bzw. verschärft die Probleme. Nun kommt wieder die Vernunft und analysiert, welche Bedingungen und Mittel zur Lösung des neu entstandenen Problems notwendig sind. Daraus entsteht möglicherweise wieder ein neues Problem, woraufhin die Vernunft erneut mit einem Zweck-Mittel-Schema versucht herauszufinden, mit welchen Mitteln dieses Problem zu lösen ist. Diese Struktur wiederholt sich mehrfach.
Schematisiert ergibt sich das Problem P1. Die Vernunft führt zu der Lösung L1. Im ersten Fall, nach mehr Macht zu streben, d.h. frühzeitig, noch vor Beginn des Konfliktes, Macht zu akkumulieren. Diese Lösung L1 führt wiederum zu Aporie des Krieges aller gegen alle. Es gibt das Problem P2. Nun kommt wieder die Vernunft und versucht, eine Lösung L2 zu entwerfen. Diese Lösung L2 produziert das Problem P3. Nun kommt wie-

der die Vernunft und entwickelt die Lösung L3. Somit wendet sich die Vernunft immer reflexiv auf das Resultat der vorherigen Stufe und kommt am Schluß zu einer Lösung, von der Hobbes meint, sie sei die endgültige. Doch zurück zur Lösung L1. Sie produziert das Problem P2, d.h. den Krieg aller gegen alle.

Eine Möglichkeit, aus den daraus resultierenden Problemen des Naturzustandes herauszukommen, besteht „teils in den Leidenschaften, teils in (der) ... Vernunft."[521] Die Leidenschaften oder Gemütsbewegungen, die den Menschen zum Frieden stimmen, sind dreifacher Art: (1) „Todesfurcht" (fear of death); (2) „das Verlangen nach Dingen, die (man) zu einem angenehmen Leben" braucht; und (3) „die Hoffnung, sie durch Fleiß ... erlangen zu können".[522] Todesfurcht, Verlangen bzw. Begierde und Hoffnung sind die drei Antreiber, die die Menschen haben und die sie zum Frieden geneigt machen.[523] Hinzu kommt die Vernunft. Sie „legt die geeigneten Grundsätze des Friedens nahe, auf Grund derer die Menschen zur Übereinstimmung gebracht werden können."[524] Die Vernunft bildet angemessene Bedingungen zur Erlangung des Friedens. Bei Hobbes müssen die Menschen keine höherwertigen ethische Menschen werden. Sie müssen allerdings ihre Leidenschaften zügeln.

Durch die Bedrohung des Krieges ist das erste anzustrebende Ziel, Krieg zu vermeiden oder positiv ausgedrückt: „Suche Frieden"[525]. Wenn man Frieden herstellen will, muß man die Ursache des Krieges ausschalten. Die Ursache des Krieges ist, daß jeder einzelne für sich entschieden hat, was er braucht. Jeder hat selbst definiert, was er zum Leben haben möch-

---

[521] Hobbes, Lev., EU, S. 98, TU 90, „partly in the passions, partly in his reason."
[522] Hobbes, Lev., EU, S. 98, TU 90.
[523] Vgl.: Hobbes, Lev., KL, 107.
[524] Hobbes, Lev., EU, S. 98.
[525] Hobbes, Lev., EU, S. 100.

te. Es fehlt die Instanz, die darüber entscheidet. Frieden ist noch nicht prozessual durchsetzbar.[526]
Der Ausweg führt über die Einsicht in die Notwendigkeit, die Entscheidung über die tauglichen (selbstgewählten) Mittel „abzutreten". Als Gegenmittel kann man also folgern, daß jeder die Mittel abgeben muß.

IV. Natürliches Recht und natürliches Gesetz. Hobbes' neuartige Grundlegung der Moralphilosophie

1. Natürliches Recht (Natural Right)

Die genauere Betrachtung wird zeigen, daß Hobbes den überlieferten Begriffen der traditionellen Naturrechtsterminologie eine gänzlich neue Bedeutung gibt, die dem traditionellen Verständnis dieses Begriffes entgegensteht.[527] Hobbes nimmt eine einflußreiche Umdefinition grundlegender Begriffe der Naturrechtstheorie vor,[528] wobei es vor allem um die Herausarbeitung der Begriffe Recht und Gesetz geht.
Eine entscheidende Rolle spielen bei der Geburt des Leviathan, d.h. bei der Ableitung des Staatsbegriffes, die natürlichen Gesetze und das natürliche Recht. Mit der Lehre von den natürlichen Gesetzen betritt Hobbes eine neue Sphäre des Naturzustandes, die den Frieden noch nicht durchsetzt, aber doch entscheidend vorbereitet.

---

[526] Mit anderen Worten: „Ein Ersatz wäre eine juridische Macht, also ein Staat, der bestimmte Handlungen mit der Sanktion belegt und dessen Organe sogar ermächtigt sind, die Sanktion nötigenfalls mit physischem Zwang durchzusetzen." Stemmer, Handeln, S. 104.

[527] Kersting, Hobbes, S. 123.

[528] Dennert, Politikwissenschaft, S. 167 merkt dazu an: „Begriff für Begriff geht Hobbes in seinem Hauptwerk, dem Leviathan, das gesamte Organon der überkommenen Wissenschaft durch. Mit einem reflektierten Bewußtsein des Revolutionären dieses Unternehmens unterlegt er dabei jedem alten Begriffe eine neue Bedeutung." Vgl.: Ders., Souveränität, S. 73-100.

Zu Beginn des 14. Kapitels spricht Hobbes vom natürlichen Recht („the right of nature")[529] als der Freiheit eines jeden, seine eigene Macht nach seinem Willen zur Erhaltung seines eigenen Lebens einzusetzen und alles zu tun, was er für das geeignete Mittel dazu hält. Deutlicher wird er im „Vom Bürger": „Durch das Wort Recht ist nichts anderes bezeichnet als die natürliche Freiheit, die jeder hat, seine natürlichen Vermögen gemäß der rechten Vernunft zu gebrauchen. Daher ist die erste Grundlage des natürlichen Rechts (natural right), daß jeder sein Leben und seine Glieder nach Möglichkeit zu schützen sucht."[530] „Die Natur hat jedem ein Recht auf alles gegeben; d.h. in dem reinen Naturzustand oder ehe noch die Menschen durch irgendwelche Verträge sich gegenseitig gebunden hatten, war es jedem erlaubt zu tun, was er wollte und gegen wen er wollte, und alles in Besitz zu nehmen, zu gebrauchen und zu genießen, was er wollte und konnte. ... Daraus ersieht man auch, daß im Naturzustande der Nutzen der Maßstab des Rechts ist."[531] Manfred Walther merkt hierzu an: „Ausgangspunkt ist das subjektive Recht auf Selbsterhaltung – wobei das Selbst in letzter Instanz als Aufrechterhaltung des menschlichen Organismus bestimmt ist. Hobbes definiert das natürliche Recht eines jeden Menschen als die Befugnis, alle diejenigen Mittel zu ergreifen, die er als tauglich zur Selbsterhaltung ansieht und die zu ergreifen er tatsächlich physisch fähig ist. Im Naturzustand unterliegt der Mensch also keiner Verpflichtung."[532]

Kern dieser Definition, der sich aus diesen beiden Stellen ergibt, ist die Freiheit, innerhalb der natürlichen Vernunft alles zu tun und zu lassen, was man will, und daß das Recht in dieser Freiheit besteht. Das bedeutet

---

[529] Hobbes, Lev., EW III, p. 116.
[530] Hobbes, DCv, I, 7, GA 81.
[531] Hobbes, DCv I, 10, GA 82f; Sowie vgl.: Lev., 14, EU 99.
[532] Walther, Folgeprobleme, S. 161.

jedoch, daß Hobbes, indem er sich hier ausdrücklich auf die Tradition, - daß „das natürliche Recht in der Literatur gewöhnlich jus naturale genannt"[533] wird - bezieht, diese gleichzeitig radikal umdenkt. Deutlich wird in dieser Definition, die völlig zutreffend als „revolutionär" bezeichnet worden ist, daß Recht hier lediglich folgende Bedeutung hat: jeder hat ein Recht, so zu sein und sich zu verhalten, wie er von Natur aus ist.[534] Zusammenfassend bedeutet das natürliche Recht Freiheit; und zwar soviel Freiheit, wie man selbst Macht hat.

2. Natürliches Gesetz (Natural law)

Dagegen ist ein Gesetz der Natur („natural law", „law of nature", „lex naturalis"[535]) eine Vernunftregel, die die eigene Selbsterhaltung sichern soll und die von der Vernunft ermittelt wird: „Eine von der Vernunft ermittelte Vorschrift oder allgemeine Regel, nach der es einem Menschen verboten ist, das zu tun, was sein Leben vernichten oder ihn der Mittel zu seiner Erhaltung berauben kann, und das zu unterlassen, wodurch es seiner Meinung nach am besten erhalten werden kann."[536] Das natürliche Gesetz ist ein technisch-pragmatisches Vernunftgebot.[537] Es hat die Form hypothetischer Imperative. Auch hier soll zur Verdeutlichung die Definition aus „Vom Bürger" betrachtet werden. „Die Schriftsteller stimmen in der Definition des natürlichen Gesetzes nicht überein, obgleich sie sich dieses zugeben, daß das mit Recht geschehe, was nicht gegen die rechte Vernunft geschieht, so muß nur das für Unrecht gelten, was der rechten Ver-

---

[533] Hobbes, Lev., 14, EU, S. 99.
[534] Willms, Reich, S. 142; Vgl.: Kersting, Hobbes, S. 123.
[535] Hobbes, Lev., EW III, p. 116; Ders., OL II, S. 102.
[536] Hobbes, Lev., 14, EU, S. 99.
[537] Hüning, Rechtsphilosphie, S. 149 - 152

nunft widerstreitet ... Das Gesetz ist daher gleichsam die rechte Vernunft, die ... auch die natürliche heißt. Das natürliche Gesetz ist also, um es zu definieren, das Gebot der rechten Vernunft in betreff dessen, was zu einer möglichst langen Erhaltung des Lebens und der Glieder zu tun und zu lassen ist."[538]
Diese als natürliche Gesetze bezeichneten hypothetischen Imperative haben, so verstanden, „keinerlei" Verbindlichkeit im Sinne von Rechtssätzen oder von Moralgesetzen (kategorischen Imperativen). Sie verpflichten nach Hobbes allerdings das Gewissen, also zu dem Wunsch, daß sie gelten mögen.[539] Sie sind theoretische Aussagen über das Verhältnis, das zwischen dem Ziel der Selbsterhaltung bzw. Daseinssicherung und der positiven Rechtsordnung als des zur Erreichung dieses Ziels notwendigen Mittels besteht.[540] Nach ihnen ist die menschliche Vernunft grundlegender Maßstab der Richtigkeit des Rechts. Hobbes' neue Interpretation besagt, daß die Vernunft als „autonom", d.h. als selbstsetzend, begriffen wird, als „instrumentelle Vernunft", d.h. als Vermögen hypothetisch bedingter Imperative, also als Zweck-Mittel-Empfehlungen.[541]
Hobbes geht nun so vor, daß er zunächst Verhaltensregeln entwickelt, die deshalb Anspruch auf universelle Geltung erheben können, weil sie von der Vernunft als taugliche Mittel der Selbsterhaltung nachgewiesen werden können; das sind die laws of nature als Inbegriff moralischer Gesetze, welche, indem sie die natürliche Freiheit der einzelnen auf die Bedingungen friedlicher Koexistenz einschränken, „im Gewissen verpflichten".[542]
Kehren so die Inhalte der traditionellen Naturrechts- und Pflichtenlehre

---

[538] Hobbes, CI II, 1, S. 85-87.
[539] Vgl.: Hobbes, Lev., 15, EU, S. 121.
[540] Röd, Naturrecht, S. 48; Vgl.: Weiß, Hobbes, S. 173.
[541] Vgl.: Dreier, Recht, S. 22; Sowie ähnlich Kersting, Hobbes, S. 123 f.
[542] Walther, Vertragstheorie, S. 138.

wieder, so scheint doch ihr Status gegenüber der Tradition radikal verändert: Sie sind nicht mehr unbedingt verplichtende Normen, sondern hypothetische Imperative, die angeben, wie sich Menschen verhalten müssen, wenn sie friedlich und sicher koexistieren wollen.[543] Die natürlichen Gesetze geben die Bedingungen an, unter denen erst eine Rechtsordnung möglich ist, ohne bereits hinreichend für die erstrebte Rechtssicherheit zu sein, weil die natürlichen Gesetze nicht erzwingbar sind, sondern ihre Gültigkeit stets von der jeweiligen Einsicht und freiwilligen Befolgung der involvierten Konfliktparteien abhängig bleibt.[544] Hobbes ging von den materialistisch verstandenen Treiben und Wünschen der einzelnen Menschen aus. Gut ist nur das, was der einzelne subjektiv begehrt,[545] vor allem Selbsterhaltung und gelegentlicher Genuß.[546] Gerät der Mensch dabei mit anderen Menschen in Konflikt, so sind Kampf und Bürgerkrieg die - zumindest immer möglichen - Folgen. Jeder ist ständig von Tötung und Schädigung bedroht. Daher gebietet das aufgeklärte Eigeninteresse die folgenden Vernunftregeln: (1) „Jedermann hat sich um Frieden zu bemühen, solange dazu Hoffnung besteht. Kann er ihn nicht herstellen, so darf er sich alle Hilfsmittel und Vorteile verschaffen und sie benutzen."[547] Der erste Teil enthält das grundlegende Gesetz der Natur und den entscheidend weiterführenden Schritt: Jeder soll den Frieden suchen. Der zweite Teil enthält die Summe des natürlichen Rechts, nämlich sich mit allen zur Verfügung stehenden Mitteln zu verteidigen. Eine dauerhafte friedliche Ordnung setzt aber voraus, daß das ursprüngliche Recht auf uneingeschränkte Mittelwahl in der natürlichen Konkurrenz nicht fest-

---

[543] Walther, Vertragstheorie, S. 138.
[544] Schröder, Hobbes, S. 45.
[545] Hobbes, Lev., 6, EU, S. 41.
[546] Hobbes, Lev., 13, EU, S. 95.
[547] Hobbes, Lev., 14, EU, S. 99-100; Hobbes, DCv, II, 2, S. 87.

gehalten wird. Das zweite natürliche Gesetz gilt Hobbes als eine bloße logische Deduktion des ersten.[548] (2) „Jedermann soll freiwillig, wenn andere ebenfalls dazu bereit sind, auf sein Recht auf alles verzichten, soweit er dies um des Friedens und der Selbstverteidigung willen für notwendig hält, und er soll sich mit soviel Freiheit gegenüber anderen zufrieden geben, wie er anderen gegen sich selbst einräumen würde."[549] Dieses zweite natürliche Gesetz verlangt die Bereitschaft, sein natürliches Recht dann beschränken zu lassen, wenn andere dazu ebenfalls bereit sind und wenn das Maß der Beschränkung der Friedenssicherung dient, wobei er sich mit soviel Freiheit zufrieden geben soll, wie er anderen gegen sich selbst einräumen würde.[550] Dieses zweite Gesetz der Natur entspricht nach Hobbes der goldenen Regel der Bergpredigt.[551] „Was ihr wollt, daß euch die Leute tun sollen, das tut ihnen auch."[552] Dieses zweite natürliche Gesetz

---

[548] Vgl.: Weiß, Hobbes, S. 169.

[549] Hobbes, Lev., 14, EU, S. 100.

[550] Nida-Rümelin, Konflikttheorie, S. 115.

[551] Matthäus, Kap. 5 bis 7, insbes. 7 ,12.

[552] Hobbes, Lev., 14, EU, S. 100. Vgl. zur Goldenen Regel: Kelsen, Gerechtigkeit, S. 367 f. ; Hobbes führt für die natürlichen Gesetze als Kriterium den moralischen Grundsatz der „Goldenen Regel" an (Hobbes, Lev., 15, EU, S. 100, S. 120 f., 26, S. 208; Ders., DCv, GA, III, S. 110, IV, S. 122). Den Unterschied, der zwischen der negativen und positiven Fassung besteht, hat Hobbes entweder nicht für bedeutend gehalten oder nicht gesehen. Zunächst führt er im 14. Kapitel die positive Fassung der Goldenen Regel an: „Was ihr wollt, daß euch andere tun sollen, das tut ihnen" (Hobbes, Lev., 15, EU, S. 100; EW III, p. 144). („quod vis ut alii tibi faciant, tu et ipsis facias"; Vgl.: Kaufmann, Rechtsphilosophie, S. 62); auf lateinisch in der negativen Formulierung: „Quod tibi fieri non vis, alteri ne feceris" („Was du nicht willst, daß man dir tut, das füg auch keinem andern zu.") Im 26. Kapitel bringt der deutsche bzw. englische Text die negative, und der lateinische Text die positive Fassung (Hobbes, Lev., 26, EU, S. 208; EW III, p. 258; OL III, S. 200). Im „Vom Bürger" wird im 3. Kapitel die negative und im 4. Kapitel die positive Formel genannt (Hobbes, CI III, 26, S. 110; IV, 23, S. 122). Die Differenz des Maßstabs ist aber beträchtlich. Die bescheidenere, negative Regel entspricht in etwa den Pflichten, deren Anerkennung die Menschen einander schulden, den Rechtspflichten (Vgl.: Höffe, Sed authoritas, non veritas, facit legem, S. 248; Kaufmann, Rechtsphilosophie, S. 62). Dagegen schließt die anspruchsvollere, positive Regel auch Tugendpflichten, etwa ein Hilfsangebot, mit ein (Vgl.: Waechter, Grundpflichten, S. 303 f., verdeutlicht die Struktur von „vollkommenen" Rechtspflichten und „unvollkommenen" Tugend-

ermöglicht letztlich den Vertrag, der den reinen Naturzustand beendet. Das Motiv für die Einhaltung ist bei Hobbes die Angst vor Sanktionen bei Nichteinhaltung. Als dauerhaftes Motiv tritt die Furcht vor der Macht der Sanktionskompetenz hinzu.

Es folgt im 15. Kapitel die Entwicklung weiterer natürlicher Gesetze, wobei deutlich wird, daß die Durchsetzung dieser Gesetze erst nach der Etablierung einer gemeinsamen Gewalt im Zustand des staatlich sanktionierten Friedens erwartet werden kann.

„Aus dem Gesetz der Natur ... folgt ein drittes, nämlich; (3) Abgeschlossene Verträge sind zu halten."[553] Der Grundsatz „pacta sunt servanda"[554], d.h. das Gebot der Vertragstreue, skizziert für Hobbes das Urbild der Gerechtigkeit: „Und in diesem natürlichen Gesetz liegen Quelle und Ursprung der Gerechtigkeit."[555]

3. Das Verhältnis von Recht und Gesetz und die neunzehn natürlichen Gesetze

Wie sieht Hobbes das Verhältnis von Gerechtigkeit und Recht bzw. zwischen Recht und Gesetz?

---

pflichten: „Rechtspflichten sind traditionell als vollkommene, Tugendpflichten als unvollkommene Pflichten gekennzeichnet worden." Rechtspflichten sind dabei mit Gewalt erzwingbar, Tugendpflichten werden dagegen freiwillig erfüllt.) Hobbes bezeichnet diesen Bereich der natürlichen Vernunft ausdrücklich als die eigentliche Moralphilosophie (Hobbes, Lev., 15, EU, S. 122). Da niemand damit rechnen kann, daß alle die goldene Regel einhalten, wird die Einsetzung eines Staates erforderlich, dem die gewaltsame Durchsetzung der goldenen Regel obliegt.

[553] Hobbes, Lev., 15, EU, S. 110; Vgl. zu Hobbes Vertragslehren: Diesselhorst, Naturzustand, §§ 8-13, S. 25-45.

[554] Hobbes, EW III, p. 130.

[555] Hobbes, Lev., 15, EU, S. 110.

Gesetze sind Vorschriften, wie man sich selbst verhalten soll. Rechte bestehen in der Freiheit, zu tun und zu lassen, was man will. Recht heißt, man macht, was man selber will und kann. Das Gesetz legt etwas fest. Daraus folgt, Gesetz und Recht sind antagonistisch.

Der Mensch hatte im Ursprung (nur) Freiheit. Durch diese grenzenlose Freiheit zerstören sich die Menschen selbst. Es ist eine Begrenzung notwendig, d.h. eine Einschränkung der Freiheit. Es bedarf also der Gesetze, die dieses natürliche Recht einschränken.

Im fünfzehnten Kapitel folgt die Entwicklung der weiteren natürlichen Gesetze[556]: (4) Die Gegenleistung der Dankbarkeit bei erwiesener Gunst. (5) Die fünfte Vorschrift verlangt Entgegenkommen und Anpassungsbereitschaft, Friedfertigkeit und ein sozialfreundliches Verhalten. (6) Die sechste Vorschrift will die friedensdienliche Fähigkeit zu verzeihen fördern. (7) Nicht rachsüchtig zu sein, fordert das siebte natürliche Gesetz. (8) Achtens verlangt die Vernunft, niemanden zu beleidigen; (9) Neuntens, daß die Menschen einander als von Natur aus gleich anerkennen, d.h. nicht hochmütig zu sein. (10) Die zehnte Vorschrift verbietet das Vorbehalten eines Rechts beim Eintritt in den Friedenszustand und den Zuspruch einer rechtlichen Sonderposition. (11) Dieses Gleichheitsprinzip muß, so die folgende elfte Vorschrift, bei schiedsrichterlichen Entscheidungen und Schlichtungen als Prinzip der Gleichbehandlung der Parteien wirksam werden. (12) Das zwölfte natürliche Gesetz verlangt die gemeinsame Nutzung aller Güter, die nicht aufgeteilt werden können. Die nachfolgende Vorschrift (13) thematisiert Rotationsverfahren bei abwechselndem Gebrauch nur von Gütern, die sich weder teilen noch gemeinsam nutzen lassen, und die Erstzuteilung durch Losentscheid. Damit eng verwandt ist die (14) Vorschrift, die bei der Verteilung von Gut und Boden die Verfahren der natürlichen Lotterie empfiehlt, also die Erstgeburtregel und das Prinzip der ersten Okkupation.⁵⁵⁷ Weiter wird (15) verlangt, Friedensmittlern sicheres Geleit zu gewähren. Die (16) Vorschrift fordert die friedliche Beilegung von Konflikten durch Einschaltung eines Schiedsrichters und die Anerkennung seiner Entscheidung. Die weiteren Vorschriften (17) verbieten, Richter in eigener Sache zu sein, und (18) parteiliche Richter zuzulassen. Und das letzte (19) von Hobbes erwähnte natürliche Gesetz gebietet, zur Schlichtung von Streitigkeiten neben den Parteien auch Zeugen anzuhören.⁵⁵⁸

Hobbes spricht immer von Gesetzen der Natur. Es überrascht, daß er zum Schluß des 15. Kapitels sagt, daß es genaugenommen keine Gesetze sind, denn von Gesetzen könne man nur sprechen, wenn es sich um Befehle von jemandem handelt, der dazu befugt ist, Befehle zu erteilen. Mit Hobbes' Worten: die „Weisungen der Vernunft werden von den Menschen gewöhnlich als Gesetze bezeichnet ... sie sind (aber) nur Schlüsse oder Lehrsätze, die das betreffen, was zur Erhaltung und Verteidigung der Menschen dient, während ein Gesetz genau genommen, das Wort dessen ist, der rechtmäßig Befehlsgewalt über andere innehat."⁵⁵⁹

Die „laws of nature" sind kein Recht, sondern sie sind nach Hobbes der Inbegriff dessen, was eine wissenschaftliche Moralphilosophie zustande bringt.

---

⁵⁵⁶ Hobbes, Lev., 15, EU S. 116-120.

⁵⁵⁷ Vgl. zur Okkupationstheorie: R. Dreier, Gerechtigkeit, S. 582. Der Okkupationstheorie, deren Vertreter neben Grotius und Pufendorf auch Kant ist, liegt das Prioritäts- und Konsensprinzip zugrunde. Nach R. Dreier ist die Pointe, „daß die Okkupationstheorie den Rechtstitel des Eigentumserwerbs eben nicht im bloßen Faktum der Besitznahme, sondern in einem stillschweigenden oder auch fingierten Vertrag erblickt, nach Kant: in der Idee des „a priori vereinigten (...notwendig vereinigter und darum allein gesetzgebender) Wille(s)" aller." Kant, Rechtslehre, S. 72 f. Vgl. dazu: Kühl, Eigentumsordnung, S. 201 f.; Kersting, Freiheit, S.263 –267 und 272 ff.; sowie Ludwig, Rechtslehre, S. 127 ff.

⁵⁵⁸ Hobbes, Lev., 15, EU, S. 116-120; Kavka, Hobbesian Moral, S. 343; Kersting, Hobbes, S. 130 f.

⁵⁵⁹ Hobbes, Lev., EU, S. 122.

Nach Hobbes ist „die Wissenschaft von diesen Gesetzen die wahre und einzige Moralphilosophie."[560] Bei Moralphilosophie handelt es sich um Vorschriften der Vernunft, also Schlüssen oder Lehrsätzen, die zur Erhaltung der Menschen dienen. Während das Gesetz das Wort dessen ist, der rechtmäßig die Befehlsgewalt über andere innehat. Bei Hobbes sind rechtliche Normen und Gesetze unbedingt verbindlich. Bei Moralgesetzen stehen hingegen die Verbindlichkeiten unter einem bestimmten Vorbehalt: man soll sich unter der Bedingung an sie halten, daß sich alle daran halten. Aus diesem Grund sagt Hobbes, diese Regeln verpflichten zur in foro interno: „Die natürlichen Gesetze verpflichten in foro interno, das heißt, sie verpflichten zu dem Wunsch, daß sie gelten mögen, aber in foro externo, das heißt zu ihrer Anwendung, nicht immer."[561]
Die Vernunft hat die Regeln entwickelt, deshalb sind sie ewig und unveränderlich. Nach Hobbes gibt es demzufolge auch eine ewige und unveränderliche Moralphilosophie. Aber diese Moralphilosophie wird von ihm stringent abgeleitet aus den Problemen, die das Selbsterhaltungsstreben eines jeden mit sich bringt, weil sie berücksichtigen muß, daß man mit anderen zusammen zu leben hat, die auch eine Selbsterhaltungsmacht darstellen. Hier liegt Hobbes' radikaler Bruch mit der Tradition. Dies läßt sich an zwei Punkten verdeutlichen. Erstens entpuppen sich die moralischen Gesetze - als normatives Element - als nicht anders als die Regeln, welche langfristig die eigene Selbsterhaltung und Sicherheit eines angenehmen Lebens garantieren. Normatives, also Moral, und Faktisches, im Sinne von egoistischem Machterhalt, widersprechen sich überhaupt nicht. Das normative Element taucht in Form der Moral auf und bedeutet Verwirklichung der rationalen Regeln langfristiger Selbsterhaltung. Ein Ge-

---

[560] Hobbes, Lev., EU, S. 122, TU 110: „the Science of them, is the true and only moral philosophy." Vgl. zu Hobbes' Moralphilosophie: Tuck, Hobbes' moral philosophy, p. 175 ff.

gensatz zwischen faktischer Selbsterhaltung und der Moral als normativem Element ist aufgelöst. Hier widerspricht Hobbes der gesamten alteuropäischen Tradition. Nach Hobbes leitet sich der Inhalt der gesamten Moral aus der für die faktische Selbsterhaltung notwendigen und optimalen Regeln her. Mit dieser These provoziert Hobbes bis heute. Das normative Element, die Moral, ist nichts anderes als das Ausbuchstabieren der Bedingungen für langfristiges und eigenes Wohlergehen, d.h. faktische Selbsterhaltung.

Zweitens haben moralische, somit normative Gesetze, selbst keine Rechtsqualität. Sie haben mangels Durchsetzungskraft lediglich moralische Geltung.

4. Ein Interpretationsversuch des Naturzustands. Oder: Das normative und innovative Element in Hobbes' politischer Philosophie

Im Naturzustand gibt es keine Gerechtigkeit oder Ungerechtigkeit. Gerechtigkeit braucht ein Kriterium, d.h. es muß eine Regel geben, an der man Recht und Unrecht messen kann. Diese Regel gibt es im Naturzustand nicht. Der Grund ist, daß es noch keine Macht oder Appellationsinstanz gibt, die solche Gesetze prozedural durchsetzen kann. Wo es keine Macht gibt, die etwas durchsetzt, gibt es auch keine Gesetze. Wo es aber keine Gesetze gibt, da gibt es keine Gerechtigkeit[561] oder Ungerechtig-

---

[561] Hobbes, Lev., EU, S. 121.
[562] Vgl. Vgl. zum Begriff der Gerechtigkeit in der historischen Entwicklung: „Gerechtigkeit ist der unwandelbare und dauerhafte Wille, jedem sein Recht zu gewähren", so lautet der erste Satz des Corpus Juris Civilis des oströmischen Kaisers Justitian (Behrends, Corpus Juris Civilis, Inst. 1,1 pr.; Vgl. dazu: Dreier, Gerechtigkeit, S. 580). Dieser Satz des römischen Juristen Ulpian ist eine der ältesten Gerechtigkeitsformeln überhaupt und geht auf Platon zurück: „Jedem das Seine" (Platon, Politeia, I, 331; Vgl.: Aristoteles, Nik. Ethik, V 7, 1132a 28 und V 8, 1133b 3; Vgl.: Korinther

keit.[563] Wie Hobbes im 13. Kapitel des „Leviathan" deutlich macht, „gehört" einem Menschen nur dasjenige, was er auch machtmäßig beherrschen kann. Nach Hobbes „gehört" im Naturzustand allen alles. Im Naturzustand gibt es keine ausschließliche Verfügungsgewalt und somit kein Eigentum.

Das Gesetz schreibt etwas vor. Gesetz und Recht in derselben Sache schließen sich aus. Hier hat Hobbes die Grundlage für ein Denkmuster der anglo-amerikanischen Rechtsphilosophie - bis heute - gelegt. Die Menschen im Staat (Gouvernment) werden durch Gesetze eingeschränkt. Die große Gefahr für jeden Bürger ist demzufolge immer die Regierung, weil diese durch die Gesetze das natürliche Recht eines jeden einschränkt. Folglich muß man versuchen, die Macht der Regierung möglichst klein zu halten, damit viel Freiheit vorhanden ist.[564] Dies ist eine Grundfigur, die der politischen Philosophie von Hobbes zu entnehmen ist. Hier ist die Grundlage für die Abwehr bzw. negative Freiheit gelegt.

Die 19 natürliche Gesetze sind alle von derselben Struktur: Sie verbieten, untaugliche Mittel der Selbsterhaltung zu wählen. Vielmehr gebieten sie, taugliche Mittel auszuwählen.

Hobbes stellt sich die Frage, was es heißt, auf ein Recht zu verzichten. Der Hobbessche Gedanke ist derjenige, daß dadurch, daß der Einzelne auf ein Recht verzichtet, bei anderen kein neues Recht entsteht. Denn jeder hat ja ein Recht auf alles. Der Verzicht auf ein Recht heißt nur, daß man ein Hindernis, das der andere für seine Pläne hatte, beseitigt. Man verzichtet auf seine Definitionshoheit. Durch den Verzicht auf Rechte werden keine neuen Rechte geschaffen, sondern es wird nur der Umfang des

---

12, 11; Vgl.: Hobbes, Lev, 15, EU, S. 110 f., sowie 113; Vgl.: Kelsen, Gerechtigkeit, S. 355-444).

[563] Vgl.: Hobbes, Lev., 14., EU, S. 99 ff.

[564] Vgl.: Luhmann, Metamorphosen, S. 119.

natürlichen Rechts der anderen vergrößert, weil Hindernisse beseitigt werden.

Hobbes kennt zwei Motive für den Verzicht: „entweder in Erwägung, daß im Gegenzug ein Recht auf ihn übertragen werde, oder weil er dadurch ein anderes Gut zu erlangen hofft."[565] Zum einen der Verzicht ohne spezifische Begünstigung eines anderen. Wer davon begünstigt ist, bleibt offen. Die zweite Form ist ein Verzicht nicht genereller Art, sondern nur zu Gunsten eines bestimmten anderen oder anderer Personen. Mit letzterem Verzicht wird deren Selbsterhaltungsmacht erweitert, bzw. wird deren natürliches Recht vom Umfange her vergrößert. Die Macht des einen wird durch den Verzicht des anderen gestärkt. Das nennt Hobbes das Übertragen des Rechts auf einen anderen. Wer nun verzichtet hat, hat sich durch diesen Verzicht selber gebunden. Von diesem Augenblick an bin ich verpflichtet. Sonst widerspreche ich mir selbst. Durch das Versprechen oder die Willenserklärung entsteht eine Bindung. Aus dieser Verpflichtung entstehen im folgenden erst gerechte und ungerechte Handlungen. Ungerechte Handlungen sind solche, in denen man gegen das, was man versprochen hat, handelt. Hier liegt der Grund, die Ursache für Verpflichtungen. Für Hobbes ist der Grund des Verpflichtetseins, daß ich mich selbst festgelegt habe, die Selbstverpflichtung. Das Motiv für die Verpflichtung spielt hierbei keine Rolle.

Der dritte Schritt, den Hobbes vollzieht, ist die Lösung des Problems, ob sich der andere darauf verlassen kann, ob ich mich an meine Verpflichtung halte. Die moralische Verpflichtung, sich an Versprechen zu halten, reicht Hobbes nicht aus. Denn de facto sind die Menschen - aufgrund der Leidenschaften - durchaus bereit, im nächsten Moment etwas anderes zu tun. Damit sich aber jeder auf die Versprechen verlassen kann, muß es ein Motiv geben, mit dem man rechnen kann, daß es die anderen auch haben.

Nach Hobbes ist das einzige Motiv, auf das man zählen kann, was die Einhaltung von Versprechen betrifft, die Furcht davor, daß es einem schlecht (er)geht, wenn man es nicht einhält. Nur dann kann man den anderen gegenüber damit rechnen, daß sie ihr Versprechen einhalten. Es muß eine Macht geben, die das Nichteinhalten von Versprechen sanktioniert, die Menschen bestraft und die Sanktion auch prozedural durchsetzen kann.

Hier verdeutlicht Hobbes seine realistische Konzeption. Sobald Verhältnisse in einer Gesellschaft auftreten, in denen es sich mehr lohnt, wenn man betrügt, als ehrlich zu sein, brechen diese Strukturen ganz schnell zusammen. Es bedarf (im dritten Schritt) eines dauerhaften Motivs. Bei Hobbes kann es nur die Furcht vor den negativen Folgen der Nichteinhaltung sein.

Aus dieser Grundthese, daß es bei den natürlichen Rechten immer um Regeln vernünftiger Selbsterhaltung geht, deren Verbindlichkeit man sich durch den eigenen Willen auferlegt, folgt auch, daß es natürliche Rechte gibt, die man nicht aufgeben kann.

Nach Hobbes sind nicht alle Rechte veräußerlich.

„Da die Gedanken frei sind, hat ein Privatmann immer die Freiheit, die Taten, die für Wunder ausgegeben worden sind, in seinem Herzen zu glauben oder nicht zu glauben, je nachdem er erkennt, welcher Vorteil aus dem Glauben der Leute denen erwachsen kann, die das Wunder behaupten und sich dafür einsetzen, und mag sich daraufhin überlegen, ob sie Wunder oder Lügen sind."[566]

„Erstens kann niemand das Recht aufgeben, denen Widerstand zu leisten, die ihn mit Gewalt angreifen, um ihm das Leben zu nehmen, da nicht an-

---

[565] Hobbes, Lev., EU, S. 101.
[566] Hobbes, Lev., EU, 37, S. 340. Carl Schmitt, Leviathan, S. 82 - 87., hat dies als Tragik des autoritären Staatsdenkens interpretiert.

genommen werden kann, er strebe dadurch nach einem Gut für sich selbst."

„Dasselbe gilt für Verletzungen, Ketten und Gefängnis, einmal deshalb, weil eine solche Duldung keinen Vorteil nach sich ziehen würde, wie etwa die Duldung, daß ein anderer verletzt oder eingesperrt wird, zum andern auch, weil niemand sagen kann, wenn er Leute mit Gewalt gegen sich vorgehen sieht, ob sie seinen Tod beabsichtige oder nicht."

„Und letztlich sind Motiv und Zweck, um deretwillen Rechtsverzicht und Rechtsübertragung eingeführt worden sind, nichts anders als die Sicherheit der Person hinsichtlich ihres Lebens und der Mittel, das Leben so erhalten zu können, daß man seiner nicht überdrüssig wird."[567]

Hobbes' erstes Menschenrecht ist: Die Gedanken sind frei; sein zweites: Was das Gesetz nicht verbietet, ist erlaubt.[568] Seine Menschenrechte zwei bis vier besagen, daß es ein natürliches Menschenrecht gibt, über das der Souverän keine Macht hat: Das Recht auf Leben.[569] Der einzige Zweck des Vertrages ist der Schutz des Lebens jedes Vertragsschließenden. Unter dem rechtlich zu gewährleistenden Schutz des Lebens versteht Hobbes nicht das „gute Leben" der antiken Philosophen, aber doch weit mehr als

---

[567] Hobbes, Lev., EU, 14, S.101 f.

[568] Vgl.: Hobbes, Lev., EU, 15, 21.

[569] Wie ist es, wenn jemand selber als „Täter" angeklagt ist, d.h. etwas Unrechtes getan hat (z.B. Mörder wird)? Der Souverän darf grundsätzlich töten. Was ist aber mit dem selbst Betroffenen?

Hobbes kennt unabtretbare Rechte. Hier liegt ein gewisser Widerspruch in der Theorie. Man könnte auch sagen ein Systemwiderspruch. Der Souverän ist ermächtigt, die Gesetze zu erlassen. Er selbst ist nicht an Gesetze gebunden. Er kann sogar dagegen verstoßen. Auf diesen Systemwiderspruch wird noch bei der Frage nach dem Widerstandsrecht näher eingegangen.

das nackte Leben, nämlich ein entpolitisiertes, angenehmes Leben, zu dem durch die „rechtmäßige Arbeit" erworbenen Mittel gehören.[570]
Warum kann niemand auf diese „unverzichtbaren Menschenrechte" verzichten? Warum kann niemand auf das zweite bis vierte Recht, das Recht, sein Leben zu verteidigen, verzichten? Nach Hobbes gebietet dies die Selbsterhaltung. Wenn man sich nicht verteidigt, bezweckt man auch nichts Gutes für sich selbst. Es können nur solche Teile des natürlichen Rechts abgetreten werden, bei denen man durch die Abtretung einen Vorteil hat. Soweit es bei der Abtretung von Rechten keinen Vorteil gibt, gibt es auch keine Abtretung. Dies gilt auch für die vierte Gruppe wie Verwundungen, Fesseln und Einkerkerungen, d.h. die Unversehrtheit des eigenen Körpers und die Bewegungsfreiheit. Dieses Recht kann man nicht abtreten. Diese Abtretung wäre für einen selbst kein Gut, kein Vorteil. Letztlich ist auch die Sicherheit der Person eines Menschen nicht abtretbar. Eine Willenserklärung dahingehend, auf dieses Recht zu verzichten, ist von vornherein ungültig, weil man niemals unterstellen darf, daß jemand in die Bedingungen seiner eigenen Vernichtung einwilligt. Eine derartige Verpflichtungserklärung sich selbst gegenüber wäre zudem unwirksam, da der Erklärende keine Haftung oder Verpflichtung gegenüber sich selbst eingehen kann. Zudem wäre sie auch sinnlos, da der Erklären-

---

[570] Hobbes, Lev., EU, S. 255; Vgl.: Brunkhorst, Souveränität, S. 160; Göller, Menschenrechte, S. 135, 140 ff., der in Hobbes einen Vorläufer des Vertreters der Idee universaler Menschenrechte sieht. Vor dem Hintergrund des Entwurfes der „Charta der Grundrechte der EU", welcher am 7.12.2000 in Nizza feierlich proglamiert wurde, wird die Aktualität und Vordenkerrolle von Hobbes erneut deutlich. In Kapitel II. „Freiheiten", regelt Art. 10, die „Gedanken-, Gewissens- und Religionsfreiheit" und deckt damit den unter (1) genannten hobbesschen Punkt ab; Kapitel I. „Würde des Menschen" regelt in Art. 2 das „Recht auf Leben", also den hobbesschen Punkt (2), mit seinen Unterpunkten, die in der Charta ebenfalls geregelt sind: Art. 3, „Recht auf Unversehrtheit", Art. 4, „Verbot der Folter und unmenschlicher oder erniedrigender Strafe oder Behandlung", und in Kapitel II, der Art. 6, welcher das „Recht auf Freiheit und Sicherheit"regelt. Vgl. dazu: Di Fabio, Staatswerdung Europas, S. 8, der mit Bezug auf Bodin in der Proklamation der Grundrechtscharta das Tor zu einer Verfassungsdebatte der Europäischen Union als geöffnet ansieht.

de über sein eigenes Leben ohnehin freiverfügen kann, also nicht in sein eigenes Leben zu „vollstrecken" braucht. Was auch immer die Menschen erklären, also Willenserklärung abgeben bezüglich der Aufgabe des Rechtes auf Leben, Unversehrtheit der Glieder und auf Handlungsfreiheit bzw. Freizügigkeit, so können diese niemals verbindlich sein.

Hier greift Hobbes ungelöste Folgeprobleme von Machiavelli und Bodin auf und führt „unverzichtbare Menschenrechte" ein.. Jeder Vertrag, der diese Rechte mißachtet, ist von vornherein nichtig. Hier liegt ein erster Ansatz für die Begründung der später sogenannten Menschenrechte. Einschränkend sei gleich hinzugefügt, daß die heute so genannten Grundrechte solche Rechte sind, die der Staat selber schützt.[571] Davon ist bei Hobbes noch nicht die Rede. Seine Menschenrechte sind vorstaatliche Rechte.

Hobbes kennt aber einen Kernbereich des natürlichen Rechts, der unveräußerlich ist. Diese Aussage haben vor ihm weder Machiavelli noch in dieser Form Bodin getroffen.

Interessant ist hier auch der vierte Aspekt der „unveräußerlichen Rechte", d.h. daß es Bedingungen geben muß, so daß man nicht des Lebens überdrüssig wird. Denn sobald Verhältnisse oder Bedingungen vorherrschen, kraft derer die Menschen Unlust am Leben haben, kann man nicht unterstellen, daß sie in solche Bedingungen eingewilligt haben. Die Men-

---

[571] Die Begriffe „Grundrechte" und „Menschenrechte" müssen unterschieden werden. „Grundrechte" sind positiv garantierte Rechte (positives Recht). „Menschenrechte" sind vorstaatliche Rechte (Naturrecht). Kriele, Staatslehre, S. 132, führt hierzu aus: „Menschenrechte gelten zeitlich gesehen ewig, räumlich gesehen überall in der Welt; sie sind in der Natur oder in Gottes Schöpfung verwurzelt, sie haben den Charakter der Heiligkeit und Unverbrüderlichkeit. Grundrechte ... sind die rechtlich-institutionell verbürgten Menschenrechte. Ihre Geltung ist zeitlich und örtlich bedingt. Aber sie sind dafür objektiv geltendes Recht. Sie sind auch subjektiv geltende Rechte: sie sind vor Gericht einklagbar. Sie beschränken die Macht der Staatsorgane, sie sind nicht nur unvereinbar mit der unbeschränkten Souveränität des Staatsapparates über den Menschen, sondern sie sind Ausdruck der Negation der Souveränität und der Sicherung der Freiheit durch ein gewaltenteilendes Verfassungssystem."

schen können dann von ihrem ursprünglichen Recht auf alles wieder Gebrauch machen. Hobbes denkt hier darüber nach, was der Staat tun muß, damit diese Bedingungen nicht eintreten, also daß Menschen unter Bedingungen leben, in denen sie des Lebens überdrüssig werden. Daraus folgt, daß der Staat, damit er seine staatliche Souveränität aufrecht erhält, dafür sorgen muß, daß es so etwas wie „minimale Lebensbedingungen" für alle gibt, unter denen sie ihres Lebens nicht überdrüssig sind. Keiner darf nach unten aus dem „Netz" herausfallen. Der Grund liegt darin, daß, wenn jemand nichts mehr zu verlieren hat, er kein Motiv mehr hat, sich an den Vertrag zu halten. Soweit die Menschen aber Nutzen und „Lebensfreude" haben, ist das bindende Motiv stark genug. Der Staat muß demzufolge ein „Netz" spannen, durch das keiner durchfällt.

Aus denselben Gründen - nur unter anderen Vorzeichen - gilt dies auch für die Entwicklung nach oben. Hier hat der Staat ein Interesse an der Erhaltung seines Machtmonopols. Wenn nämlich Menschen im Staat soviel wirtschaftliche Macht entwickeln, daß sie die staatlichen Sanktionsgewalten nicht mehr zu fürchten haben, dann fallen sie auch aus dieser Bandbreite - der Gehorsamsbereitenen - heraus. Aus diesem Grund muß eine wirtschaftliche Machtzusammenballung, verhindert werden. Ansonsten hat der Staat mangels durchsetzbarer Sanktionen praktisch sich selbst abgewirtschaftet.[572]

Beides sind außerordentlich moderne und immer noch aktuelle Überlegungen der Bindungen, unter denen Menschen Regeln einhalten.[573]

---

[572] Vgl.: Pogge, Souveränität, S. 126 ff., 134: „So wäre es zum Beispiel offenkundig irrational, Straf- oder Steuergesetze zu entwerfen, ohne ihre Wirkungen zu bedenken, die sie durch Vorschriften oder Anreize tatsächlich erzeugen." Zu Hobbes, S. 143.

[573] Man denke, was den zweiten Punkt betrifft, nur an die wirtschaftliche Machtzusammenballung von Microsoft. Gerade im Zuge der Globalisierung muß die Politik darauf achten, der z.T. geballten wirtschaftlichen Macht geschlossen entgegenzutreten.

5. Die Frage der Konstitution und der Durchsetzung und Sicherung wechselseitiger Handlungserwartungen. Oder: Vernunft und Moralphilosophie

Hobbes' natürliche Gesetze sind alle mit der Vorbehaltsklausel versehen: Befolge das natürliche Gesetz, vorausgesetzt, der andere bzw. die anderen tut oder tun das auch. „Die natürlichen Gesetze verpflichten in foro interno, d.h. sie verpflichten zu dem Wunsch, daß sie gelten mögen, aber forum externo, d.h. zu ihrer Anwendung, nicht immer. Denn jemand, der zu einer Zeit und an einem Ort bescheiden und umgänglich wäre und alle seine Versprechen erfüllte, wo sich sonst niemand so benimmt, würde sich nur den anderen als Beute darbieten und seinen sicheren Ruin herbeiführen, im Widerspruch zur Grundlage aller natürlichen Gesetze, die die Erhaltung der menschlichen Natur zum Ziel haben."[574] Hobbes gebraucht hier die traditionelle Sprache des Naturrechts. Er raubt aber ihren Begriffen den angestammten Sinn. „Die natürlichen Gesetze verpflichten" bedeutet bei Hobbes: Die instrumentelle Vernunft, die sich der menschlichen Interessen annimmt und sich in kriegszustandsanalogen Situationen vor allem um das Selbsterhaltungsinteresse kümmert, erkennt, daß eine gemeinsame Befolgung der traditionell als „natürliche Gesetze" bezeichneten Regeln der Kooperation, der Fairness und Gerechtigkeit im Interesse von jedermann ist und jedermann sich folglich einen Zustand wünschen muß, in dem diese Grundsätze gelten.[575] Nach Hobbes sind die natürlichen Vernunftvorschriften „nur Schlüsse oder Lehrsätze, die das betreffen, was zur Erhaltung und Verteidigung der Menschen dient".[576]

---

[574] Hobbes, Lev., 15, EU, S. 121.
[575] Kersting, Hobbes, S. 133.
[576] Hobbes, Lev., 15, EU, S. 122.

Nach Willms[577] muß man „natural law" jedesmal mit „Weisung der Vernunft zur Überwindung des Naturzustandes" übersetzen. Die Möglichkeit, den Krieg in Frieden zu verwandeln, wird dadurch eröffnet, daß die Vernunft die natürlichen Gesetze einzusehen vermag, dies stellt aber noch nicht den Frieden selbst her. Hierzu bedarf es der Einsetzung staatlicher Gewalt, die die natürlichen Gesetze gegen jedermann durchsetzt.[578] Hobbes steht mit seiner Definition von Gerechtigkeit, jedem das Seine zu geben, noch in der üblichen scholastischen alteuropäischen Tradition. Die Gültigkeit von Verträgen jedoch „beginnt erst mit der Errichtung einer bürgerlichen Gewalt, die dazu ausreicht, die Menschen zu ihrer Einhaltung zu zwingen."[579] Nach Hobbes ist es prinzipiell vernünftig, sein Verhalten den Vernunftvorschriften zu unterwerfen, jedoch kann dies nur unter der Bedingung gesicherter Wechselseitigkeit geschehen. Es ist prinzipiell vernünftig, Verträge zu halten und sein Wort nicht zu brechen, jedoch kann man sich durch Verträge nur dann als gebunden ansehen, wenn man sicher sein kann, daß auch der Partner seine Vertragspflicht erfüllt. Diese Sicherheit kann es aber nur dort geben, wo es einen Staat gibt, eine Zwangsgewalt, die den Vernunftvorschriften Wirksamkeit verschafft und ein Klima der Sicherheit und Berechenbarkeit erzeugt, in dem die vertragliche Vereinbarung zu einem zuverlässigen Instrument für die Individuen werden kann, ihre sozialen Beziehungen selbständig und mit Vertrauen auf die Zukunft zu gestalten, kurz: Wo es eine Zwangsordnung gibt, die die Vernunftvorschriften aufgreift und konkretisiert.[580] Indem Hobbes für die natürlichen Gesetze die Notwendigkeit der Sanktionierung durch die staatliche Autorität anerkennt, gibt er zu erkennen, daß er die natürlichen

---

[577] Willms, Leviathan, S. 143.
[578] Schapp, Freiheit, S. 91.
[579] Hobbes, Lev., 15., EU, S. 111.
[580] Kersting, Hobbes, S. 136.

Gesetze als solche zur Durchsetzung des Sozialverhaltens für untauglich hält. Er benötigt die Idee des natürlichen Gesetzes zur Konstruktion des (absolutistischen) Staatsbegriffs. Für das Verhalten der Individuen in der staatlichen Gesellschaft ist aber seiner Ansicht nach in erster Linie nicht das natürliche Gesetz maßgeblich.[581] Dieses geht beispielsweise aus folgender Stelle im „Behemoth" deutlich hervor: „Es ist wahr, Gottes Gebote brauchen keinen Beweis durch die Gesetze der Menschen. Aber weil die Menschen wie durch ihre eigene Weisheit zur Kenntnis dessen kommen, das, was Gott gesprochen und befohlen hat, zu befolgen, und auch nicht gezwungen werden können, den Gesetzen zu gehorchen, deren Urheber sie nicht kennen, haben sie sich irgendeiner menschlichen Autorität zu fügen."[582] Wenn die Entscheidung darüber, was als „Gebot der rechten Vernunft" bzw. als „Gebot Gottes" zu gelten hat, dem Souverän vorbehalten ist, dann kann die Idee des natürlichen Gesetzes nur die Funktion haben, den absoluten Herrschaftsanspruch des Souveräns zu begründen respektive zu rechtfertigen. Somit ist es die natürliche Vernunft selbst, die jetzt zum Zwecke der Durchsetzung der natürlichen Gesetze die Einsetzung staatlicher Gewalt fordert.

Hier endet der 1. Teil „Vom Menschen", und Hobbes beginnt den 2. Teil „Vom Staat" mit den Ursachen, der Erzeugung und der Definition eines Staates.

---

[581] Vgl.: Röd, Naturrecht, S. 50.
[582] Hobbes, Behemoth, S. 53.

V. Die Staatsgründung als Gesellschafts- und Ermächtigungsvertrag in einem und die Frage nach dem Wesen der Souveränität

1. Rechtsverzicht und Rechtsübertragung: Der Weg aus dem Naturzustand

Ausgangspunkt der Hobbesschen Theorie von Souveränität, Staat und Recht ist die - auf analytischem Wege aus der Gegenwart des Gesellschaftslebens gewonnene - ursprüngliche Beschaffenheit des Menschen inmitten einer gegen seine Selbsterhaltungsbedürfnisse gleichgültigen Umwelt.[583] Das Beweisprogramm von Hobbes besteht darin, daß eine gewillkürte Schaffung einer staatlich-institutionellen Herrschaftsordnung als die einzige Möglichkeit gesicherter Lebensführung bzw. Handlungserwartung oder Erwartungssicherheit für gleichzeitig nebeneinander existierende Menschen sowie einem bestimmten Inhalt dieser institutionellen bzw. sozialen Ordnung als Inbegriff der Realisierungs- und Stabilitätsbedingungen friedlicher Koexistenz von Menschen nachzuweisen.[584] Das Mittel ist der allseitige Austauschvertrag. Sich ihm durch einen Akt der Selbstbindung zu unterwerfen und sich zu verpflichten, gebietet die (instrumentelle) Vernunft.[585] Es ist die natürliche Vernunft selbst, die jetzt zum Zwecke der Durchsetzung der natürlichen Gesetze die Einsetzung staatlicher Gewalt fordert. Die Vernunft erkennt, daß niemandem eine Befolgung der natürlichen Gesetze des Friedens und der gesellschaftlichen Kooperation zugemutet werden kann, wenn nicht sichergestellt ist, daß alle die mit der Kooperativität und Friedfertigkeit verbundene Selbstdisziplin aufbringen. Die Vernunft leitet aus dieser Erkenntnis die Aufgabe ab, die Umstände

---

[583] Vgl. Walther, Vertragstheorie, S. 137.
[584] Vgl. Walther, Vertragstheorie, S. 137.
[585] Vgl.: Walther, Vertragstheorie, S. 137.

so zu verändern, daß eine allgemeine Befolgung der Vernunftregeln gewährleistet ist und somit auch der einzelne risikolos das tun kann, was ihm seine Vernunft im Interesse der Sicherung seines Lebens und der Beförderung seines Glücks vorschreibt.[586] Dies kann er erst dann ungefährdet tun, wenn eine unwiderstehliche Zwangsgewalt den Vernunftvorschriften Wirksamkeit verschafft und die Einhaltung aller Absprachen garantiert. „Die logisch zwingende Zusammenfassung von Herrschaftsvertrag und Gesellschaftsvertrag spiegelt dies wider und erlaubt es, Herrschaft als funktionalen und problemlosen Mechanismus der Ordnungssicherung zu behandeln." [587]

„Verträge ohne das Schwert sind bloße Worte und besitzen nicht die Kraft, einen Menschen auch nur die geringste Sicherheit zu bieten. Falls keine Zwangsgewalt errichtet worden oder diese für unsere Sicherheit nicht stark genug ist, wird und darf deshalb jedermann sich rechtmäßig zur Sicherung gegen alle anderen Menschen auf seine eigene Kraft und Geschicklichkeit verlassen ...",[588] wodurch der alte kriegerische Naturzustand aber wiederhergestellt wäre. Es sei nochmals betont, daß Gesellschaft als herrschaftlich organisierte Ordnung entworfen werden muß, weil Hobbes zurecht auf das Problem aufmerksam macht, daß auch und gerade eine von freien und in der Ausstattung gleichen Akteuren geschaffene und anerkannte Ordnung durch Sanktionsmöglichkeiten gesichert sein will.[589] Die Bewältigung dieses Dilemmas sieht Hobbes in der Errichtung einer Herrschaftsinstanz, die in der Lage ist, entsprechend den anfänglichen Annahmen, die Ordnung vor ihren eigenen Schöpfern zu si-

---

[586] Kersting, Souveränität, , S. 212.
[587] Maurer, Herrschaft, S. 31.
[588] Hobbes, Lev., 17, EU, S. 131; Vgl.: Schmitt, Leviathan, S. 56 ff.
[589] Maurer, Herrschaft, S. 32.

chern, indem sie deren Gewaltfähigkeit beschneidet.[590] Nur deshalb muß die Ordnung herrschaftsgesichert und die Herrschaft machtbasiert sein. Herrschaft ist demnach durch den vorgängigen, vertraglichen Konstitutionsakt legitimiert und von den Akteuren wegen der erwarteten funktionalen Leistungen mit den notwendigen Machtmitteln ausgestattet.[591] Hier findet man eine Antwort auf die oben aufgeworfene Frage der Konstitution und der Frage nach der Durchsetzung und Sicherung wechselseitiger Handlungserwartungen. Hier tritt das Argument der (Rechts-) Sicherheit bei Hobbes deutlich hervor. Allein in diesen beiden Sätzen spricht er zweimal von Sicherheit und einmal von Sicherung. Im gesamten, nur viereinhalb Seiten umfassenden Kapitel, spricht er achtmal von Sicherheit. Den gesellschaftlichen Frieden allein wechselseitiger vertraglicher Selbstbindung anzuvertrauen, ist für Hobbes kein erfolgsversprechendes Rezept, um dem elenden Kriegszustand zu entkommen.[592] Damit das gelingt, haben die Menschen nur den einen Weg der vertraglichen Gründung einer „sichtbaren Gewalt, die sie im Zaume zu halten und durch Furcht und Strafe an die Erfüllung ihrer Verträge und an die Beachtung der natürlichen Gesetze zu binden vermag"[593].

Mit der Entstehung des Souveräns ist eine unwiderrufliche Macht geschaffen. Nun könnte man sich hier die Frage stellen: Ist der Staat eine Anstalt? Man könnte auch fragen: Ist der Souverän ist ein Agent des Staates? Die Antwortet lautet, der Souverän selbst wird von Menschen, die selber Agenten sind, eingesetzt.[594]

---

[590] Maurer, Herrschaft, S. 32.

[591] Maurer, Herrschaft, S. 32.

[592] Hobbes, Lev., 17, EU, S. 131.

[593] Hobbes, Lev., 17, EU, S. 131.

[594] Hier werden Parallelen zu der späteren Theorie von Max Weber deutlich. Der Souverän erinnert an Webers Begriff der Herrschaft. Herrschaft ist für Weber „die Chance, für einen Befehl bestimmten Inhalts bei angebbaren Personen gehorsam zu

Hobbes kennt also einen demokratischen Akt, d.h. alle Personen müssen miteinander übereinkommen. Diese Ermächtigung der Menschen gegenüber dem Repräsentanten, d.h dem Souveräns, ist so zu verstehen, als ob sie sich bei späteren Befehlen etwas selber befohlen hätten.
So entsteht eine gesamtgesellschaftliche Macht. Der Souverän hat immer das Handlungssystem aller zur Verfügung.

Das Mittel, mit dem die Menschen der naturwüchsigen, ihre Existenz gefährdenden Form ihres Zusammenlebens, dem Naturzustand, entkommen können, in dem jeder selbst über die tauglichen Mittel der Selbsterhaltung entscheidet, also seine natürliche Handlungsfreiheit gebraucht - eine Willensfreiheit im Sinne der Nichtdeterminiertheit der Inhalte des eigenen Wollens bestreitet er - ist der allseitige Austauschvertrag - der sich aufgrund seiner zukunftsbezogenen Dimension als reziprokes Versprechen zeigt: Alle zusammenlebenden Individuen tauschen wechselseitig eine Verzichterklärung auf Ausübung ihrer natürlichen Rechte zugunsten eines nicht involvierten Dritten – oder mehrerer solcher Dritter – aus.[595] Alle moralischen und rechtlichen Verbindlichkeiten, denen die Menschen im staatlichen Leben, also als Bürger, unterliegen, sind durch Selbstbindung erzeugte Pflichten.[596] Folglich hat alle staatliche Herrschaft ihren Rechtsgrund in einem Akt der Selbstbindung der Herrschaftsunterworfenen, d.h. daß Herrschaft aus Selbstunterwerfung resultiert. Diese Selbstunterwerfung ist insofern eine freie, d.h. durch nichts Vorangehendes begründete

---

finden." WuG I 1, §16, S. 28. Auch sein Begriff der „Anstalt" ist hier ein hilfreicher Vergleich. „Anstalt soll ein Verband heißen, dessen gesetzte Ordnungen innerhalb eines angebbaren Wirkungsbereichs jeden nach bestimmten Merkmalen angebbaren Handeln (relativ) erfolgreich oktroyiert werden." Dies leitet zu Webers Begriff des „Anstaltsstaates" über: „Die entscheidende Triebkraft für diese Veränderung der technischen Formen autonomer Rechtserschöpfung waren: politisch das Machtbedürfnis der Herrscher und Beamten der erstarkten politische Staatsanstalt." WuG I 1, §16, S. 28 und II 6 § 2, S. 419.

[595] Walther, Vertragstheorie, S. 137 f.
[596] Walther, Vertragstheorie, S. 138.

Unterwerfung und Verpflichtung, als es keine präexistierende Normen- und Pflichtenordnung gibt; sie ist insofern freilich erzwungen, als sie sich für die instrumentelle Vernunft als die einzige Möglichkeit zeigt, wie die Menschen ihre als ontologische Qualität bestimmte, ihnen daher von Natur aus vorgezeichnete, Selbsterhaltung effektiv ins Werk setzen können.[597]

2. Friedensstiftung durch Machtmonopolisierung

Hinderten im Naturzustand die vielen „iura in omnia" einander in der Entfaltung, so kann sich jetzt das „ius in omnia" des übriggebliebenen Naturzustandsbewohners, des „lupus intra muros", frei entfalten.[598] Die stabilitätspolitische Grundidee dieser Konstruktion ist die Idee der Friedensstiftung durch Machtmonopolisierung. Und da ein stabiles Machtmonopol auf natürlichem Weg aufgrund der natürlichen Gleichheit der Menschen nicht zu erreichen ist, muß es durch ein vertragliches Arrangement hergestellt werden.[599] Der begünstigende Rechtsverzicht hebt die Konkurrenz des „iura in omnia et omnes" auf und setzt ein ius in omnia et omnes-Monopol an seine Stelle. Der Souverän ist ein ius in omnia et omnes-Monopolist. Es ist eine natürliche Person, die zur Ermöglichung der Frie-densordnung ihr „ius in omnia" als einzige behält und ungehindert ausüben kann.[600] Der Staatsvertrag bildet dann auch den Übergang vom natürlichen zum bürgerlichen Recht.

---

[597] Walther, Vertragstheorie, S. 138.
[598] Kersting, Souveränität, S. 216; Vgl.:Brandt, Hobbes, S. 44.
[599] Kersting, Souveränität, S. 216; Vgl.: Brandt, Hobbes, S. 44 ff., 52 ff.
[600] Kersting, Souveränität, S. 216; Vgl.: Kersting, Der künstliche Mensch, S. 71 – 73; Brandt, Hobbes, S. 44 ff., 52 ff.

3. Das Problem der Unsicherheit

Es stellt sich aber ein Problem. Es besteht eine Unsicherheit dahingehend, ob dieser Verzicht, bzw. „Vertrag" auch später erfüllt wird. Woher kommt die Sicherheit für die Beteiligten? Bei Verträgen, bei denen die Gegenleistung zukünftig ist, wäre es rational gesehen, unvernünftig, sich darauf einzulassen. Hier hängt die Ableitungskette in der Luft. Hobbes wendet hier jedoch das Zweck-Mittel-Schema an. Es gibt ein Mittel, um dieses Problem zu lösen. Soweit alle Beteiligten wissen, daß sie bei Nichteinhaltung mehr Nachteile haben, werden sie es befolgen. Es muß dann eine mächtige Instanz geben, die alle dazu zwingen kann. Das richtige Mittel ist also eine Gewalt bzw. Instanz, die einen zwingen kann.

Folglich muß der zwischen allen zu schließende und alle wechselseitig verpflichtende Vertrag beides, sowohl die Geltung der „natural laws" (1) als auch die Bedingungen ihrer Wirksamkeit (2) enthalten.[601]

4. Autorisierung und politische Einheit: Der Staatsvertrag

Der Staatsvertrag oder Sozialkontrakt kommt nach Hobbes als „eine wirkliche Einheit aller in ein und derselben Person" zustande, und zwar „durch einen Vertrag eines jeden mit jedem ..., als hätte jeder zu jedem gesagt: Ich autorisiere diesen Menschen oder diese Versammlung von Menschen und übertrage ihnen mein Recht, mich zu regieren, unter der Bedingung, daß du ihnen ebenso dein Recht überträgst und alle ihre Handlungen autorisierst. Ist dies geschehen, so nennt man diese zu einer Person vereinigte Menge Staat, oder auf lateinisch civitas. Dies ist die Erzeugung des großen Leviathan oder besser, um es ehrerbietiger auszu-

---

[601] Walther, Vertragstheorie, S. 138.

drücken, jenes sterblichen Gottes, dem wir unter dem unsterblichen Gott unseren Frieden und Schutz verdanken."[602]

Nach Manfred Walther „muß der zwischen allen zu schließende und alle wechselseitig verpflichtende Vertrag beides, sowohl die Geltung der natural laws (1) als auch die Bedingungen ihrer Wirksamkeit (2), enthalten".[603] Aus der Formel für den Gesellschaftsvertrag folgt, daß darin offensichtlich die Bedingungen (2) wie folgt erfüllt sind :

„Indem zunächst alle sich wechselseitig verpflichten, auf die unbeschränkte Dispositionsbefugnis (das natural right) über die Tauglichkeit von Mitteln der Selbsterhaltung zu verzichten, ist der naturwüchsige Antagonismus einander gegenüber- und entgegenstehender je individueller Selbsterhaltungsmächte beseitigt.

Indem dieser Verzicht nicht unbestimmt, sondern zugunsten bestimmter anderer Menschen erfolgt, ist zugleich gesichert, daß diese anderen eine ausreichende Macht der Durchsetzung der von ihnen für tauglich zur Selbsterhaltung aller gehaltenen Mittel haben: daß alle zugunsten Dritter verzichten, heißt nämlich, daß diese Dritten von den Kontrahierenden uno actu authorisiert werden, stellvertretend für jeden von ihnen zu handeln, daß sich also alle das Handeln der Dritten als ihr eigenens zurechnen lassen (müssen)."[604]

Das Geburtsereignis des Leviathan ist der wechselseitig versprochene Souveränitätsverzicht der Individuen. Die Selbstentmündung der Menschen erzeugt den sterblichen Gott, der die größte Macht auf Erden besitzt und für die Menschen denkt und handelt. Während das Recht auf alles sich auf das Äußere bezieht, auf das Dingliche und Körperliche, auch auf

---

[602] Hobbes, Lev., 17, EU 134; Vgl. zum Begriff der Autorisierung: Weiß, Hobbes, S. 185 ff.

[603] Walther, Vertragstheorie, S. 138.

[604] Walther, Vertragstheorie, S. 139.

die Körper und äußeren Handlungen der Konkurrenten, kommen mit dem Recht auf Selbstregierung die Momente des Willens, der Subjektivität und Personalität ins Spiel. Damit gewinnt die Vorstellung der Formierung einer handlungsfähigen, dem Modell der personalen Einheit nachgebildeten, mit Subjektivitätsmerkmalen ausgestatteten politischen Einheit an Deutlichkeit und innerer Stringenz.[605] Der Verzicht benötigt nur die naturzustands-typische Konkurrenzsituation und läßt den Vertragsbegünstigten als letzten Inhaber des Rechts auf alles übrig: seine natürliche Macht, deren Maß ehedem durch das Kräfteparallelogramm des Kriegszustands bestimmt wurde, verliert alle einschränkende Konkurrenz und gewinnt damit absolute Qualität.[606]

Welche Bedeutung Hobbes dem Autorisierungsprogramm beigemessen hat, ist anhand des Titelblattes der Erstausgabe gut abzulesen:[607] Hinter den Bergen, einigen Dörfern und einer Stadt taucht ein Herrscher mit Krone und Insignien auf. Sieht man näher hin, so ist der riesige künstliche Mensch, der Staat, aus lauter kleinen Menschen zusammengesetzt - Abbild der Repräsentationsidee Hobbes' und zugleich der These, daß jeder Bürger im omnipotenten Staat vollkommen aufgefangen ist.[608] Die Darstellung ist in der Horizontalen geteilt, und in der unteren Hälfte werden jeweils fünf Symbole der weltlichen (Buch II des Leviathan) und der kirchlichen (Buch III) Macht des Souveräns einander gegenübergestellt.[609] Der Souverän hält in seiner rechten Hand das Schwert, in seiner linken den Bischofsstab; die räumliche Verschränkung führt dazu, daß sie zeltartig

---

[605] Kersting, Souveränität, S. 218.
[606] Kersting, Souveränität, S. 218.
[607] Vgl. zum Titelblatt: Brandt, Titelblatt, S. 201-231. Bredekamp, Leviathan, S. 159 ff.; Ders., „Thomas Hobbes"; Platthaus, Titelbild des „Leviathan", S. 17; Meier, Zur Ikonographie von Hobbes' Leviathan, S. 6; Münkler, Politische Bilder, S. 50 ff.
[608] Höffe, Wissenschaft, S. 51 f.
[609] Brandt, Titelblatt, S. 31.

das Land überdachen: Staat und Land stehen unter dem Schutz des „Mortal God".[610] Die neue Rechtsfigur der Autorisierung schafft die Voraussetzung für die Verwandlung des übriggebliebenen Wolfs in den Leviathan, d.h. die menschenschuppige Riesengestalt, und erschafft die politisch-rechtliche Einheit des Staates.[611] Nicht weniger deutlich ist der Buchtitel selbst: Das biblische Seeungeheuer Leviathan, welches die unüberwindbare Staatsgewalt symbolisieren soll.[612]

5. Die neue Problemstellung

So findet sich im Leviathan erstmals und im Gegensatz zum antiken und mittelalterlichen Denken ein Gesellschafts- und Herrschaftsmodell ausgehend von freien Individuen konstruiert, das zwei entscheidende Probleme moderner Gesellschaften aufdeckt: die Frage der Konstitution und die Frage der Durchsetzung und Sicherung wechselseitiger Handlungserwartungen.[613] Der „Leviathan" kann gerade deshalb als entscheidender Wendepunkt und Beginn einer individualistischen Ordnungs- und Herrschaftskonzeption bezeichnet werden, weil darin einerseits die Frage der Ordnungskonstitution und das Folgeproblem der Ordnungssicherung zwischen freien Akteuren problematisiert und andererseits Herrschaft als von den Akteuren geschaffene Lösung vorgestellt wird.[614]

---

[610] Brandt, Titelblatt, S. 38 f.; Hobbes, EW III, p.158.
[611] Kersting, Souveränität, S. 219 f.
[612] Diesselhorst, Nachwort, S. 315 f; Vgl. zur politischen Symbolik: Schmitt, Die vollendete Reformation, S. 51-69.
[613] Maurer, Herrschaft, S. 32.
[614] Maurer, Herrschaft, S. 32.

Entscheidend ist Sicherheit.[615] Sonst bricht die Konstruktion zusammen. Es müssen Mittel gefunden werden, die die Vertragseinhaltung garantieren. Die dafür notwendigen Mittel oder Bedingungen werden durch eine Macht geschaffen, die dafür sorgt, daß bei Nichterfüllung für den, der nicht erfüllt, mehr Schaden oder Furcht vor Schaden als Nutzen eintritt. Auf dieses Motiv der Furcht vor Sanktion bei Nichterfüllung kann man sich verlassen. Die Voraussetzungen hierfür müssen geschaffen werden. Es muß eine Macht geschaffen werden, die jeden, der den Vertrag nicht einhält, mit Sanktionen dazu zwingt. Das taugliche Mittel, den „laws of nature" Gesetzesqualität zu verschaffen, ist die Schaffung einer Instanz, die Macht genug hat, alle zur Einhaltung dieser Verpflichtung zu zwingen. Diese Macht kann die Sanktionen nicht nur androhen, sondern auch vollstrecken, also prozessual auch durchsetzen.

Hobbes löst das Problem durch das Vertragsmodell. Der Vertrag begründet einen gleichzeitigen Rechtsverzicht aller und konstruiert eine solche Macht, die die Einhaltung dieser Verpflichtung überwacht. Diese Vertragsform ist die der Autorisierung.[616] Die Menschen schaffen einen „sterblichen Gott" als eine Instanz, die soviel Macht hat, daß jeder einzelne mit seiner Macht dagegen nichts ist.

Hier liegt ein wechselseitiger Verzicht auf natürliches Recht zugunsten eines Dritten, der damit autorisiert wird, für einen selber bestimmte natürliche Rechte stellvertretend auszuüben. Die Staatsgründung erfolgt durch

---

[615] Hobbes, Lev., EU, S. 131; Vgl.: Waechter, Polizeirecht, S. 82. Auf S. 83 und 70 f. weist Waechter auf folgendes hin: „Einen ausdrücklichen Staatsauftrag zur Gewährleistung der inneren Sicherheit gibt es im Grundgesetz nicht. Etwas deutlicher wird der EU-V für die Europäische Union (Art. 29) auch mit einer impliziten Selbstverpflichtung der Mitgliedsstaaten (Art. 33)." Sowie: Isensee, Sicherheit, S. 3 – 5 und Nitz, Sicherheit, S. 28, der folgendes deutlich macht: „Unabhängig davon, ob man die gängige Auslegung der staatstheoretischen Arbeiten von Bodin oder Hobbes, die theoretische Diskussion in Deutschland oder das Selbstverständnis der Staatspraxis zugrundelegt, eine staatliche Verpflichtung zur Sicherheitsgewährleistung bestand zumindest seit der Herausbildung des neuzeitlichen Staates."

den Gesellschafts- und Ermächtigungsvertrag in einem. Aufgrund dieses wechselseitigen Vertrages vereinigen sich die vielen Individuen zu einer künstlichen Person, dem Staat als juristischer Person. Gleichzeitig werden die Rechte, die Staatsgewalt, einem einzelnen Menschen oder einer Versammlung von Menschen übertragen. Damit wird das Recht übertragen, über die Entscheidungsregeln zu befinden, nach denen die Selbsterhaltung definiert wird. Im neugeschaffenen Staat ist das Recht über die Mittel, der Selbsterhaltung zu entscheiden, auf den Souverän übertragen. Der Staat kann aber als künstliche Person nicht handeln. Es wurde eine oder wurden mehrere natürliche Person(en) autorisiert. Die Vertragsformel enthält folgende Momente: (1) Jeder autorisiert jemand anderen, für ihn zu handeln, damit werde die folgende Handlung zurechenbar; (2) Verträge sind zu halten; (3) Die Befehle des Autorisierten, vor allem die Gesetze, sind kraft Setzung für alle verbindlich. Derjenige, der autorisiert worden ist, hat damit die Kompetenz, selber Gesetze zu erlassen. Damit ist nun auch der strenge Gesetzesbegriff von Hobbes erfüllt, nämlich, daß Gesetze Befehle dessen sind, der dazu die Kompetenz hat. Diese Kompetenz haben alle eingeräumt in dem Akt der Autorisierung: (4) Der Autorisierte ist selber nicht Vertragspartner, sondern steht, als durch den Vertrag Begünstigter, außerhalb des Vertrages. Die Gesetze, die er macht, sind für ihn selbst nicht verbindlich. Er verbleibt damit als einziger im Besitz seiner natürlichen Rechte auf alles. Aus dieser Autorisierung leitet Hobbes im Ergebnis die Staatssouveränität ab. Es entsteht eine souveräne Macht, der Staat vertreten durch eine oder mehrere natürliche Personen, die diesen Staat verkörpern. Der Autorisierte oder Souverän hat nun die absolute Macht. Er ist „legibus solutus". Diese Macht resultiert aus der Möglichkeit des Souveräns, auf alle anderen Bürger zur Durchsetzung von Befehlen zurückgreifen zu können. Somit ist der Souverän immer in einer über-

---

[616] Hobbes, Lev., EU, S. 134.

legenen Situation. Damit haben auch die „natural laws" wirkliche Gesetzesqualität erreicht. Bei Nichteinhaltung erfolgt eine – durchsetzbare – Sanktion. (5) Der so Autorisierte vertritt als natürliche Person den Staat als künstliche bzw. juristische Person. Durch den Vertrag wird eine Einheit geschaffen. Der Autorisierungsvertrag, den Hobbes entwickelt, ist gleichzeitig ein Vertrag in dem der Staat und eine staatliche Ausführungsmacht entstehen. Erst durch die natürliche(n) Person(en) wird der Staat handlungsfähig. Die von dieser Person erlassenen Regeln sind dann Gesetze im strikten Hobbesschen Sinne durch den Rechtsverzicht und die Verleihung.

Hobbes selbst spricht sich für eine bestimmte Regierungsform aus, die im Vertragsschluß noch nicht festgelegt wurde:[617] für die Monarchie. Er sieht in ihr die Handlungsfähigkeit des Souveräns, durch die Einheitlichkeit des Auftretens, am besten gewährleistet. Je mehr Menschen den Souverän bilden, desto größer wird die Gefahr der Uneinheitlichkeit. In der Monarchie ist nur einer autorisiert. Aus diesem Grund ist sie die beste Form der Regierung. Aus pragmatischen Gründen der Effektivität hält Hobbes die Monarchie für die beste der Regierungsformen. In diesem Punkt sind sich Machiavelli, Bodin und Hobbes einig.

VI. Der eingesetzte oder angeeignete Staat und die drei möglichen Staatsformen

1. Der Übergang vom Naturzustand zum bürgerlichen Zustand

Mit dem Vertrag sind die wesentlichen rechtlichen und politischen Strukturmomente des Staates, wie bereits dargestellt, festgelegt.

---

[617] Hobbes, Lev., EU, S. 145.

Um den Naturzustand in den bürgerlichen Zustand umzuwandeln, unterscheidet Hobbes zwei Arten des Übergangs zur staatlichen Gewalt: den „Staat durch Einsetzung" („commonwealth by institution") und den „Staat durch Aneignung" („commonwealth by acquisition").[618] Der Akquisitionsvertrag und der Institutionsvertrag sind alternative Wege der empirischen Bestimmung der Souveränitätsinstanz. Im Rechtsverzichts-, Begünstigungs- und Autorisierungsvertrag ist die Souveränitätsposition noch die zu autorisierende Stelle, die besetzt werden muß. Der Begünstigte, der als ius in omnia-Monopolist seinen Willen ungehindert an die Stelle aller anderen Willen setzen kann, der Autorisierte, der die ihm übertragenen Rechte auf Selbstregierung wahrnimmt, muß erst noch bestimmt werden.[619] In beiden Fällen, bei dem Staat durch Einsetzung und dem Staat durch Aneignung, wird die staatliche Gewalt durch Vertrag begründet. „Ein Staat wird eingesetzt genannt, wenn bei einer Menge von Menschen jeder mit jedem übereinstimmt und vertraglich übereinkommt, daß jedermann, sowohl wer dafür als auch wer dagegen stimmte, alle Handlungen und Urteile jedes Menschen oder jede Versammlung von Menschen, denen durch die Mehrheit das Recht gegeben wird, die Person aller zu vertreten, das heißt, ihre Vertretung zu sein, in derselben Weise autorisieren soll, als wären sie seine eigenen und dies zum Zweck eines friedlichen Zusammenlebens und zum Schutz vor anderen Menschen."[620]

---

[618] Hobbes, Lev., 17, EU, S. 135, EW III, p. 159.
[619] Kersting, Souveränität, S. 224.
[620] Hobbes, Lev., 18, EU, S. 136.

2. Der Staat durch Einsetzung und durch Aneignung und die drei Staatsformen

Im Falle des „Staates durch Einsetzung" haben die Menschen diesen Vertrag miteinander geschlossen, der eingesetzte Souverän ist daran nicht beteiligt. Die Menschen haben ihren Souverän gewählt.

Im Falle des „Staates durch Aneignung" haben die durch das Schwert Unterworfenen diesen Vertrag mit dem Souverän geschlossen, um ihr Leben zu erhalten.[621]

Die so durch das Zusammenspiel von Vertragseinmütigkeit und Majoritätsprinzip instituierten Souveräne können monarchischen, aristokratischen und auch demokratischen Zuschnitts sein.[622] Herrschaftsorganisationen sind unterschiedliche Erscheinungsformen der Souveränität und unterscheiden sich folglich nicht hinsichtlich der Legitimität, sondern allein hinsichtlich der „Angemessenheit oder Eignung für den Frieden und die Sicherheit des Volkes".[623] Die Entstehungsart der staatlichen Herrschaft ist für Hobbes legitimationstheoretisch irrelevant. Ob durch gewaltsame Aneignung oder durch bürgerliche Einsetzung entstanden, „die Rechte und Folgen der Souveränität sind in beiden Fällen die gleichen."[624]

---

[621] Hobbes, Lev., 20, EU, S. 155, 26, EU, S. 205.
[622] Hobbes, Lev., 19, EU, S. 145.
[623] Hobbes, Lev., 19, EU, S. 146.
[624] Hobbes, Lev., 20, EU, EU 155.

VII. Die Souveränitätsrechte und der bürgerliche Staat

1. Die zwölf Souveränitätsrechte

Hobbes' Sozialkontrakt ist in erster Linie ein Herrschaftsbegründungsvertrag und nur zum Teil ein Herrschaftsbegrenzungsvertrag. Der Sozialkontrakt ist bei Hobbes zunächst ein Unterwerfungsvertrag. Der absolute Staat folgt aus der Konstruktion des Staatsvertrages bzw. Sozialkontrakts. Hobbes formuliert zwölf Rechte, „die das Wesen der Souveränität ausmachen"[625]:

(1) Unaufkündbarkeit des Vertrages seitens der Bürger ohne die Zustimmung des eingesetzten Souveräns;

(2) Unmöglichkeit eines Vertragsbruchs seitens des Souveräns;

(3) Unanfechtbarkeit des von der Mehrheit beschlossenen Vertrages durch den einzelnen;

(4) Unanfechtbare Vertretung des einzelnen durch den Souverän;

(5) Unabhängigkeit des Souveräns von den Gesetzen;

(6) Recht und Pflicht des Souveräns zur Zensur unter der höchsten Priorität der Erhaltung des Friedens;

(7) Zuständigkeit des Souveräns für den Erlaß das Eigentum betreffender bürgerlicher Gesetze;

(8) Recht des Souveräns auf Rechtsprechung;

(9) Oberbefehlsgewalt über die militärischen Streitkräfte;

(10) Recht auf Amtsenthebung;

(11) Ermunterung der Bürger zum Dienst am Staat durch Entlohnung und Bestrafung;

---

[625] Hobbes, Lev., 18, EU, S. 142; Sowie vgl.: Herz, Bürgerkrieg, S. 268; Kavka, Hobbesian moral, S. 179 ff.

(12) Regelung der Ehrenbezeugungen für verdiente Bürger.[626]

Die Einschränkung oder gar Abschaffung der Rechte der Souveränitäten führt zur Negation der Staatsbegründung und damit zurück zum Naturzustand.

2. Bindung des Souveräns und die Frage des Widerstandsrechts

Die Rechtspositionen, die nach Hobbes das „Wesen der Souveränität"[627] ausmachen, sind durchgängig aus der inneren Logik des Vertrages ableitbar. Diese in ihrer Gesamtheit zu erhalten, nicht zu schmälern oder gar aufzugeben, ist der Souverän verpflichtet: Dies ergibt sich aus „dem Zweck, zu dem er (der Souverän, NR) mit der souveränen Gewalt betraut wurde, nämlich die Sorge für die Sicherheit des Volkes"[628]. „Alle Pflichten der Herrschenden lassen sich in dem einen Satz zusammenfassen, daß das Wohl des Volkes das höchste Gesetz ist"[629] („salus populi suprema lex"[630]). Der Souverän ist also nicht ohne alle Pflichten. Es besteht eine moralische Bindung des Souveräns an das natürliche Gesetz. Der Souverän ist nicht durch vertragliche Pflichten gebunden, aber doch durch den Zweck, dem er seine Erlangung verdankt. Es stellt sich die Frage, was dies rechtlich bedeutet. Zum einen kann man fragen: Wer stellt eine Verletzung fest? Wer hat die sog. Feststellungskompetenz? Zum andern die Frage: Welche Rechtsfolgen würden sich ergeben? Und sind Sanktionen gegen Verstöße prozedural durchsetzbar? Es fehlt allerdings schon eine Feststellungsin-

---

[626] Hobbes, Lev., 18, KS, 146-153; Ders., Lev., 18, EU, S. 136-142; Herz, Bürgerkrieg, S. 268; Vgl. hierzu kritisch: Zimmermann, Staat, S. 504 ff.

[627] Hobbes, Lev., 18, EU, S. 142; Vgl. zur Definition der Souveränität: Schmitt, Politische Theologie, S. 11-22; Waechter, Einheit des Staates, S. 37 ff.

[628] Hobbes, Lev., 30, EU, S. 255.

[629] Hobbes, CI, XIII, 2, S. 205.

[630] Hobbes, OL II, S. 297.

stanz, die dies - ohne Willen des Souveräns - prozedural und autonom zu entscheiden vermag. Es gibt keinen dem Souverän übergeordneten Richter als Dritten, der etwas gegen den Souverän durchzusetzen in der Lage wäre. Folglich läuft eine moralische Verpflichtung prozedural leer, d.h. es gibt keine Feststellungs- und somit auch keine Sanktions- bzw. Rechtsfolgeninstanz.

Macht ist immer absolut. Hobbes kennt keine Gewaltenteilung. Gewaltenteilung bedeutet für Hobbes Dualismus von Kirche und Staat oder von Monarch und Parlament[631] und führt unvermeidlich zum Bürgerkrieg.[632] Der Souverän hat die höchste und allumfassende Gewalt. Es besteht ein grundsätzlicher Ausschluß eines Widerstandsrechtes.[633] Aber: „Die Verpflichtung der Untertanen gegen den Souverän dauert nur so lange, wie er sie aufgrund seiner Macht schützen kann ... . Denn das natürliche Recht der Menschen, sich selbst zu schützen, ... kann durch keinen Vertrag aufgehoben werden".[634]

Hobbes kennt einen Kernbereich von natürlichen Rechten, die nicht übertragen werden könne. Eine Herrschaft, die dauerhaft und schwerwiegend die natürlichen Gesetze verletzt, ist nach hobbescher Auffassung tyrannisch. Gegen den Tyrannen gibt es ein Recht, Gewalt anzuwenden. Die Ermächtigungsgrundlage liegt im natürlichen Recht. Fraglich und höchst zweifelhaft ist, ob dies mit der Hobbesschen Konzeption vereinbar ist. Kennt Hobbes ein Widerstandsrecht, d.h. eine gesetzliche Grundlage für die Gewaltanwendung gegen den Souverän?

---

[631] Hobbes, CI XII, 5, S. 196 f.
[632] Hobbes, CI VI, 13, S. 137 ff.
[633] Hobbes, Lev., 21, EU, S. 169 ff.
[634] Hobbes, Lev., 21, EU 171; Vgl. hierzu: Dreier, Radbruch, Kelsen, Schmitt, S. 207; Höffe, Wissenschaft, S. 50 ff.; Mayer-Tasch, Hobbes, S. 63 ff.; Roßnagel, Globale Datennetze, S. 28; Welzel, Naturrecht, S. 118; Weimayer, Bürgerkrieg, S. 175; Wolf, Große Rechtsdenker, S. 194.

Zum einen haben die „natural laws" keine Gesetzesqualität. Diese gewinnen sie erst durch den Willen des Souveräns. Wenn der Souverän anders entschieden hat, gelten diese nicht. Zum anderen kann der Souverän kein Unrecht tun, weil das, was der Souverän tut, sich jeder zurechnen lassen muß. Sich selbst gegenüber kann man kein Unrecht tun. Damit ist die Basis für ein Widerstandsrecht bei Hobbes nicht gegeben.

Hobbes sagt, wer ein Regime tyrannisch nennt, will damit eigentlich sagen, daß er seine politische „Vernunft" an die Rolle des Staates setzen will. Seine privaten Ansichten an diese Stelle zu setzen, widerspricht aber den Verpflichtungen, die man eingegangen ist. Insoweit kann es eine gesetzliche Ermächtigung für ein Widerstandsrecht nicht geben. Jedoch hat Hobbes auch gesagt, auf welchen Teil des natürlichen Rechts man nicht verzichten kann: Kein Mensch kann auf sein Leben, die körperliche Unversehrtheit, seine Bewegungsfreiheit und das „Existenzminimum", das er zum Leben braucht, verzichten. Jede dahingehende Willenserklärung in diese Richtung ist von vornherein nichtig. Eine Vernichtung dessen, was durch diese Bereiche geschützt ist, ist kein taugliches Mittel, die Menschen und ihre Selbsterhaltung zu schützen. Dieser Kernbereich der natürlichen Rechte ist nicht an den Souverän übertragbar.

Hier entsteht ein ungewöhnliche Situation. Auf der einen Seite hat man den Souverän ermächtigt, alle Mittel zu ergreifen, damit die Menschen sicher leben können. Hierzu gehört auch das Recht, einen selbst zu töten. Jedenfalls dann, wenn es der Souverän für ein taugliches Mittel der Erhaltung der Sicherheit hält. Gleichzeitig hat das Individuum ein vorstaatliches Verteidigungs- und Notrecht für den Fall, daß es um den Kernbereich geht. Jeder Mensch darf sich in diesen Fällen wehren, weil dann die Chance zu überleben größer ist.

In diesem Zusammenhang setzt sich Hobbes mit dem Begriff des „Grundgesetzes" auseinander: „Ein Grundgesetz ist nämlich in jedem Staate dasjenige, nach dessen Beseitigung der Staat zusammenbricht und auseinanderfällt, wie ein Haus, dessen Fundament zerstört ist. Und deshalb ist ein Grundgesetz das, wodurch die Untertanen verpflichtet sind, jede dem Souverän verliehene Gewalt, ohne die der Staat nicht bestehen kann, zu unterstützen – ob dieser nun ein Monarch oder eine souveräne Versammlung ist."[635]

An dieser Stelle ist ein Systemwiderspruch oder eine Kollision zwischen dem Not- und Verteidigungsrecht auf Leben, körperliche Unversehrtheit und Freizügigkeit, worunter bei Hobbes auch der Ausschluß der Folter als Strafe fällt,[636] sowie der – infolge der Ermächtigung – mögliche Eingriff des Souveräns in diese Kernbereiche. Hier kollidieren die Rechte des Souveräns und die des Verteidigungs- und Notrechts des einzelnen.[637] Die Abschaffung der Todesstrafe nimmt als natürliches Recht den Hauptpunkt dessen weg, deretwegen sich jemand der Staatsgewalt legitimerweise widersetzt. Sind die Folter und die Todesstrafe abgeschafft, dann bleibt nur

---

[635] Hobbes, Lev., EU, S. 221.

[636] Hobbes, Lev., EU, S. 107 f.

[637] Hier ist der Grund zu finden, warum der italienische Strafrechtstheoretiker Cesare Beccaria später für die Abschaffung der Todesstrafe ist; Vgl. des Herren Marquis von Beccaria unsterbliches Werk von Verbrechen und Strafen 1778. Beccaria behauptet, die Unzulässigkeit der Todesstrafe beruhte darauf, daß mit der Errichtung der Staatsgewalt nicht zugleich die Disposition über das eigene Leben übertragen sei. Vgl.: Rüping, Strafrechtsgeschichte, Rdz. 168. Später wirft Kant Beccaria und somit indirekt auch Hobbes „Empfindelei", „Sophisterie" und Rechtsverdrehung vor (RL, § 52 Anm. E I, S. 159). Vgl.: Kastner, Recht, S. 610; Kräupl, Beccarias kriminologisches Verständnis, S. 149 ff., insbes. S. 157 – 159; Kreutziger, Argumente für und wider die Todesstrafe(n), S. 99 ff., insbes. S. 104 – 106, 109, 115 f.; Naucke, Zerbrechlichkeit des Strafrechts, S. 14 ff., insbes. 17 ff., 22 ff., sowie zur Folter, S. 81 ff., 119 ff. Zur immer noch aktuellen Problematik der Todesstrafe in Deutschland: Calliess, NJW 1988, 849 ff. Die Aktualität von Hobbes und Beccaria wird auch im Schlußsatz von Calliess (S. 857) deutlich: „Der Rechtssouveränität und damit den Grundrechten im Geltungsbereich des Grundgesetzes gilt es, vollauf Geltung zu verschaffen." Aus europäischer Sicht unter Bezugnahme auf die europäische Menschenrechtskonvention: ders., NJW 1989, S. 1019 ff., wo ebenfalls (S. 1021) auf den Nachholbedarf hingewiesen wird. Grundlegend, Schmoeckel, Humanität und Staatsräson, zur Abschaffung der Folter in Europa, S. 152 f. (zu Hobbes) und S. 180 – 183 (zu Beccaria).

noch die Einkerkerung, also die Wegnahme der Bewegungsfreiheit. Auch dagegen hat nach Hobbes jeder das Recht, sich zu widersetzen. Mit Hilfe dieser drei Schritte, also der Abschaffung der Todesstrafe (zweites Grundrecht), der Folter (drittes Grundrecht) und der (lebenslangen) Freiheitsstrafe (viertes Grundrecht) kann man den Widerspruch der Hobbesschen Philosophie zwischen dem Recht des Souveräns, jedes beliebige Mittel zu wählen, und dem Not- und Verteidigungsrecht des einzelnen Untertanen größtenteils auflösen. Dadurch, daß man diese Rechte nicht übertragen kann, ist ein innerer Systemwiderspruch im Rechtssystem entstanden, der aber schrittweise durch die genannten drei Punkte weitgehend eliminiert wird. Nach Hobbes' Theorie gibt es zwar kein Widerstandsrecht, aber ein Not- und Verteidigungsrecht.

Letztlich bleibt ein kritischer Punkt bestehen, wenn Verhältnisse herrschen, in denen Menschen keinen Anlaß mehr haben weiterzuleben und des Lebens überdrüssig sind.

3. Der bürgerliche Staat.

Im entscheidenden 26. Kapitel präzisiert Hobbes seine Auffassung von den Aufgaben des Souveräns.

a) Die Einteilung der Gesetze und des Rechts

Der Wille des Staates oder des Souveräns wird in den bürgerlichen Gesetzen (civil law, leges civilis) formuliert.[638] Der Aufbau des Kapitels „Von den bürgerlichen Gesetzen" folgt im wesentlichen jenem rationalistischen mos geometricus-Verständnis von Sprache und Wissenschaft, das schon aus den Kapiteln 4, 5 und 9 des Leviathan bekannt ist. Da nach Hobbes

---

[638] Hobbes, Lev., 26, EU, S. 203; Ders., EW III, p. 251; Ders., OL II, S. 196.

als erstes „die Namen richtig zu definieren sind: hierin liegt der Anfang aller Wissenschaft"[639], soll die Definition der bürgerlichen Gesetze auch hier am Anfang stehen. „Die bürgerlichen Gesetze sind Regeln, die der Staat jedem Untertan durch Wort, Schrift oder anderen ausreichenden Willenszeichen befahl, um danach Recht und Unrecht, daß heißt das Regelwidrige und das der Regel Entsprechende zu unterscheiden."[640] „Bürgerliches Recht oder Privatrecht heißt im römischen Recht der Teil des Rechts, der die Rechtsverhältnisse regelt, in denen sich die einzelnen Personen auf gleicher Ebene gegenüberstehen, also ohne Hoheitsgewalt des einen über den anderen. Dabei geht das Privatrecht auf römische Rechtsnutzung zurück, sei es auf Gewohnheitsrecht, sei es auf ausdrückliche Gesetzgebung.[641] Diese Bedeutung hatte Hobbes aber nicht im Sinn. Für ihn ist das bürgerliche Gesetz ein Befehl des Staates bzw. des Souveräns. Hobbes' Grundthese lautet: „authoritas, non veritas, facit legem"[642] (die Autorität, nicht die Wahrheit macht das Gesetz). Diese Grundthese ist für die bürgerlichen Gesetze von entscheidender Bedeutung. Man könnte auch mit Nocke sagen, seit „Hobbes (authoritas non veritas facit legem), ... setzt sich ... die Auffassung ... durch, ... daß die Geltung des Rechts nur auf die Entscheidung des Gesetzgebers zurückgeführt werden kann."[643] Die Einteilung des Rechts im 26. Kapitel ist nun folgende: Hobbes teilt die Gesetze in natürliche und positive ein.[644] Die positiven Gesetze unterteilt er wiederum in göttliche (geoffenbarte) und menschliche (vom Men-

---

[639] Hobbes, Lev., 4, EU, S. 28.
[640] Hobbes, Lev., 26, EU, S. 203; Vgl.: Hobbes, CI XIV, 2, S. 218 f.
[641] Vgl.: Kaser, Römisches Privatrecht, S. 26 f.; Wieacker, Privatgeschichte, S. 461.
[642] Hobbes, OL II, S. 202.
[643] Zu dem jederzeit nach rein zweckrationalen Kriterien zu ändernden und neu zu schaffenden Recht, das „jeder Heiligkeit entbehrt" (Weber, WuG, S. 512), gab es auch und gerade für die aufkommende Soziologie in der gegebenen Gesellschaft keine Alternative. Nocke, Naturrecht, S. 87.
[644] Hobbes, Lev., 26, EU, S. 218.

schen gemachte) Gesetze. Menschliche Gesetze werden dann noch in austeilende (legen Rechte und Pflichten fest) und strafende (nennen Strafen für Rechtsverbrecher) positive Gesetze unterteilt.[645] Hier übernimmt Hobbes durchaus traditionell den aus dem Mittelalter stammenden, in der Sache sogar bis in die Antike zurückreichenden Gegensatz von bürgerlichem und natürlichem Gesetz, wenn er im Einleitungssatz von Kapitel 26 sagt: „Als Menschen betrachtet müssen wir den natürlichen Gesetzen, als Bürger aber den bürgerlichen Gesetzen Gehorsam leisten."[646] Die bürgerlichen Gesetze betreffen dagegen den Menschen nicht als natürliche Person, vielmehr als Mitglied eines Staates, weshalb man von staatlichen Gesetzen („Staatsgesetz") sprechen kann.[647]

b) Die bürgerlichen Gesetze als Befehl

Für Hobbes geht es zunächst in bewußter Traditionsverbundenheit mit Plato, Aristoteles[648] und Cicero um eine philosophische Betrachtung dessen, „was ein Gesetz überhaupt ist."[649] Wenn Hobbes im vorhergehenden 25. Kapitel ausführlich das Problem des „Rates" erörtert, dann dienen diese Bemerkungen der deutlichen Abgrenzung des Gesetzesbegriffes: „(1) Zuerst einmal ist offensichtlich ein Gesetz, allgemein gesehen, nicht Rat (counsel), sondern Befehl (command). (2) Es ist auch nicht der Befehl, den beliebige Menschen aufeinander richten, sondern nur der Befehl an einen Menschen, der schon vorher zum Gehorsam gegen einen anderen

---

[645] Hobbes, Lev., 26, EU, S. 218; Vgl.: Hobbes, CI, XIV, 6, S. 221; Weiß, Hobbes, S. 204.

[646] Hobbes, Lev., 26, EU, S. 203, lat. Fassung in Fußnote 45.

[647] Vgl.: Hobbes, CI XIV, 2, S. 218.

[648] Zu Hobbes' bewußter Abgrenzung und Bekämpfung von Aristoteles: Wolfers, „Geschwätzige Philosophie", S. 54 ff.

[649] Hobbes, Lev., 26, EU, S. 203.

verpflichtet war."[650] Die Befehle des Souveräns haben nur dann Rechtsqualität, wenn der Staat oder Souverän zum Erlaß von Rechtsnormen ermächtigt worden ist. Diese Ermächtigung ging von den Betroffenen, also den Untertanen aus, und fand ihren Gipfel im Sozialkontrakt. In der endgültigen Fassung der Definition der bürgerlichen Gesetze hebt Hobbes vier Kernpunkte hervor:
(1) den Untertan, (2) den Staat, (3) die Gesetze, welche „durch Wort, Schrift oder andere ausreichende Willenszeichen" kundgetan werden und (4) die Unterscheidung von Recht und Unrecht. Die Definition im englischen Original lautet: „Civil Law, is to every subject, those rules, which the commonwealth hath commanded him, by word, writing, or other sufficient sign of the will, to make use of, for the distinction of right and wrong; that is to say, of what is contrary and what is not contrary to the rule."[651]
Mit dem Hinweis: „In dieser Definition sei nichts, was nicht schon auf den ersten Blick einleuchtet"[652], will Hobbes verdeutlichen, was bei entsprechendem Nachdenken jeder selber herausgefunden hätte.

c) Die Staatsformen und die erste Schlußfolgerung

Aus dieser Definition des Befehls leitet Hobbes eine Reihe von Schlußfolgerungen ab, die sich aus der Definition mit Notwendigkeit ergeben sollen. Gesetzgeber kann nur der Staat sein. Das ist sein Prinzip. Durch den „Leviathan" gibt es Gesetzgebung und damit die Beendigung des „Naturzustands". Diese Folgerung bekräftigt die Allgemeingültigkeit. Nach den drei denkbaren Staatsformen kommen als Souverän „ein einzelner, wie in einer Monarchie, oder eine Versammlung von Menschen ...,

---

[650] Hobbes, Lev., 26, EU, S. 203; EW III, p. 251.
[651] Hobbes, EW III, p. 251; TU 183.

wie in einer Demokratie oder Aristokratie",[653] in Frage. Souverän ist der König oder das Parlament. Somit ist diese Folgerung unproblematisch.

d) „Legibus solutus" oder die zweite Schlußfolgerung

Die nächste Folgerung ist schon problematischer: „Der Souverän eines Staates, ... ist den bürgerlichen Gesetzen nicht unterworfen."[654] Der Souverän ist „legibus solutus"[655]. Die souveräne Macht ist mit anderen Worten ein Fall des Königs Midas: Alles, was König Midas berührte, wurde zu Gold; ebenso wird alles, was der Souverän als Gebot setzt, gleichviel auf welche Art er es erläßt, zum Gebot.[656]
Ist so eine souveräne Staatsgewalt legibus soluta, durch die bindende Selbstverpflichtung der Kontrahenten entstanden, so ergibt sich gleichwohl ein Problem: Zwischen der funktionalen Vorgabe für das authorisierte Handeln des Souveräns – nämlich den „laws of nature" auch Wirksamkeit gegenüber Widerstrebenden zu verleihen (Merkmal 2) – und der dem Souverän verliehenen absoluten Setzungskompetenz klafft eine Lücke.[657] Hobbes versucht, diese Lücke in einer ihm eigentümlichen Fassung des Widerstandrechts Rechnung zu tragen:
Zunächst weist er darauf hin, daß selbst eine Situation, in der der Souverän sich in Gesetzgebung und anderen Autoritätshandlungen nicht an die

---

[652] Hobbes, Lev., 26, EU, S. 203.
[653] Hobbes, Lev., 26, EU, S. 204.
[654] Hobbes, Lev., 26, EU, S. 204.
[655] Hobbes, OL III, S. 197.
[656] Vgl.: Kelsen, Reine Rechtslehre, S. 282; Paulson, Hobbes' Rechtsphilosophie, S. 451; Kersting, Machiavelli, S. 102: „Die Politik ist kein Midas, der bekanntlich alles, was er anfaßte, zu Gold machte und damit den Dingen innewohnende Unterschiede aufhob. ... Die politische und die moralische Betrachtungsperspektive sind nach Machiavelli unverträglich, darum eben muß der Fürst", „(wenn er sich behaupten will,) die Fähigkeit erlernen, nicht gut zu sein". (Vgl.: Machiavelli, Prin. XV, 119).
[657] Walther, Vertragstheorie, S. 139.

„natural laws" hält, die staatliche Existenz für die Bürger sehr viel erträglicher, weil weniger riskant ist als der Naturzustand. Denn jetzt droht die Gefahr nicht mehr von jedermann, sondern nur vom Souverän. Rational aber ist es, von zwei Übeln das kleinere zu wählen.[658] Der zweite Grund soll anhand des Verhältnisses von bürgerlichen und natürlichen Gesetzten erläutert werden.

4. Das Verhältnis von bürgerlichen und natürlichen Gesetzen im Staat und die Rolle des Souveräns und der Richter als innovatives Moment

a) <u>Die Einschluß-These</u>

Das Gesetz des Souveräns entreißt dem natürlichen Gesetz die Privatheit der individuellen Vernunft und schafft statt dessen öffentliche und allgemeingültige Handlungsregeln.[659] Geht man mit Hobbes davon aus, daß kein Gesetz, auch nicht das natürliche, unabhängig von der staatlichen Rechtsordnung Verbindlichkeit besitzen kann, dann müssen die „laws of nature" durch die civil laws ergänzt werden.[660] Das bürgerliche Gesetz wird von Hobbes dem natürlichen Gesetz gegenübergestellt, wobei das letztere das Corpus der moralischen Gesetze ist. Dies wird dadurch ersichtlich, daß es bereits im Naturzustand existiert und von der öffentlichen Bekanntmachung, Vereinbarungen und Verträgen unabhängig ist.[661] Hobbes reflektiert das Verhältnis von natürlichen und bürgerlichen Gesetzen explizit und stellt die These auf: „Das Gesetz der Natur und das bürgerliche Gesetz schließen sich gegenseitig ein und sind von gleichem

---

[658] Walther, Vertragstheorie, S. 139.
[659] Weiß, Hobbes, S. 205.
[660] Röd, Naturrecht, S. 50.
[661] Kavka, Hobbesian moral, S. 248.

Umfang. Denn die Gesetze der Natur, die in Billigkeit, Gerechtigkeit, Dankbarkeit und anderen von ihnen abhängigen moralischen Tugenden bestehen, sind im reinen Naturzustand, ... keine eigentlichen Gesetze, sondern Eigenschaften, die die Menschen zu Frieden und Gehorsam hinlenken. Wenn einmal ein Staat errichtet ist, dann sind sie wirkliche Gesetze, nicht vorher, da sie staatliche Befehle und somit auch bürgerliche Gesetze sind. Denn sodann ist es die souveräne Gewalt, die die Menschen verpflichtet, ihnen zu gehorchen. ... Daher ist auch das Gesetz der Natur in allen Staaten der Welt ein Teil des bürgerlichen Gesetzes. Umgekehrt ist das bürgerliche Gesetz ein Teil der Anordnung der Natur."[662]

Nun gibt es nur einen einzigen Fall, wo der erste Halbsatz zutrifft. Die Kongruenz, also der Zusammenfall beider. Aus diesem Grund sagt Hobbes im anschließenden Halbsatz, sie müssen vom gleichem Umfang sein. Dies ist ein Musterbeispiel für Hobbes' genaue Argumentation. Hobbes behauptet, daß das bürgerliche oder staatliche Gesetz und das natürliche Gesetz sich enthalten und von gleichem Umfang seien.

Diese Einschluß-These[663] ist nicht plausibel, wenn man dieser These Hobbes' Aussagen von dem Prinzip der rechtlichen Unbeschränkbarkeit des Souveräns („legibus solutus") gegenüberstellt.

Die Geltung des „natural law" erstreckt sich auch auf alle vertraglich eingegangenen Verpflichtungen, umfaßt also auch die Autorisierung des Souveräns zur Gesetzgebung.[664]

Die Notwendigkeit, bürgerliche Gesetze zu erlassen, ergibt sich daraus, daß die Geltung der natürlichen Gesetze durchgesetzt werden muß. Die natürlichen Gesetze sind die ausreichende Bedingung für die Durchsetzbarkeit.

---

[662] Hobbes, Lev., EU, S. 205.
[663] Diesen Begriff hat Paulson geprägt, in: Hobbes' Rechtsphilosophie, S. 452 ff.
[664] Walther, Vertragstheorie, S. 140.

Umgekehrt heißt das, daß die natürlichen Gesetze nur moralische Ermahnungen sind. Soweit der Staat gegründet ist, gelten die natürlichen Gesetze durch die Befehle des Staates, d.h. durch die bürgerlichen Gesetze. Das Verhältnis der bürgerlichen Gesetze zu den natürlichen Gesetzen erscheint zunächst recht klar. Hobbes geht von einer vernunftrechtlichen Grundnorm aus, den staatlichen Gesetzen zu gehorchen. Das unterstützende Argument, welches Hobbes bietet, ist, daß das (3.) natürliche Gesetz gebietet, Verträge zu halten. Der Sozialkontrakt bzw. Staatsvertrag enthält die Verpflichtung, den bürgerlichen Gesetzen zu gehorchen.[665] Folglich gebietet das (3.) natürliche Gesetz, „daß alle Gesetze des Staates beobachtet werden ... Hieraus ergibt sich, daß kein Staatsgesetz, es müßte denn zur Beschimpfung Gottes erlassen sein (in bezug auf welchen die Staaten nicht selbständig sind und auch keine Gesetze geben können), gegen das natürliche Gesetz verstoßen kann."[666] Bei der Interpretation der Entsprechung von natürlichen und bürgerlichen Gesetzen zeigt sich ein grundlegendes Problem von Hobbes' politischer Philosophie. Welche Rolle spielen die natürlichen Gesetze im Hobbesschen Staat, wenn die souveräne Macht, Gesetze zu erlassen, rechtlich nicht beschränkbar ist? Hier bestehen grundsätzliche Bedenken, ob die im Naturzustand drohende Kriegsgefahr durch die Erteilung einer Blankovollmacht überwunden werden kann. Hat nicht Hobbes selbst die Reichweite des Souveräns, durch die Aufgabe, an die dieser gebunden ist, begrenzt? „Die Aufgabe des Souveräns ... ergibt sich aus dem Zweck, zu dem er mit der souveränen Gewalt betraut wurde, nämlich der Sorge für die Sicherheit des Volkes."[667] Im Kapitel über die „Aufgaben der souveränen Vertretung" vertritt

---

[665] Hobbes, Lev., 26, EU, S. 205; 15, EU, S. 110; Vgl.: Kavka, Hobbesian moral, S. 248 f.

[666] Hobbes, CI XIV, 10, S. 223 f.; Vgl.: ders., Lev., 26, EU, S. 220 f.

[667] Hobbes, Lev., 30, EU, S. 255.

Hobbes einen weiten Begriff von Sicherheit: „Mit ‚Sicherheit' ist hier aber nicht die bloße Erhaltung des Lebens gemeint, sondern auch alle anderen Annehmlichkeiten des Lebens, die sich jedermann durch rechtmäßige Arbeit ohne Gefahr oder Schaden für den Staat erwirbt („salus populi")".[668] Bereits nach dem ersten und zweiten natürlichen Gesetz gibt es einige Rechte, die niemand durch Worte oder andere Zeichen aufgeben oder übertragen kann. Die Sicherheit eines jeden beispielsweise ist ein derart hohes Gut, daß „niemand das Recht aufgeben" kann, „denen Widerstand zu leisten, die ihn mit Gewalt angreifen."[669] „Dasselbe gilt für die Anklage von Personen, deren Verurteilung jemand ins Elend stürzen würde, wie z.B. des Vaters, der Ehefrau oder eines Wohltäters." Für eine Begrenzung der Staatsgewalt sind die natürlichen Gesetze notwendig und für die Anerkennung einer Instanz, welche Rechenschaft einfordert: Gott.[670] In der lateinischen Fassung führt Hobbes dann auch das Gewissen an.[671] Nach diesen Aussagen kann man Zweifel daran haben, wie Hobbes als Urvater des neuzeitlichen Rechtspositivismus zu sehen ist, und daran, wie er zu dem „göttlichen Gesetz" oder „Naturrecht" steht.[672]

---

[668] Hobbes, Lev., 30, EU, S. 255; OL III, S. 240; Vgl.: Schnur, Individualismus, S. 56 ff.
[669] Hobbes, Lev., 14, EU, S. 101, 107.
[670] Hobbes, Lev., 14, EU, S. 108 f.
[671] Hobbes, Lev., 15, EU, S. 121, Anm. 29.
[672] Vgl.: Fetscher, Einleitung, S. LX; Hobbes, Lev., 15, EU 122; Zipelius, Rechtsphilosophie, S. 77.

b.) Die problemlösende Strategie als innovatives Element in Hobbes politischer Philosophie: Die Richter und die Rolle der Justiz

Das Commonwealth[673] oder der Staat erläßt die Gesetze. Diese Gesetze definieren, was gerecht und ungerecht ist. Erst im Staat, in dem es verbindliche und durchsetzungsfähige Gesetze gibt, sind Recht und Unrecht intersubjektiv verbindlich definiert. Erst die staatlichen bzw. bürgerlichen Gesetze schaffen eine wirkliche Grundlage dafür zu beurteilen, ob etwas gerecht oder ungerecht ist. Vorher hat man nur das subjektive Urteil jedes einzelnen.

Mit seiner Argumentation hat Hobbes nachgewiesen, daß die „laws of nature" in jedem Staat staatlich verbindliche Rechte - als ungeschriebene Rechte - sind. Die Regeln der Moralphilosophie sind in jedem Staat ungeschriebenes staatliches Recht. Aus diesem Grund bedürfen sie auch keiner speziellen Bekanntmachung - durch den Souverän -, weil die Vernunft eines jeden dies erkennen kann. Sie sind aber dennoch geltendes staatliches bzw. positives ungeschriebenes Recht. Daraus folgt der entscheidende Punkt, daß die Rolle der Justiz[674], wenn sie das „civil law" anwendet, immer den Willen des Gesetzgebers - des Souveräns - beachten muß. Wenn die Justiz das „civil law" anwendet, dann muß sie in den Fällen, in denen gesetzlich nichts bestimmt worden ist, immer die „natural laws" anwenden. Der Grund liegt darin, daß der Souverän Richter eingesetzt

---

[673] Zu dem zentralen Überlegungsproblem: Commonwealth = Staat vgl.: Riklin, Das Republikmodell, S. 95: „Der englische Terminus für Republik war im 17. Jahrhundert commonwealth. Nun sind aber Republik und commonwealth in der Ideengeschichte schillernde Begriffe. Schon bei Aristoteles erschien der Parallelbegriff Politeia in mehreren Bedeutungen. Hobbes und Locke verwendeten commonwealth sowie Cicero und Bodin Republik, nämlich als Oberbegriff für jedes (legitime) Gemeinwesen. Harrington jedoch identifizierte damit in der Traditionslinie von Machiavelli, Ginnotti und später Montesquieu eine nicht monarchische politische Ordnung." Schlösser übersetzt Commonwealth mit Gemeinwesen, Hobbes, Lev., 17 JS, 141. Vgl.: Voigt, Hobbes, S. 43.

hat, die soweit sie keine anderen Instruktionen durch die bürgerlichen Gesetze haben, diese zu beachten haben, da ihre Urteile der Vernunft des Souveräns entsprechen sollen.

Inhaltlich angemessene Urteile werden als Billigkeit verstanden. Die Richter sind demzufolge durch die Billigkeit an das natürliche Gesetz gebunden. Die Richter müssen unterstellen, daß der Souverän vernünftig und billig entscheiden wollte. Ansonsten wäre es eine Mißachtung der Souveränität. Auf diese Weise ist die Justiz gehalten - soweit nicht genaueres gesetzlich bestimmt ist -, die „natural laws" als geltendes unmittelbares staatliches Recht anzuwenden. Nach Hobbes muß man bei der Person des Staates annehmen, daß die Ziele und Absichten immer mit der Billigkeit und der Vernunft übereinstimmen. Dies ist durchaus pausibel, da der Staat ja gerade aus dem Grund eingerichtet worden ist, um den „natural laws" Durchschlagskraft und Effektivität zu verleihen.

Hobbes' Befürchtungen (bezüglich der natürlichen Gesetze)[675] sind Widersprüche und endlose Streitigkeiten. „ Aber die Frage ist, wessen Vernunft als Gesetz aufgefaßt werden soll."[676] Faßt man die private Vernunft als Gesetz auf, so ergeben sich „bei den Gesetzen ebensoviel Widersprüche wie bei den Scholastikern".[677] Es bedarf Personen, um trotzdem zu eindeutigen Entscheidungen zu gelangen, Repräsentanten, die zur autentischen Interpretation autorisiert werden. Dies sind die von der souveränen Gewalt eingesetzten Richter.[678] Aber auch sie können sich irren. Somit ent-

---

[674] Vgl.: Campagna, Das Gesetz, S. 519 ff.

[675] Aus diesem Grund ist das natürliche Gesetz „nunmehr zum dunkelsten alle Gesetze geworden". Lev., 26 , EU, S. 211.

[676] Hobbes, Lev., 26, EU, S. 207

[677] Hobbes, Lev., 26, EU, S. 207.

[678] Ich verdanke diesen Aspekt der Interpretation den Gesprächen mit Manfred Walther.

hebt auch kein früheres Urteil den Richter der Mühe, jeweils selbständig aus den Grundsätzen zu urteilen.[679] Nur solange kein neues Urteil gefällt ist, gilt noch die Entscheidung des jeweiligen Richters.

Wenn Hobbes letztlich vom Inhaber der Souveränität sagt, er könne das zum Gesetz machen, was dem Gesetz der Natur nicht widerspricht[680], so erscheint das natürliche Gesetz als Grenze der souveränen Gewalt.

Der Richter muß die Anordnungen des Souveräns befolgen. In der „Theorie von Richtern" wird die notwendige Vermittlung geleistet, d.h. die Richter müssen alles im Lichte der natürlichen Gesetze auslegen. Man könnte auch sagen, daß sie sonst Majestätsbeleidigung begehen würden. Soweit der Souverän etwas anordnet, was mit dem natürlichen Gesetz nicht übereinstimmt, müssen die Richter dies ignorieren, sonst machen sie sich mitschuldig. Dies wird auch bei Hobbes deutlich angesprochen: „Setzt er (d.i.d. Souverän, NR) z.B. einen Richter ein, so hat dieser Richter zu beachten, daß sein Urteil der Vernunft seines Souveräns entsprechen sollte, und da diese als Billigkeit verstanden wird, so ist er an sie durch das natürliche Gesetz gebunden."[681] Hobbes stellt noch zwei weitere Punkte heraus. „Zum einen ist der Interpret des Gesetzes der Richter, der in jedem einzelnen Fall das Urteil viva voce spricht. Zum andern verpflichtet das Urteil eines Richters ihn oder andere Richter nicht, später in ähnlichen Fällen das gleiche Urteil zu sprechen."[682]

Hieraus folgt, daß eine „Abweichung" nur in „Einzelfallgesetzen" möglich ist, die aber keine Präjudizien werden. Die Schnittstelle oder kittende

---

[679] Hobbes, Lev., 26, EU, S. 212.
[680] Hobbes, Lev., 26, EU, S. 220 f.; Vgl.: ders., CI XIV, 10, S. 223 f.
[681] Hobbes, Lev., TU 26, 188; Ders., EU, S. 208 f.
[682] Hobbes, Lev., TU 26, 191-192; Ders., EU, S. 212, KS 234.

Stelle ist demzufolge die Justiz in Form der Richter.[683] Aus diesem Grund kann man Hobbes auch nicht als tauglichen „Kronzeugen" oder Wegbereiter des Rechtspositivismus ansehen. [684] Hobbes räumt hier der Justiz eine zentrale Funktion ein.

Wo es Gesetze gibt, fehlt immer noch ein anderes sehr wesentliches Kriterium, das sie verbindlich macht: die Interpretation. Nach Hobbes sind alle Wörter mehrdeutig. Alle Gesetzestexte bedürfen der Interpretation: „Ist der Gesetzgeber bekannt und sind die Gesetze schriftlich oder durch das Licht der Vernunft ausreichend veröffentlicht, so fehlt doch ein anderes, sehr wesentliches Kriterium, um sie verbindlich zu machen. Denn das Wesen des Gesetzes liegt nicht im Buchstaben, sondern in der Absicht oder im Sinn des Gesetzes, das heißt, in seiner authentischen Interpretaton (nämlich dem Willen des Gesetzgebers). Und deshalb hängt die Auslegung aller Gesetze von der souveränen Autorität ab, und Interpreten können nur diejenigen sein, die der Souverän, dem der Untertan allein Gehorsam schuldet, hierzu ernennt, denn andernfalls könnte die Verschlagenheit des Interpreten dem Gesetz einen Sinn verleihen, der dem Willen des Souveräns entgegengesetzt ist: dadurch wird der Interpret zum Gesetzgeber."[685]

Entscheidend ist die autentische Interpretation, also nicht das, was sich ein Rechtswissenschaftler als Interpret der Gesetze beliebig ausdenk, son-

---

[683] Die vernachlässigte Rolle der Justiz und der Richter in Hobbes' Rechtsphilosophie sieht aktuell auch Norbert Campagna, Das Gesetz, S. 519 ff.; Ders., Judges, S. 499 ff.

[684] Daran ändert auch seine Grundthese nichts: „authoritas non veritas, facit legem" („Autorität, nicht die Wahrheit macht das Gesetz"); Vgl.: Hobbes, Lev., OL III, 202. A.A. Chwaszcza, Hobbes, S. 222: „Die Spannung zwischen Rechtspositivismus und normativer Rückbindung der legislativen Gewalt an einen Autorisierungsvertrag, die in diesem Grundsatz der Hobbesschen Rechtstheorie anklingt, läßt sich nicht auflösen. Ebenso lassen sich die freiheitlich-liberale Grundstruktur der Staatsbegründung und der etatistische Staatsbegriff schwer zusammenführen."

[685] Hobbes, Lev., EU, S. 211.

dern was als derjenige Sinn unterstellt werden kann, den der Souverän mit einem Gesetz verbunden hat. Damit sind die Juristen oder Rechtswissenschaftler aus der autentischen Interpretation herausgenommen. Der Inhalt des Gesetzes ist nämlich der, den der Souverän bestimmt hat. Grundsätzlich ist also der Souverän der autentische Interpret, und die Justiz ist nur ermächtigt, den authentischen Sinn zu vollziehen.

Bei geschriebenen Gesetzen ist der wirkliche Sinn maßgebend. Er drückt die Absicht des Gesetzgebers aus. Nach Hobbes nimmt man immer an, daß die Absicht des Gesetzgebers Billigkeit sei.[686] Alles andere wäre dem Souverän gegenüber eine Beleidigung. Aus diesem Grund haben die Richter eine zentrale Rolle. Sie haben daher den Wortlaut des Gesetzes durch das natürliche Gesetz zu ergänzen. Die „natural laws" sind immer als Kontext in die vom Souverän gegebenen Gesetze hineinzulesen. Nur vor diesem Kontext ist der Sinn zu gewinnen. Dieser ist dann autentisch. Der Grund liegt wieder darin, daß man dem Souverän nicht unterstellen darf, daß er unvernünftige und unbillige Gesetze gemacht hat.

Hobbes führt einen Fall als Beispiel an: „Gesetzt den Fall, ein geschriebenes Gesetz ordnet an, daß jemand, der mit Gewalt aus seinem Haus vertrieben wird, mit Gewalt wieder eingewiesen werden soll. Nun verläßt jemand aus Nachlässigkeit sein leerstehendes Haus und wird bei seiner Rückkehr gewaltsam am Betreten gehindert. Für diesen Fall wurde kein besonderes Gesetz erlassen."[687] Nach Hobbes kann man dieses Problem durch eine analoge Anwendung des expliziten Gesetzes lösen. Hobbes gibt noch weitere Beispiele für die Rolle der Justiz als zentrale Funktion. Hervorgehoben sei nur das Problem des „Wortlautes des Gesetzes"[688], also der Unterschied zwischen dem Buchstaben und dem Inhalt des Gesetzes.

---

[686] Hobbes, Lev., EU, S. 212, 216.
[687] Hobbes, Lev., EU, S. 215.
[688] Hobbes, Lev., EU, S. 215.

Die Justiz muß die Spannung zwischen den vernünftigen „natural laws" auf der einen Seite und der bloßen faktischen Machtkompetenz des Souveräns auf der anderen Seite vermitteln und den Gegensatz möglichst vermindern. Gelöst wird diese Spannungsverhältnis dadurch, daß immer das, was vernünftig ist, soweit es notwendig ist, in die Gesetze, die der Souverän gibt, hineingelesen wird. Dadurch kann das Auseinanderfallen zwischen der positiven Gesetzgebung und den als funktional, d.h. vernünftigen für die Freiheit und Sicherheit der Bürger erkannten „natural laws" vermindert werden.

Problematisch bleibt jedoch, daß es gleichwohl vorkommen kann, daß der Souverän eindeutige und zugleich den „laws of nature" und der Billigkeit zuwiderlaufende Gesetze erläßt. Dann muß der Richter diese explizit angeordneten Gesetze anwenden. Jedoch, wenn der Souverän wiederholt solche Gesetze erläßt, die unbillig sind und den Menschen ihren Lebensraum einschränken, so daß ihnen das Leben nicht mehr als lebenswert erscheint und sie des Lebens überdrüssig sind, dann folgt daraus, daß die Menschen diesen Gesetzen nicht mehr zu gehorchen brauchen. Die Folge ist: Je mehr Menschen den Gesetzen nicht gehorchen, um so weniger Macht hat der Souverän. Soweit der Souverän so handelt, hat dies in erheblichen Maße disfunktionale Folgen. Zwar hat der Souverän die Kompetenz für die Gesetzesdurchsetzung. Er vermindert aber, wenn er dies nicht beachtet, seine Macht. Der Souverän, der sein eigenes Interesse vernünftig und gut kalkuliert, wird um des Macht- und Souveränitätserhaltes willen, diese Fallkonstellation der unvernünftigen Gesetze zu vermeiden suchen.

Hier berühren sich faktische, also positiv rechtliche Regelungen und normative Interessenabwägungen des Souveräns. Aus diesem Grund gehören auch die sozialstaatlichen Aufgaben zu den die Tätigkeit der Herrschaft sichernden Maßnahmen. Ein Mindestniveau an sozialer Sicherung für die

Bürger zu schaffen, ist selbst ein herrschaftsstabilisierendes Mittel. Der kluge Souverän, der seine Macht erhalten will, ist in dieser Hinsicht auch sozialstaatlich tätig.

Schließlich ergibt sich aus dem zuletzt Gesagtem, daß es auch ein Klugheitsgebot für den Souverän ist, seine Souveränität so auszuüben, daß die Bürger ihre natural rights, die sie behalten haben, nicht gefährdet sehen.[689] Ansonsten geht er der Durchsetzungsmacht für seine Befehle und auch der Souveränität selber verlustig. Hier berühren sich also, so scheint es, Recht und Macht nicht nur, sondern es zeigt sich, daß das Recht des Souveräns die Macht zumindest zu ihrer Bedingung hat, wenn nicht gar Recht letztlich auch auf Macht reduziert ist.[690]

Alles was den Bürgern nicht durch Gesetz verboten ist, ist ihnen, weil sie insoweit im Besitz ihrer natürlichen Freiheit geblieben sind, erlaubt. Es gibt also einen Raum zur freien Verfügung, in dem andere von dieser freien Verfügung ausgeschlossen sind. Nach Hobbes sind Recht und Gesetz insoweit einander entgegengesetzt, als in dem Bereich, wo es ein Recht gibt, es für den Bürger keine Verpflichtung gibt, sondern nur für die anderen. Da nun aber jeder der andere aller anderen ist, hat jeder dadurch einen eigenen Freiraum, in den einzugreifen die anderen gehindert sind. Der Zweck ist der, einen gesicherten Freiheitsraum für alle Bürger zu schaffen.

Hobbes ist gleichermaßen autoritär, aber auch liberal. Soweit dies möglich ist, könnte man mit Manfred Walther sagen: „Hobbes ist eben alles andere als ein totalitärer Denker, er ist ein – freilich autoritärer – Liberaler."[691] Die Konzentration von Macht und deren Bedingungen ist gekoppelt an Sicherheit und einen gewissen Freiraum.

---

[689] Walther, Vertragstheorie, S. 140. Vgl.: Kersting, Rechtsbegründung, S. 67.
[690] Walther, Vertragstheorie, S. 140.
[691] Walther, Vertragstheorie, S. 140. Vgl.: Waas, Hobbes, S. 151 ff., 174.

VIII. Zusammenfassung der Hobbesschen Strategien und Lösungsansätze: Die Lösung der Folgeprobleme von Machiavelli und Bodin

1. In Hobbes' Souveränitätstheorie hat jeder Mensch ein natürliches Recht, sich nach Maßgabe der eigenen Urteile selber zu erhalten, soweit seine eigene Macht reicht. Hobbes kennt (vier) unübertragbare und unverzichtbare natürliche (Menschen-) Rechte, die nicht verletzt werden dürfen. Das subjektive natürliche Recht jedes Menschen als Menschen auf die Unveräußerlichkeit dieser (Menschen-) Rechte bildet insofern die Grundlage der Hobbesschen Rechts- und Staatsphilosophie.
2. Hobbes bricht mit der aristotelischen Tradition und konstatiert die natürliche Gleichheit der Menschen. Aufgrund der natürlichen Gleichheit aller Menschen haben alle annähernd gleiche Erwartungen an das Leben. Dies führt wegen der Knappheit der Güter zu Konkurrenzsituationen. Aufgrund der Aggressivität einiger Menschen leitet er stringent ab, daß es zu gegenseitigem und ständigem Mißtrauen und aufgrund der Ehrsucht zu einem Kampf aller gegen alle kommt. Die rationale Reaktion der Menschen auf eine solche Situation ist die Machtakkumulation für kommende Konfliktsituationen. Hieraus ergibt sich ein Zustand ständiger Bedrohung aller durch alle. In dieser Situation kann der Krieg jederzeit ausbrechen und das einzelne Individuum treffen, was durch die ständigen Bürgerkriege bestätigt wird.
3. Nach Hobbes ist der Mensch in der Lage, mit Hilfe seiner Vernunft Regeln zu entwerfen, unter deren Geltung ein friedliches gesichertes Miteinander und ein für jeden angenehmes und sicheres Leben möglich sind. Diese von der Vernunft ermittelten Regeln sind die „laws

of nature". Sie bilden den Inhalt einer rationalen Moraltheorie. Ihre Verbindlichkeit besteht jedoch nur im Gewissen - im foro interno -, d.h. sie verpflichten nicht unbedingt. Sie sind keine Gesetze, kein Recht im objektiven Sinn.

4. Nach Hobbes' Argumentation kann das rationale Zweck-Mittel-Schema ein taugliches Lösungsmittel für die Souveränitätserhaltung sein. Aufgrund des noch unsicheren (Gesetzes-) Status wird mit Hilfe des rationalen Zweck-Mittel-Schemas eine Lösung gefunden durch die Schaffung einer unwiderstehlichen Macht, die alle Vertragsschließenden vertritt. Prozedural wird dies durch den von allen wechselseitig erklärten Verzicht auf die Ausübung ihres natürlichen Rechtes zugunsten eines bestimmten bezeichneten Menschen oder einer Versammlung von Menschen vollzogen. So entsteht durch den Zusammenschluß aller mit allen der Staat als künstliche Person. Zugleich entsteht durch die Autorisierung der Souverän, der als natürliche Person den Staat verkörpert. Hobbes bekennt sich, wie schon Machiavelli und Bodin vor ihm, zur Monarchie als geeignetster Staatsform, da in ihr alle Machtkompetenzen zusammenfallen.

5. Die Hauptaufgabe des Souveräns als des Repräsentanten des Staates ist, positive Gesetze zu erlassen. Die Bürger als Untertanen erkennen diese als Produkte ihres eigenen Willens in Folge des Vertragsschlußes an und befolgen diese. Die so entstandenen Regeln haben ihre Rechtsgeltung als Gebots- und Verbotsgesetze allein aus dem Willen des Souveräns. Entscheidend ist nicht ihre Vernünftigkeit, sondern die Anordnung und autoritative Setzung. Diese macht sie zu Gesetzen. Was die Gesetze weder ge- noch verbieten, ist und bleibt der Freiheitsraum der Bürger. Dieser ist staatlich geschützt.

6. Eine zentrale Rolle kommt daher der Steuerung und Institutionalisierung des Rechts durch die Rolle der Justiz zu. Zu beachten ist, daß die natürlichen bzw. moralischen Gesetze als ungeschriebene staatliche Gesetze die Justiz binden und bei der Auslegung der positiven Gesetze zu berücksichtigen sind. Somit spielen die natürlichen Gesetze als normatives Element eine zentrale Rolle. Hier bringt Hobbes über die Fiktion, daß der Gesetzgeber, wenn er nichts anderes erklärt hat, nur Vernünftiges und Billiges wollen kann, die Justiz als Staatsorgan mit Willkür begrenzender Funktion in die Staatstheorie. Die Justiz versucht somit, ein Auseinanderfallen beider zu verhindern. Die Stabilisierung der Souveränität wird durch die Rolle der Justiz gewährleistet und beruht darauf, mögliche Spannungen im Staat durch Institutionalisierung und Konfliktsteuerung einzudämmen.

7. Ein positives Widerstandsrecht gegen den Inhaber der Staatsgewalt gibt es nach Hobbes' Argumentation nicht. Hobbes kennt folglich keine gesetzliche Grundlage für den Widerstand der Bürger gegen den Souverän. Er lehnt den Begriff der Tyrannei ab. Der Souverän ist gegenüber den Bürgern auch keine rechtliche Verpflichtung eingegangen. Es gibt allerdings ein unabtretbares natürliches Verteidigungsrecht bei einem Angriff auf die natürlichen (Menschen-) Rechte. Hierzu gehört auch ein nicht mehr als lebenswert empfundenes Leben. Somit ist der Souverän gehalten, in seiner Gesetzgebung möglichst naturgesetzmäßig zu verfahren. Ansonsten schafft er sich durch Selbstverschulden Widerstandsherde, die seine eigene Macht schmälern. Daraus würde letzlich folgen, daß er wegen der Verteidigung vieler gegen seine Maßnahmen, die Effektivität der Gesetze nicht mehr garantieren könnte. Letztlich würde der Verlust

der Souveränität folgen. Der Souverän würde eingesetzt, um den Gesetzen Effektivität zu verschaffen.

8. Letztlich beantworten sich Probleme und es werden Lösungen angeboten, die bei Machiavelli und Bodin noch offen geblieben sind. Hobbes hat einige noch offene Probleme von Machiavelli und Bodin gelöst.

(a) Hobbes kennt unaufgebbare natürliche Rechte, die den Widerstand der Bürger gegen den Souverän legitimieren, und weit über das bloße Notwehrrecht zur Lebenserhaltung hinausgehen.

(b) Bei Hobbes ist der Inhalt der „laws of nature" stringent aus dem Selbsterhaltungsstreben der Menschen, angesichts des Antagonismus ihrer natürlichen Kräfte, abgeleitet. Die „laws of nature" sind somit nichts anderes als das, was jeder, wenn er langfristig und vernünftig seine Selbsterhaltungssinteressen im Auge hat, wollen muß. Aus dem Selbsterhaltungsstreben wird Hobbes' gesamte normative (Moral-) Lehre entwickelt. Die „laws of nature" geben die Bedingungen an, unter denen alle langfristig und friedlich miteinander leben können. Es entsteht ein gesicherter Bereich zur Betätigung der eigenen individuellen Macht.

(c) Hobbes hat als Verbindlichkeit die wechselseitige Selbstverpflichtung als den eigentlich grundlegenden Akt definiert. Dadurch, daß die Menschen etwas miteinander vereinbaren, verpflichten sie sich gegeneinander. Diejenigen, die gegen diese Selbstverpflichtung handeln, widersprechen sich selbst. Der Vertragspartner darf sich nicht selbst widersprechen. Wer nun eine Verpflichtung verletzt, der begeht einen Widerspruch im Handlungsbereich.

(d) Hobbes hat mit der Unterscheidung der juristischen Person des Staates und der natürlichen Person des Souveräns als der Verkörperung des Staates und mit der funktionalen Bindung des Souveräns an den

Staatszweck so etwas wie eine immanente Beschränkung der personalen Macht des Souveräns geleistet.

9. Lösungen und neue Problemfelder

Als neues Problem stellt sich das Verhältnis von der faktischen Begründung und normativen Begrenzung der Souveränität, letztlich also von Moral, Recht und Macht.

Das natürliche Recht, das ein jeder hat, ist die Freiheit zur Erhaltung seiner selbst. Freiheit aber ist nach Hobbes die Abwesenheit von äußeren Widerständen. Das natürliche Recht reicht soweit wie die Macht reicht. Hier berühren sich Recht und Macht. Ja, sie sind in diesem Augenblick sogar gleich.

Durch die Übertragung der natürlichen Rechte haben sich die Menschen rechtlich gebunden. Auf der anderen Seite gibt es die unübertragbaren natürlichen Rechte, die nach Hobbes' Argumentation geschützt sind. Andererseits müssen die Menschen noch irgendein subjektives Motiv haben, den Regeln zu folgen.

Hobbes argumentiert letztlich auf zwei Ebenen: Einerseits auf der normativen Ebene und andererseits auf der faktischen Macht-ebene. Bei Hobbes laufen die Macht- und Rechtskonstruktion im Ergebnis immer parallel. Die Frage ist, ob man die Rechtskonstruktion braucht, oder ob man das Ganze als Machtkonstruktion als ausreichend ansieht. Dasselbe gilt für den Souverän, wenn er seine Macht verliert, für Frieden zu sorgen. Damit verliert er auch seine Durchsetzbarkeit.

Betrachtet man weiterhin, daß die „laws of nature" dasjenige sind, was eigentlich von Hobbes als Inhalt der staatlichen Gesetzgebung angestrebt wird, als zentrales normatives Element i.S.v. Moralphilosophie, dann könnte man diese Theorie auch dahingehend interpretieren, daß es so etwas wie einen Idealbegriff von Gesetzen gibt: das ist Moral, die mit Macht verbunden ist. Ein Zusammenfall von Macht mit Moral wäre die ideale Lösung. Das Dilemma liegt aber darin, daß man jemanden, den man zu etwas ermächtigt hat, inhaltlich nicht zugleich binden kann. Hier ist das zentrale Problem von Hobbes' Staatstheorie. Von der Funktion der Staatsgründung aus gesehen, ist der Staat am sichersten, der darauf achtet, die „laws of nature" zu „civil laws" zu machen. Die Instanz, d.h. der Souverän, ist aber gerade dazu machtmäßig nicht gebunden.

An diesem zentralen Punkt entsteht das Dilemma, das es auf der einen Seite normative Vorgaben für den Souverän gibt, die nur das Gewissen (foro interno) binden, auf der anderen Seite der Souverän rechtlich nicht gebunden ist, sondern legibus solutus ist. Hier liegt ein Dualismus zwischen Macht und Moral. Offen bleibt, wie man diesen Zwiespalt vermeiden kann, so daß die Moral weitmöglich mit der Macht zusammenfällt.

Schlußkapitel

I. Souveränität zwischen Macht und Recht

Es ist deutlich geworden, daß der Souveränitätsbegriff im Spannungsverhältnis zwischen Macht und Recht in der politischen Rechtsphilosophie der Frühen Neuzeit aufgrund von Krisenzeiten aufkommt. Sein Erfolg beruht darauf, daß er eine Letztentscheidungsinstanz für inhaltlich verbindlich etabliert.

Niccolò Machiavelli, Jean Bodin und Thomas Hobbes haben in ihren Souveränitätstheorien, die sie in Krisenzeiten entwickelten, die in Normalzeiten verborgenen Bedingungen und Grundlagen politischer Ordnung sichtbar gemacht und Lösungen angeboten. Grundlage aller Theorien ist die Souveränität als Bezeichnung für die oberste, selber nicht mehr - durch Menschen - bedingte und begrenzte Definitions- und Entscheidungsmacht in politischen Angelegenheiten.

Zu Beginn der Frühen Neuzeit provozierte die Erschütterung der feudalen und institutionell gescheiterten Verhältnisse die Begründung von Macht mit besonderer Dringlichkeit. Aus dieser Problemlage ergab sich für das staatstheoretische Denken die Notwendigkeit, einem drohenden Machtvakuum entgegenzuwirken.

Allen drei politischen Philosophen gemeinsam ist ihr Denkansatz in der Krise und ihr Gründungsanspruch. Unterschiedlich beurteilt wird jedoch, wie die Souveränität begründet ist und ob sie auch faktisch und rechtlich begrenzt ist.

Niccolò Machiavelli ist der neuzeitliche Begründer einer erfolgreichen Strategie zur Etablierung, Erhaltung und Stärkung politischer Ordnung durch die Schaffung einer Zentralgewalt: des Principe. Machiavelli entwickelt Strategien zur Etablierung von Fürstenherrschaft, wobei er am Ist- und nicht am Sollzustand des politischen Lebens orientierte Handlungsanweisungen für den Fürsten gibt, in denen Erwerb und Erhaltung lediglich von Klugheitempfehlungen „begrenzt" werden und wo List und Gewalt oder Grausamkeiten taugliche Mittel zur Erhaltung der Souveränität sind. Gewalt, List, Täuschung und Gesetze sind Formen der Macht. Recht und Macht sind keine Gegensätze, sondern eine unter den gezeigten Bedingungen leistungsfähigere Form von Machterhalt.

Souveränität ist für Machiavelli die faktische oberste Machtinstanz. Er hat einen reinen Machtbegriff der Souveränität.

Seine Gründungsleistung liegt in der Abwendung von der Tradition. Zur Stabilisierung der Souveränität führt er die Steuerung durch die Gesetzesordnung ein. Als entscheidend für die Fundierung erweisen sich die Verschwörung und der Umgang mit dieser.

Als Folgeprobleme stellen sich jedoch die Etablierung von Fürstenherrschaft auf Dauer, die Berechenbarkeit oder normative Begrenzung und die Zustimmung der Menschen.

Daß auch der Souveränitätsbegriff in seiner Definition rechtlich, also normativ begrenzt sein kann, hat nach Machiavelli Jean Bodin deutlich gemacht. Er definiert die Souveränität und setzt ihr zugleich Grenzen. Souveränität wird bei Bodin verstanden, als nur noch Gott unterstellte Instanz verbindlicher Letztentscheidungen.

Der Souverän ist an göttliches Recht gebunden. Diesen Pflichten des Souveräns korrespondieren jedoch keine prozedural durchsetzungsfähigen Rechte Dritter. Als Kontrollinstanz kann nur das Gewissen des Fürsten fungieren. Bodin hat sich nicht ganz von der alteuropäischen Tradition

gelöst, wie auch seine Stellung zur Familie im Staat zeigt. Innovativ hingegen sind seine Staatsformenlehre und seine soziologisch anmutende Rechtsvergleichungstheorie.
Trotz dieses Denkfortschrittes hält Bodin an der bereits bestehenden Sozialstruktur, insbesondere der Familie als Atom des Staates, fest. Bodin erkennt jedoch, daß soziale Ordnung und Souveränität nicht nur aus naturrechtlichen Prinzipien und/oder dem zweckrationalen Willen des Souveräns abgeleitet werden können. Er hat die Sozialphänomene, wie Regierungsform, Religion, Sitten und Gebräuche, die demographischen Begebenheiten und die geographische Lage der Bevölkerung, die physikalischen Begebenheiten und die Art des Klimas und die Stabilitätsbedingungen für Recht und Staat beachtet.

Thomas Hobbes hat versucht, über diese Ansätze hinauszugehen und den Rechtsbegriff der Souveränität hinzugefügt. Souveränität wird bei ihm verstanden als eine durch die Zustimmung der Menschen ermächtigte Instanz verbindlicher Letztentscheidungen.
Der Souverän kann den geschlossenen Staatsvertrag nicht brechen und daher auch seine Souveränität nicht verlieren, da er nicht Partner des Vertrages ist. Allerdings gebietet es dem Souverän die Klugheit, seine Macht nicht in selbstzerstörerischer Weise einzusetzen. Hobbes kennt als innovatives Element unveräußerliche Menschenrechte.
Die Souveränitätstheorien von Machiavelli, Bodin und Hobbes waren die Antwort auf das drohende und zum Teil herrschende Chaos und die unentscheidbaren Bürger- und Religionskriege. Eine zentrale Befriedungs- und Letztentscheidungsinstanz ist somit die einzige Möglichkeit für Frieden und innere Sicherheit.

II. Carl Schmitt und sein Verhältnis zu Machiavelli, Bodin und Hobbes

Carl Schmitt hat versucht, die Konzepte von Machiavelli, Bodin und Hobbes für seine Souveränitätstheorie fruchtbar zu machen. Seine Definition der Souveränität wurde vom Ausnahmezustand her bestimmt. Souveränität ist für ihn ein Grenzbegriff. Der Ausnahmezustand ist dadurch gekennzeichnet, daß in ihm Grenzüberschreitungen stattfinden.[692] Es bedarf der Entscheidung. Jedes Gerichtsurteil, jede Gesetzgebung ist Entscheidung.

Unter Berufung auf Bodin und Hobbes - nicht jedoch auf Machiavelli - hat Schmitt die These entwickelt, in dem zwischen den „großen Fronten des Weltkatholizismus und Weltprotestantismus"[693] tobenden Bürgerkrieg sei es der konfessionell neutrale Staat gewesen, der durch die bedingungslose Monopolisierung des Politischen für Ruhe, Sicherheit und Ordnung gesorgt habe. „Dem klassischen europäischen Staat", so Schmitt im Anschluß an die resignierende Feststellung, daß die „Epoche der Staatlichkeit" nunmehr zu Ende sei, „war etwas ganz Unwahrscheinliches gelungen: in seinem Innern Frieden zu schaffen und die Feindschaft als Rechtsbegriff auszuschließen."[694] Aufgrund der Konkurrenz in Glaubens-

---

[692] Waechter, Einheit des Staates, S. 19.

[693] Schmitt, Staat, S. 375.

[694] Schmitt, Vorwort, Begriff des Politischen, S. 10. Vgl. zur These vom Ende der Staatlichkeit: Speht, Carl Schmitt, S. 136 f. Malanczuk, Globalisierung, S. 198, kommt zu der Schlußfolgerung: „daß die Globalisierung sicherlich die Macht der Staaten beeinträchtigt; sie beeinflußt die Macht sowohl der schwächeren als auch der stärkeren Einzelstaaten in unterschiedlicher Weise, stellt aber nicht das Weiterbestehen der Staaten als Institution in Frage." Zur Aktualität des Souveränitätsbegriffs:

fragen und Interesse und mangels inhaltlicher Konsensfähigkeit und gleichzeitiger erbitterter Gewaltbereitschaft erscheint Schmitt wie schon Hobbes und bedingt Bodin und Machiavelli - ein Souverän als Garant gegen den drohenden Verlust des inneren Friedens. [695]

Machiavelli wollte durch den ordnungsstiftenden „Principe" eine Ordnung aus dem Chaos schaffen. Bodin orientierte sich stärker am Recht, weil er die bestehende Staatsordnung aufgreifend durch den Souverän als ungebundene Instanz, eine Konzentration auf die Erhaltung und Stärkung der Gesamtordnung in den Vordergrund stellte. Hobbes wollte den Frieden durch den Souverän sichern.

Dabei ergeben sich folgende Unterschiede bezüglich der Schmittschen Betrachtungsweise von Machiavelli, Bodin und Hobbes.

Hillgruber, Rechtsbegriff, S. 1072 ff. und Steiger, Zeitalter des souveränen Staates, S 331 ff.

[695] Münkler hat einen zentralen Grund für das Interesse an Hobbes benannt: „In Zeiten, in denen lang anhaltende Bürgerkriege nach Europa zurückgekehrt sind, scheinen selbst die von Hobbes gezogenen politischen Konsequenzen wieder erneute Aktualität gewonnen zu haben. Was in Phasen der Stabilität und Ruhe in Vergessenheit zu geraten droht, kehrt unter dramatischen Umständen ins allgemeine Bewußtsein zurück: daß innere Sicherheit ein Gut ist, das immer wieder neu gewonnen und verteidigt werden muß." (Münkler, Hobbes, S. 9)

Einen strukturellen Bezug stellt Bredekamp her. Für ihn sind der Hobbessche Leviathan und das Internet nicht nur darin zu vergleichen, daß sie beide als menschgeschaffene Gebilde neue Gemeinschaften erzeugen, sondern daß sie ähnliche Probleme aufwerfen: Wie und aus welchen Gründen entsteht Gemeinschaft, welcher Preis ist für die Civitas zu zahlen und welchen Nutzen bringt sie (Bredekamp, Leviathan, S. 35).

Roßnagel merkt in diesem Zusammenhang an: „Recht bedarf zur Durchsetzung der Macht. Der demokratische Rechtsstaat ist auf Hoheitsgewalt und Gesetzesgehorsam angewiesen. Nur durch sie kann er demokratische Beschlüsse allgemeinverbindlich durchsetzen und die Grundrechte der Bürger gegen Übergriffe Dritter schützen. Dies zu gewährleisten ist der fundamentale Zweck, um dessen Willen der moderne Staat besteht." (Roßnagel, Globale Datennetze, S. 28). In der Anmerkung 26 weist Roßnagel daraufhin, daß nach Hobbes „Friede und Schutz der allgemeine Endzweck bei der Errichtung eines Staates" ist (Hobbes, Lev., 21, MA, 193).

1. Machiavelli

Machiavelli kann als das Stiefkind in Schmitts Werken betrachtet werden. Dieses erstaunt umso mehr, als er doch ähnlich wie Schmitt Souveränität nicht als Rechts-, sondern als Macht- bzw. Ordnungsbegriff auffaßt. Für beide ist der Souverän gleichzusetzen mit der faktischen obersten Machtinstanz. Schmitt zeigt in der „Diktatur", daß diese an die Ausnahmesituation gebunden ist und sich dadurch auszeichnet, daß sie an keine materialen Prinzipien und Normen gebunden ist, weil sie zu ihrer Verwirklichung und Erhaltung die Krise beseitigen muß. Entscheidend für die Diktatur ist die Zweckmäßigkeit.

Dies habe „an erster Stelle" auch „Machiavelli, der hier zu erwähnen ist," erkannt, „obwohl mit Recht von ihm gesagt wird, daß er niemals eine Staatstheorie aufgestellt habe."[696] Nach Machiavelli sei: „der Diktator ... immer ein zwar außerordentliches, aber doch verfassungsmäßiges republikanisches Staatsorgan. ... Der Principe dagegen ist Souverän, und die nach ihm benannte Schrift Machiavellis enthält in der Hauptsache einige mit historischer Belesenheit geschmückte politische Rezepte darüber, wie man als Principe die politische Macht in der Hand behält."[697] Schmitt weist zurecht auf das „Macht- und Nützlichkeitsinteresse" von Machiavelli hin und auf das „rein technische Interesse, die politische Macht des Fürsten" zu erhalten.[698] Entscheidend sei, „irgendein politisches Resultat ... als Aufgabe. ... Die politische Machtorganisation und die Technik ihrer Erhaltung und Erweiterung ist bei den verschiedenen Staatsformen verschieden, aber immer etwas, das sachtechnisch herbeigeführt werden

---

[696] Schmitt, Diktatur, S. 5.
[697] Schmitt, Diktatur, S. 7.
[698] Schmitt, Diktatur, S. 8.

kann."⁶⁹⁹ Die entscheidenden drei Sätze sind aber die folgenden: „Im Principe handelt es sich jedoch nicht um die moralische oder juristische Begründung, sondern die rationale Technik des politischen Absolutismus. ... Diese technische Auffassung ist für die Entstehung des modernen Staates wie für das Problem der Diktatur von unmittelbarer Bedeutung. Aus dem Rationalismus dieser Technizität ergibt sich zunächst, daß der konstruierende Staatskünstler die staatlich zu organisierende Menschenmenge als ein zu gestaltendes Objekt, als Material ansieht."⁷⁰⁰ Hier liegen Schmitt und Machiavelli eng beieinander, denn beide haben gezeigt, wie man in Zeiten der Krise den politische Erfolg zur Not nur „durch List oder Gewalt meistern"⁷⁰¹ kann.

In der „Politischen Theologie" geht Schmitt nicht mehr auf Machiavelli ein, obwohl doch beide „ihr Land ordnen"⁷⁰² wollen und dabei die faktische Macht in den Vordergrund stellen.

Nach Schmitt ist die „Entscheidung ..., normativ betrachtet, aus dem nichts geboren".⁷⁰³ Erstaunlicherweise wird Machiavelli in Schmitts Theorie in der Politischen Theologie nicht als klassischer Vertreter des dezisionistischen Typus' bezeichnet. Machiavelli geht ähnlich wie Schmitt von der Chaos-Situation aus, in der keine Norm und kein Recht besteht. Erst die souveräne Entscheidung schafft Ordnung. Machiavelli wäre als Prototyp des dezisionistischen Ordnungsdenkens geeigneter als Bodin und Hobbes, weil in Machiavellis Theorie erst durch die Entscheidung sowohl die Norm, sowie die Ordnung begründet wird. Bei Schmitt und Machiavelli ist die Dezision ein zum Zweck der Überwindung der Anarchie und

---

⁶⁹⁹ Schmitt, Diktatur, S. 8.
⁷⁰⁰ Schmitt, Diktatur, S. 9.
⁷⁰¹ Schmitt, Diktatur, S. 10.
⁷⁰² Vgl.: Machiavelli, Princ., RI, S. 129 und 199 ff. und sein „Aufruf, sich Italiens zu bemächtigen und es von den Barbaren zu befreien".
⁷⁰³ Schmitt, Diktatur, S. 22.

des Chaos autoritativ gesetzter Willensakt überlegenden Instanz. Auch deckt sich die Machttheorie von Machiavelli mit der Geschichtssicht von Schmitt, welche aus dem Chaos der Religionszerwürfnisse durch die Dezision des absoluten Fürsten erst den Staat schafft. Bei beiden wird deutlich, daß der reine Dezisionismus eine Unordnung voraussetzt, die nur dadurch in Ordnung gebracht wird, daß eine souveräne Instanz entscheidet. Machiavelli verkörpert fast in Reinkultur die in der Einleitung geschilderte Formulierung von Schmitt von der obersten Macht, die Ordnung überhaupt erst schafft. Ein relevanter Unterschied liegt jedoch darin, daß Machiavelli eine Machttheorie entwickelt hat, die im Interesse von innerer und äußerer Stabilität begründet wurde. Schmitt hingegen deklariert seine Theorie als Rechtstheorie und versucht die Souveränität als „juristischen Begriff" darzustellen, wie bereits in der Einleitung dargestellt wurde. Da aber Schmitt selber feststellt, das es sich im „Principe" nicht um eine juristische Begründung, sondern um die rationale Technik der Macht handelt, hat er die Antwort, ob sich der so gefaßte Souveränitätsbegriff noch als „juristischer Begriff" darstellen läßt, selbst gegeben.

2. Bodin

Bodin steht bei Carl Schmitt im Vordergrund der Erörterung der Frage der Souveränität. Dies gilt sowohl für „Die Diktatur" als auch für die „Politische Theologie". Die These Schmitts ist, daß Bodin das Dezisionistische „in den Souveränitätsbegriff hineingetragen hat."[704]
Zwei Textstellen sind in der „Diktatur" von entscheidender Bedeutung. Zum einen: „Bodin steht politisch als Gemäßigter, als ‚politicien', zwischen der machiavellistischen Technizität und dem monachomachischem

---

[704] Schmitt, Politische Theologie, S. 15.

Rechtsstaat. Das schwierige Problem des öffentlichen Rechts, das im Begriff der Souveränität und seiner Verbindung von höchstem Recht und höchster Macht liegt, konnte weder mit den Mitteln einer politisch- und technischen Theorie gelöst werden, noch war es damit erledigt, daß man es, wie die Monarchomachen, ignorierte."[705] Für Bodin ist nach Schmitt Souverän, „wer die absolute Macht hat ... und wer das ist, muß im einzelnen Fall festgestellt werden, aber nicht aufgrund bloß tatsächlicher Feststellungen des politischen Einflusses."[706] Hier liegt ein deutlicher Unterschied zu Machiavelli. Daß Schmitt selbst dem Gedankengut von Machiavelli manches Mal näher steht als dem von Bodin, wird im folgenden deutlich, wenn er sagt: „Hier hatte Machiavelli einen besseren praktischeren Blick, als er dem Principe (Kap. 9, Schlußsatz), der eine unumschränkte Macht einführen will, empfahl, immer selbst zu regieren und nicht durch ‚magistrati'"[707]. Die zweite Textstelle aber ist der Kernpunkt. Unter Bezugnahme auf die positivistische Staatslehre zu Beginn der Weimarer Republik und die Unterscheidung zwischen Gesetz im formellen und im materiellen Sinne führt Schmitt aus, daß „Bodin diesen juristischen Positivismus nicht teilt und kein von der Gerechtigkeitsidee losgelöstes Gesetz kennt. Sein Staat ist trotz seines Souveränitätsbegriffes ein Rechtsstaat, dessen Gesetze nicht einfach Machtäußerungen sind, die beliebig ergehen und zurückgenommen werden wie irgendwelche Reglements. Trotzdem er die Monarchomachen bekämpft, sieht er doch gleichzeitig in der Technisierung des Rechts durch Machiavelli etwas Verderbliches, einen ruchlosen Atheismus, den er als unwürdig von sich weist. Demnach würde er niemals zugeben können, daß der Wille des Souveräns

---

[705] Schmitt, Diktatur, S. 25.
[706] Schmitt, Diktatur, S. 27; Vgl.: Quaritsch, Staat, S. 276 f.
[707] Schmitt, Diktatur, S. 34.

irgendeinen beliebigen Satz zum Gesetz erheben kann. Das wäre für ihn nicht mehr Staat, sondern Tyrannei."[708]

Hier deutet sich an, daß Bodin keinen reinen Machtbegriff der Souveränität kennt, i.S.d. juristischen Ordnungsbegriffes. Für Bodin ist Souveränität eine nur noch Gott unterstellte Instanz verbindlicher Letztentscheidungen.

Bodin ist nach Schmitt jedoch derjenige, der seinen Souveränitätsbegriff „an dem kritischen, das heißt dem Ausnahmefall orientiert."[709] Er ist für Schmitt „der Anfang der modernen Staatslehre"[710], da er die entscheidende Frage stellt, inwieweit „der Souverän an die Gesetze gebunden und den Ständen gegenüber verpflichtet" ist. „Diese letzte besonders wichtige Frage beantwortet Bodin dahin, daß Versprechen bindend sind, weil die verpflichtende Kraft eines Versprechens auf dem Naturrecht beruht; im Notfall aber hört die Bindung ... auf. ... Das Entscheidende in den Ausführungen Bodins liegt darin, daß er die Erörterung der Beziehungen zwischen Fürst und Ständen auf ein einfaches Entweder - Oder bringt, und zwar dadurch, daß er auf den Notfall verweist. Das war das eigentlich Imponierende seiner Definition, die die Souveränität als unteilbare Einheit auffaßte und die Frage nach der Macht im Staat endgültig entschied. Seine wissenschaftliche Leistung und der Grund seines Erfolges liegen also darin, daß er die Dezision in den Souveränitätsbegriff hineingetragen hat."[711] Nach Schmitt hat Bodin die Frage der Souveränität als die Frage nach der Entscheidung vor allem im Ausnahmefall verstanden.

Es ist jedoch deutlich geworden, daß die Einschränkungen der Souveränität bei Bodin nur verbaler und rethorischer Natur sind, er aber gerade

---

[708] Schmitt, Diktatur, S. 34 f.

[709] Schmitt, Politische Theologie, S. 14 f.

[710] Schmitt, Politische Theologie, S. 15.

[711] Schmitt, Politische Theologie, S. 15.

nicht auf den Notfall und die Ausnahme verweist. Bodin ist von Machiavelli und seiner Machttheorie nicht sehr weit entfernt. Bei Bodin steht statt der Nullsituation der Anachie und des Chaos das Problem der Sicherung und Stabilität der bestehenden Staatsordnung im Zentrum. Vor dem Hintergrund von Machiavellis diesbezüglicher Aussagen ergibt sich keine so große Differenz. Auch von Hobbes ist Bodin nicht so weit entfernt, insoweit eben der Souverän faktisch ungehindert tun darf, was er will, ohne daß Rechtsbehelfe gegen ihn prozedural geltend gemacht werden können. Schmitt erkennt jedoch: „Auch da, wo eine neue staatliche Organisation begründet wird, setzt er (Bodin, N.R.) immer voraus, daß der Souverän bereits konstituiert ist."[712] Deutlicher wird Schmitt in seinem Aufsatz „Staat als ein konkreter, an eine geschichtliche Epoche gebundener Begriff"[713], wo er schildert, daß Frankreich das erste Land gewesen sei, welches sich aus den Wirren konfessioneller Bürgerkriege zur Staatlichkeit emporgeschwungen habe, und ein Franzose, Jean Bodin, in seinen „Six livres de la République" das erste Mal Souveränität im Sinne einer „juristisch-dezisionistischen Klärung" definiert. Weiter führt Schmitt aus: „Im Souveränitätsbegriff Bodins ist eine juristische Begriffsbildung auf eine ungewöhnliche Weise mit einer politischen Wirklichkeit zusammengetroffen. Nur deshalb konnte der juristische Begriff in solchem Maße einer neuen Ordnungsvorstellung zum Siege verhelfen. Daß es sich dabei gerade um eine juristische Begriffsbildung handelt, entspricht der eigentümlichen innerpolitischen Entwicklung und Geistesprägung des französichen Volkes."[714] Zwar sieht Schmitt, daß der Staat Frankreich eine territorial geschlossene Einheit darstellt und eine Staatsordnung bereits besteht, jedoch entkontextualisiert und enthistorisiert Schmitt den Begriff der Sou-

---

[712] Schmitt, Diktatur, S. 39.

[713] Schmitt, Staat, S. 376.

[714] Schmitt, Staat, S. 377.

veränität bei Bodin, indem er ihn mit den Begriffen der Ausnahme und der Entscheidung auflädt.[715] Durch die Ausnahme offenbart sich „ein spezifisch-juristisches Formelement, die Dezision in absoluter Reinheit."[716] Vor dem Hintergrund der vorgenommenen Interpretation Bodins und der in der Einleitung geschilderten Geschichtssicht von Schmitt kann Bodin kein Kronzeuge für den Dezisionismus sein, da dieser eine Unordnung voraussetzt, die durch die Entscheidung die Norm und die Ordnung begründet. Bei Bodin bestand eine Ordnung, womit die Reduzierung von ihm durch Schmitt, als einem Dezisionisten „reinsten Wassers" zweifelhaft erscheinen muß. Nach Schmitt kann die „echte und reine Entscheidung" nicht „aus dem Inhalt einer vorhergehenden Norm, noch aus einer bereits bestehenden Ordnung abgeleitet werden"[717].

Voraussetzung für die Entscheidung ist bei Schmitt ein „normatives Nichts und eine konkrete Unordnung"[718]. Schmitt ignoriert nachhaltig die Orientierung von Bodins Souveränitätskonzeption anhand des Rechts der bereits bestehenden Staatsordnung und der Konzeption von der Erhaltung und Stärkung der bestehenden Gesetzesordnung. Bei Bodin wird das Recht als zentrales Ordnungsmittel, nicht wie bei Schmitt „normativ betrachtet, aus einem nichts geboren."[719] Bodin entwickelt die Bildungsgesetze von Staatlichkeit vor dem Hintergrund der bestehenden Ordnung in Frankreich und der Familie, als der Keimzelle des Staates. Der Übergang aus dem unstaatlichen in den staatlichen Zustand beruht nicht in der Machtergreifung oder Machtübertragung. Diese sind lediglich faktische Voraussetzungen zur Staatsbildung und Stabilisierung. Die drei Hauptkri-

---

[715] Vgl.: Speht, Carl Schmitt, S. 127.
[716] Schmitt, Politische Theologie, S. 19.
[717] Schmitt, Drei Arten, S. 23.
[718] Schmitt, Drei Arten, S. 24.
[719] Schmitt, Diktatur, S. 22, vgl.: Ders., Politische Theologie, S. 38.

terien des Staates sind bei Bodin „die Familie, die Souveränität und das, was in einem Gemeinwesen der Gemeinschaft gehört"[720].

3. Hobbes

Auf Schmitts Verhältnis zu Hobbes wurde bereits eingegangen.[721] In der „Diktatur" kommt er zu dem Schluß: „Dem Gesetz, das seinem Wesen nach ein Befehl ist, liegt eine Entscheidung über das staatliche Interesse zugrunde, aber das staatliche Interesse besteht erst dadurch, daß der Befehl ergeht. ... Bei Hobbes beruht die Macht des Souveräns immer noch auf einer mehr oder weniger stillschweigenden, aber darum soziologisch nicht weniger wirklichen Verständigung mit der Überzeugung der Staatsbürger, wenn auch diese Überzeugung gerade durch den Staat hervorgerufen werden soll. Die Souveränität entsteht aus einer Konstituierung der absoluten Macht durch das Volk."[722]

---

[720] Bodin, Rep., Bd. 1, I 1, WI, S. 100 (F 4).

[721] Eine ausführliche Auseinandersetzung mit Hobbes hat Schmitt 1938 vorgenommen: Der Leviathan in der Staatslehre des Thomas Hobbes. Sinn und Fehlschlag eines politischen Symbols. Vgl. zum Verhältnis von Schmitt und der „staatlichen Souveränität" unter Bezugnahme von Spinoza und Hobbes, Walther, Spinoza, S. 320 – 322.

[722] Schmitt, Diktatur, S. 22. Carl Schmitt führte die für seine Verfassungslehre grundlegende Unterscheidung des Volkes als politische Einheit von der staatlichen Souveränität auf die Unterscheidung des „pouvoir constituant", die beim Volk liegt, vom „pouvoir constitué", die bei den verfassungsmäßig agierenden Staatsorganen liegt, auf den Abbé Sieyès zurück (Letztere Unterscheidung wiederum auf Spinozas Unterscheidung von „natura naturans" und „nature naturata". Schmitt, Verfassungslehre, S. 79 f., vgl.: Ders., Die Diktatur, S. 139). Die verfassungsgebende und damit geteilte, kontrollierte Souveränität, wobei Macht dem Recht untergeordnet bleibt, das ist die Formel des modernen Verfassungsstaates, die Hobbes fehlte und die Carl Schmitt zu diskreditieren suchte (Vgl.: Rhonheimer, Hobbes, S. 496). Die Teilung und die Kontrolle der Souveränität verstand Hobbes als Zerstörung jener Souveränität, deren Existenz er gemeinsam mit Machiavelli und Bodin zu Recht als Bedingung jeglicher Befriedung der Gesellschaft erblickte.

Hier zeigt sich der deutliche Unterschied von Schmitt und Hobbes. Hobbes kennt nicht nur den Schmittschen juristischen Ordnungsbegriff, er kennt auch den Rechtsbegriff der Souveränität, also die Souveränität durch die Zustimmung der Menschen, die damit zu Bürgern bzw. Untertanen geworden sind, und somit letztlich als ermächtigende Instanz verbindlicher Letztentscheidung hinzutreten.

In der „Politischen Theologie" wiederholt Schmitt größtenteils das aus der „Diktatur" bekannte: „Es gibt vielleicht zwei Typen juristischer Wissenschaftlichkeit, die man danach bestimmen kann, wie weit ein wissenschaftliches Bewußtsein von der normativen Eigenheit der rechtlichen Entscheidung besteht oder nicht. Der klassische Vertreter des (wenn ich dies Wort bilden darf) dezisionisischen Typus ist Hobbes. Aus der Eigenart dieses Typus erklärt es sich auch, daß er, und nicht der andere Typus, die klassische Formulierung der Antithese gefunden hat: Autoritas, non veritas facit legem (Leviathan, Kap. 26)." [723]

Carl Schmitt reduziert Hobbes zu Unrecht auf die reine Dezision. Vor dem Hintergrund der vorgenommenen Hobbes – Interpretation wird deutlich, daß Schmitt sich weniger genau am Hobbes - Text orientiert. Schmitt ignoriert konsequent das von Hobbes entwickelte Verhältnis von natürlichen Gesetzen und bürgerlichen Gesetzen und ihren Rückbezug auf das natürliche Recht des einzelnen und die dadurch begründete Unterscheidung von natürlichem Recht und bürgerlichem Gesetz. Für Schmitt liegt das Wesen des Gesetzes allein darin, daß es eine Entscheidung einer souveränen Instanz ist.[724] Der entscheidende Satz bei Schmitt lautet: „Die Entscheidung ist, normativ betrachtet, aus dem nichts geboren."[725]

---

[723] Schmitt, Politische Theologie, S. 39.
[724] Vgl.: Schmitt, Drei Arten, S. 24; Ders., Die Diktatur, S. 22.
[725] Schmitt, Politische Theologie, S. 37 f., vgl.: Ders., Die Diktatur, S. 22. Vgl.: Hennies, souveränität, S. 41.

Hobbes darf aber nicht als „klassischer Vertreter des ... dezisionistischen Typus"[726] fehlinterpretiert werden. Hobbes beantwortet die Frage nach jener Kompetenz, aus welcher die ursprünglichste Norm, von der alle übrige Normaktivität herzuleiten ist, nicht wie Schmitt meint „aus einem normativen Nichts".[727] Vielmehr entwickelt Hobbes aus dem Naturzustand heraus und über die Staatsgründung als Gesellschaft- und Ermächtigungsvertrag in einem und die Rolle der Menschenrechte und der Justiz, die Souveränität.

Die Schmittsche Interpretation von Hobbes als der „klassische Fall dezisionistischen Denkens" geht fehl:

„Alles Recht, alle Normen und Gesetze, alle Interpretation von Gesetzen, alle Ordnungen sind für ihn (Hobbes, N.R.) wesentlich Entscheidungen des Souveräns, und Souverän ist nicht ein legitimer Monarch oder eine zuständige Instanz, sondern eben der, der souverän entscheidet. Recht ist Gesetz und Gesetz ist der den Streit um das Recht entscheidende Befehl."[728]

Die bei Hobbes zentrale, durch freie und vernünftige Übereinkunft und Selbstbindung zustandekommende Autorisierung einer öffentlichen Rechtsperson mit einem klar umrissenen Rechtsauftrag fällt hier völlig weg.[729] Die souveräne Gewalt entscheidet bei Schmitt über den Ausnahmezustand. Sie ist die „echte und reine Entscheidung"[730] des Souveräns selbst und nach Schmitt nicht die Autorisierung durch freie Rechtssubjekte in einem Vertrag.

---

[726] Schmitt, Politische Theologie, S. 39.
[727] Schmitt, Drei Arten, S. 24.
[728] Schmitt, Drei Arten, S. 23.
[729] Rhonheimer, Hobbes, S. 492.
[730] Schmitt, Drei Arten, S. 23.

Carl Schmitt übersieht, daß der Vertragsgedanke und das Verhältnis von Recht und Gesetz von Hobbes rückbezogen ist auf eine normative Vernunftordnung, die in der aus dem natürlichen Recht folgenden Naturgesetzen besteht.[731] Hobbes' Souverän leitet seine Souveränität nicht aus einem „normativen Nichts" ab.

Hobbes stellt mehrfach heraus, daß der Verzicht auf die Ausübung des natürlichen Rechts eines jeden im Autorisierungsvertrag zwar ein absoluter, aber kein unbeschränkter Verzicht ist. Die inhaltliche Beschränkung ergibt sich analytisch aus dem Zweck des Beitrages, nämlich ein sicheres und friedliches Leben zu garantieren.[732] Bei Hobbes zeigt sich eine Grundlage für die Konzeption unübertragbarer, unverzichtbarer Menschenrechte, und daß die unaufgebbaren natürlichen Rechte, die den Widerstand der Bürger gegen den Souverän legitimieren, weit über das bloße Notwehrrecht zur Lebenserhaltung und des Prinzips „Schutz gegen Gehorsam" hinausgehen.[733]

Die gesetzgeberische Aufgabe des Souveräns bei Hobbes ist nicht die Schaffung von Recht, sondern dessen Bewahrung und Durchsetzung durch Gesetze. Nur die Gesetze und die dadurch erst begründete Gerechtigkeit werden vom Souverän geschaffen.[734] Bei Schmitt hingegen heißt es: „Die souveräne Entscheidung ist der absolute Anfang, und der Anfang ... ist nichts als souveräne Entscheidung. Sie entspringt aus einem normativen Nichts und einer konkreten Unordnung."[735]

Wie bereits gezeigt wurde, ist für Hobbes die Konstituierung der souveränen Gewalt durch den Vertrag nicht „der absolute Anfang". Die Souverä-

---

[731] Vgl.: Rhonheimer, Hobbes, S. 492 sowie Dreier, Schmitt, S. 207 f.
[732] Walther, Vertragstheorie, S. 140.
[733] Vgl.: Walther, Vertragstheorie, S. 140; Vgl.: Schmitt, Der Begriff, S. 53.
[734] Rhonheimer, Hobbes, S. 492.
[735] Schmitt, Drei Arten, S. 23 f.

nität ist nur der Anfang des bürgerlichen Gesetzes und damit der gesetzlich-bindenden Unterscheidung zwischen „Recht" (Gerechtigkeit) und „Unrecht" (Ungerechtigkeit), zwischen „Mein" und „Dein".[736] Die Souveränität ist aber nicht der Anfang des Rechts. Das Recht besteht von Anfang an im Naturzustand, der gleichsam als originäre Rechtsquelle ständig auch im Zustand der Vergesellschaftung und der Unterwerfung unter einen Souverän, normativ präsent bleibt.[737]
Hobbes' klar dargelegte Intention ist es, jede gesetzgeberische Entscheidung als klar rechtsgebunden zu verstehen, an ein Recht auf Selbsterhaltung und Frieden, das jedem bürgerlichen Gesetz Inhalt und Schranke, und dem Bürger immerhin ein marginales Widerstandsrecht gegen den Souverän verleiht.[738] Bei den vorstaatlichen Menschenrechten von Hobbes handelt es sich darum, wie in der Darstellung über die Rolle der Todesstrafe ausgeführt wurde, durch Positivierung die Anlässe für das Widerstandsrecht zu minimieren.
Carl Schmitt hingegen ebnet diese Unterscheidung ein und reduziert Hobbes' Souveränitätskonzeption auf den „reinen Dezisionismus":
„Daß es die zuständige Stelle war, die eine Entscheidung fällt, macht die Entscheidung relativ, unter Umständen auch absolut, unabhängig von der Richtigkeit ihres Inhaltes und schneidet die weitere Diskussion darüber, ob noch Zweifel bestehen können, ab. Die Entscheidung wird im Augenblick unabhängig von der argumentierenden Begründung und erhält einen selbstständigen Wert."[739]

---

[736] Vgl.: Hobbes, Lev., 13, EU, S. 98 und 12, EU, S. 110 f., 113; Vgl. hierzu: Höffe, „Königliche Völker", S. 154 f. wo Höffe unter Zugrundelegung der Kantischen Rechtslehre, auf das Hobbessche „Mein und „Dein" eingeht; Vgl.: Rhonheimer, Hobbes, S. 492 f.

[737] Vgl.: Rhonheimer, Hobbes, S. 493.

[738] Rhonheimer, Hobbes, S. 493.

[739] Schmitt. Politische Theologie, S. 37.

Es zeigt sich, daß hier die Hobbessche Rückbindung von natürlichem Recht und bürgerlichem Gesetz von Schmitt nicht beachtet wurde und zusammenbricht, was wiederum zu der von Schmitt vorgenommenen Fehlinterpretation von Hobbes als einem „Proto-Dezisionisten" führt.

4. Souveränität im Wandel

Es hat sich gezeigt, daß Schmitt zum Teil rechtlich und später vor allem funktional argumentiert. Die Bedingungen der Möglichkeit politischer Einheit und Stabilität ändern sich im Ausnahmezustand.
Aus diesen Denkanstößen ist deutlich geworden, inwieweit der Ansatzpunkt fruchtbar geworden ist, daß die in den Normalzeiten verborgenen Bedingungen und Grundlagen politischer Ordnung erst wieder in Krisenzeiten sichtbar werden. Die staatliche Macht steht öffentlich wahrnehmbar in Konkurrenz zu der von sozialen Verbänden. Das öffentliche Gewaltmonopol wird nicht mehr fraglos akzeptiert.
Die Klage von Schmitt, die den Untergang der Epoche der Staatlichkeit konstatiert und die die Souveränität staatlicher Verbände endgültig als von pluralen Mächten der Gesellschaft okkupiert betrachtet, bezieht sich vor allem auf den Verlust der Fähigkeit des (National-) Staates zur Erbringung zentraler Ordnungsleistungen. Im Zeitalter der fortschreitenden Globalisierung der weltweiten Ökonomie, der globalen Informationsgesellschaft, einem wachsenden „Vereinten Europa" und supranationalen Zusammenschlüssen stellen sich dem Staat und somit der Souveränität viele neue Herausforderungen, die offenbar in vielen Bereichen nicht länger ausgefüllt werden können. Für die umfassende Planung, Lenkung und Gestaltung des sozialen, wirtschaftlichen und kulturellen Lebens, die vom Staat verlangt wird, kann sich der Staat kaum noch der klassischen Steuerungsmittel Befehl und Zwang bedienen, sondern muß auf andere Mittel zurückgreifen, die aber nicht in gleicher

zurückgreifen, die aber nicht in gleicher Weise wirksam sind wie jene. Der Staat muß kooperieren, etwa mit privaten Anbietern und Akteuren, an die er dadurch aber einen Teil seiner Macht verliert. Die Staatsgewalt und staatliche Souveränität geraten zudem auch von außen unter Druck: Mit zunehmender internationaler Verpflichtung und Integration in supranationalen Gemeinschaften geht ein weiteres Stück traditioneller Staatlichkeit verloren.

Somit wäre im Zeitalter der europäischen, supra- und internationalen Staatengemeinschaft und der rasanten Entwicklung der Technik, der Begriff der Souveränität neu zu durchdenken. Meinte er früher die oberste, selber nicht mehr durch Menschen begrenzte Definitions- und Letztentscheidungsmacht in politischen Angelegenheiten, bezeichnet er heute - nach der Übernahme der evolutionären Führung durch Wirtschaft, Technik und Wissenschaft - einen eher symbolischen Punkt für Entwicklungsprozesse, die im politischen wie im gesellschaftlichen Bereich liegen. Ein solcher Befund könnte die Krise des Souveränitätsbegriffs rechtfertigen.

Literaturverzeichnis

I. Primärquellen

1. Verzeichnis der Schriften von Niccolò Machiavelli

Verweisung auf Werk, Buch, Kapitel (nicht bei Principe), deutsche Ausgabe, Seitenzahl. Beispiel: Disc., I, 4, ZO, S. 18 bedeutet Discorsi, I. Buch, 4. Kapitel, in der deutschen Ausgabe von Rudolf Zorn auf S. 18

Die in den Fußnoten verwendeten Kürzel der Titel sind im folgenden durch Kursivdruck und bei den Primärquellen in Klammern dargestellt.

Il Principe/ Der Fürst, italienisch-deutsch, übersetzt und hrsg. von Philipp Rippel, Stuttgart 1986 (Zit.: *Princ., RI*)

Der Fürst, „Il Principe", übersetzt und hrsg. von Rudolf Zorn, 6. Aufl., Stuttgart 1978 (Zit.: *Princ., ZO*)

Discorsi, Gedanken über Politik und Staatsführung, Deutsche Gesamtausgabe, übersetzt, eingeleitet und erläutert von Rudolf Zorn, 2. Aufl., Stuttgart 1977 (Zit.: *Disc., ZO*)

Politische Schriften, hrsg. von Herfried Münkler. Aus dem italienischen von Johann Ziegler und Franz Nikolaus Baur, Frankfurt a.M. 1990 (Zit.: *Disc., MÜ*)

Niccolò Machiavellis sämtliche Werke. Aus dem italienischen übersetzt von Johann Ziegler, 8 Bände, Karlsruhe 1832 – 1841 (Zit.: *SW*)

Gesammelte Schriften in fünf Bänden, unter Zugrundelegung der Übersetzung von Johann Ziegler und Franz Nikolaus Baur, hrsg. von Hanns Floerke, München 1925 (Zit.: *GS*)

2. Verzeichnis der Schriften von Jean Bodin

Verweisung auf Werk, Band, Buch, Kapitel, Ausgabe, Seitenzahl, deutsche Ausgabe, französische Angabe in Klammern. Beispiel: Rep., Bd. 1, I 6, WI, S. 158 (F 68 f) bedeutet République (Sechs Bücher über den Staat), Band 1, I. Buch, 6. Kapitel, in der deutschen Ausgabe von Bernd Wimmer auf S. 158, in der französischen Ausgabe auf der S. 68 f.

Sechs Bücher über den Staat. Buch I –III. übersetzt und mit Anmerkungen versehen von Bernd Wimmer. Eingeleitet und hrsg. von Peter Cornelius Mayer-Tasch, München 1981 (Zit.: Rep., Bd. 1, WI)

Sechs Bücher über den Staat. Buch IV - VI. übersetzt und mit Anmerkungen versehen von Bernd Wimmer. Eingeleitet und hrsg. von Peter Cornelius Mayer-Tasch, München 1986 (Zit.: Rep., Bd. 2, WI)

Über den Staat. Auswahl, Übersetzung und Nachwort von Gottfried Niedhart, Reclam, Stuttgart 1976 (Zit.: Rep., NI)

Les six Livres de la Rèpublique. Faksimiliendruck der Ausgabe Paris von 1583, Aalen: Scientia, 1961 (Zit.: F)

„La Methode de l'Historire" in: Oeuvres Poliques de Jean Bodin, hrsg. von Pierre Mesnard: (tome V, 3 du Corpus Gènèral des Philosophes Francais publiè sous la direction de Raymond Bayer). Paris: Presses Universitaires de France, 1951, S. 1 – 65 (Zit.: Methodus)

3. Verzeichnis der Schriften von Thomas Hobbes

Verweisung auf Werk-Kapitel-Absatz (nicht bei Leviathan), englische Ausgabe, Seitenzahl, deutsche Ausgabe, Seitenzahl. Beispiel: DCv, VII 2, 107, GA, 149 bedeutet De Cive, 7. Kapitel, 2. Absatz, S. 107, in der deutschen Ausgabe von Günther Gawlick auf S. 149

The English Works of Thomas Hobbes edited William Molesworth, 11 Bände, 2. Reproduktion der Ausgabe London 1839 - 45, Aalen 1966 (Zit.: EW, Bd.)

Thomae Hobbes Malmesburiensis opera philsophica quae latine omnia, collecta Gulielmi Molesworth, 5 Bände, 2. Reproduktion der Ausgabe London 1839 – 45, Aalen 1966 (Zit.: OL, Bd.)

Leviathan, edited by Richard Tuck, Cambridge University Press, revised student edition first published (1991) 1996 (Zit.: Lev., EU)

In deutscher Übersetzung werden folgende Werke zitiert:

Behemoth oder Das Lange Parlament. Hrsg. und mit einem Essay von Herfried Münkler, übersetzt von Julius Lips, Frankfurt am Main 1991 (Zit.: Behemoth, MÜ)

Elemente der Philosophie. Erste Abteilung. Der Körper. Übersetzt, mit einer Einleitung und textkritischen Anmerkungen versehen und hrsg. von Karl Schuhmann, Hamburg 1997 (Zit.: DCp, KS)

Grundzüge der Philosophie. Erster Teil. Lehre vom Körper. Übersetzt, mit einer Einleitung und hrsg. von Max Frischeisen-Köhler (1915) 1962 (Zit.: DCp, FK)

Leviathan. Erster und zweiter Teil, übersetzt von Jakob Peter Mayer, mit einem Nachwort von Malte Diesselhost, Reclam, Stuttgart 1980 (Zit.: Lev., MA)

Leviathan oder Stoff, Form und Gewalt eines kirchlichen und bürgerlichen Staates. Hrsg. und eingeleitet von Iring Fetscher. Übersetzt von Walter Euchner, Frankfurt a.M. 1994 (Zit.: Lev., TU)

Leviathan, übersetzt von Jutta Schlösser, mit einer Einführung und hrsg. von Hermann Klenner, Hamburg 1996 (Zit.: Lev., JS)

Naturrecht und allgemeines Staatsrecht in den Anfangsgründen (Elements of Law Naturell and Politic), deutsche Ausgabe 1926 mit einer Einführung von Ferdinand Tönnies, mit einem Vorwort zum Neudruck 1976 von Arthur Kaufmann, Darmstadt 1983 (Zit.: EL, TÖ)

Vom Menschen. Vom Bürger. Hrsg.und eingeleitet von Günter Gawlick. Neuausgabe auf der Grundlage der Übersetzung von Max Frischeisen-Köhler, 3. Aufl., Hamburg 1994 (Zit.: DCv/DHo, GA)

4. Verzeichnis der Schriften von Carl Schmitt

Der *Wert des Staates* und des Einzelnen, Tübingen 1914, Nachdruck 1917

Recht und Macht, in: Summa, Eine Vierteljahreszeitschrift, Heft 1, 1917, S. 37 – 52

Über die *drei Arten* des rechtswissenschaftlichen Denkens, Hamburg 1934

Der Leviathan in der Staatslehre des Thomas Hobbes, Hamburg 1938

Die vollendete Reformation. Bemerkungen und Hinweise zu neuen Leviathan Interpretationen, in: Der Staat, Bd. 4, Berlin 1965, S. 51 – 69

Staat als ein konkreter, an eine geschichtliche Epoche gebundener Begriff (1941), in: Verfassungsrechtliche Aufsätze aus den Jahren 1924 – 1954. Materialien zur Verfassungslehre, 2. Aufl., Berlin 1973, S. 375 – 385

Der *Nomos* der Erde im Völkerrecht des Jus Publicum Europaeum, Berlin 2. Aufl. 1974

Glossarium, Aufzeichnungen der Jahre 1947 – 1951, hrsg. von Eberhard Freiherr von Medem, Berlin 1991

Die *Diktatur.* Von den Anfängen des modernen Souveränitätsdenkens bis zum proletarischen Klassenkampf, München, Leipzig (1921), 6. Aufl. 1994

Der Begriff des Politischen. Text von 1932 mit einem Vorwort und drei Corollarien, 6. Aufl., 4. Nachdruck der Ausgabe, Berlin 1963 (1996)

Politische Theologie. Vier Kapitel zur Lehre von der Souveränität, 7. Aufl., Berlin 1996

Verfassungslehre, München/Leipzig 1928, 5. Aufl., Berlin 1970

II. Weitere Primärquellen

Aristoteles, *Nikomachische Ethik*. Auf der Grundlage der Übersetzung von Eugen Rolfs, hrsg. von Günther Bien, 4. Aufl., Hamburg 1985; im folgenden wird auf die Bekkersche Zählung verwiesen

Aristoteles, *Politik*, übersetzt und hrsg. von Olof Gigon, 8. Aufl., München 1998

Augustinius, Aurelius, De civitate dei / *Der Gottesstaat*, hrsg. und übersetzt von Carl Johann Perl, 2 Bände, Paderborn, München, Wien, Zürich 1979

Austin, John, *Lectures* on Jurisprudence, 2 Bände, hrsg. von Robert Cambell, 4. Aufl., London 1873

Austin, John, *The Province* of Jurisprudenve determined, (1832), hrsg. und eingeleitet von Herbert L.A. Hart, 4. Aufl., London 1971

Beccaria, Cesare, Über *Verbrechen und Strafen*. Nach der Ausgabe von 1766 übersetzt und hrsg. von Wilhelm Alff, Frankfurt a.M. 1966

Hegel, Georg W.F., *Grundlinien* der Philosophie des Rechts oder Naturrecht und Staatswissenschaft im Grundrisse. Auf der Grundlage der Werke von 1832 – 1845, neu editierte Ausgabe, Redaktion Eva Moldenhaer und Karl Markus Michel, Bd. 7, 5. Aufl., Frankfurt a.M. 1996.

Kant, Immanuel, Metaphysische Anfangsgründe der *Rechtslehre*, hrsg. von Bernd Ludwig, Hamburg 1986

Luther, Martin, Von der weltlichen *Obrigkeit*, wie weit man ihr Gehorsam schuldig sei, in: Luther deutsch: Die Werke Martin Luthers in neuer Auswahl für die Gegenwart; Band 7: Der Christ in der Welt, hrsg. von Kurt Aland, 2. erw. Aufl., Stuttgart, Göttingen 1967, S. 9 – 51

Luther, Martin, *Ermahnung* zum Frieden auf die zwölf Artikel der Bauernschaft in Schwaben (1523), in: Luther deutsch: Die Werke Martin Luthers in neuer Auswahl für die Gegenwart; Band 7: Der Christ in der Welt, hrsg. von Kurt Aland, 2. erw. Aufl., Stuttgart, Göttingen 1967, S. 163 – 197

Mandeville, Berhard de, Die *Bienenfabel* oder Private Laster, öffentliche Vorteile, 2. Aufl., Frankfurt a. M. 1998

Montesquieu, Charles Louis de Secondat de, *De l'esprit des lois*, Vom Geist der Gesetze, übersetzt und hrsg. von Ernst Forsthoff, Bd. 2, Tuebingen 1992

Platon, *Nomoi* / Platons Gesetze, übersetzt und eingeleitet von Otto Appelt, Bd. 2, Buch VII – XII, 3. Aufl., Leibzig 1916

Platon, *Politeia*, übersetzt und erläutert von Otto Apelt, Bd. V, 6. Aufl., Leibzig 1923

Rousseau, Jean-Jaques, Vom *Gesellschaftsvertrag* oder Grundzüge des Staatsrechts, hrsg. von Hans Brockhard, Stuttgart 1977

Spinoza, Baruch, *Politischer Traktat*, Tractatus politicus, Lateinisch – Deutsch, hrsg. von Wolfgang Bartuschat, Sämtliche Werke, Bd. 5.2, 6. Aufl., Hamburg 1994

Spinoza, Baruch, Theologisch- politischer *Traktat*, hrsg. von Günter Gawlick, Sämtliche Werke, Bd. 3, 3. Aufl., Hamburg 1994

Spinoza, Baruch, Die *Ethik* nach geometrischer Methode dargestellt, hrsg. von Otto Baensch, Sämtliche Werke, Bd. 2, Nachdruck, Hamburg 1994

III. Sekundärliteratur

Im folgenden sind alle in den Anmerkungen mit Kurztitel genannten Arbeiten aufgeführt; die Kurztitel sind durch Kursivdruck hervorgehoben. Dadurch schwillt das Literaturverzeichnis etwas an; ein Ausgleich erfolgt dadurch, daß jeweils nur einmal die vollständigen bibliographischen Daten genannt werden.

Alexy, Robert, *Diskurstheorie* und Menschenrechte, in: Recht, Vernunft, Diskurs. Studien zur Rechtsphilosophie, Frankfurt a. M. 1995, S. 127 - 164

Althusser, Louis, Die Einsamkeit *Machiavelli*s, in: Machiavelli - Montesquieu - Rousseau. Zur politischen Philosophie der Neuzeit, hrsg. von Peter Schröttler und Frieder Otto Wolf, Berlin 1987, S. 11 - 29

Andersch, Alfred, *Der Vater eines Mörders*. Eine Schulgeschichte, Zürich 1982

Baldus, Manfred, Zur Relevanz des *Souveränitätsproblem*s für die Wissenschaft vom öffentlichen Recht, in: Der Staat, 36 (1997), S. 381 - 398

Baruzzi, Arno Thomas *Hobbes*, Strukturelle Elemente von Körper und Methode, in: Grundprobleme der großen Philosophen, Philosophie der Neuzeit I., hrsg. von Josef Speck, 3. Aufl., Göttingen 1997, S. 74 - 100

Behrends, Okko, Knüttel, Rolf, Kupisch, Berthold, Seiler, Hans Hermann, *Corpus Iuris Civilis*, Die Institutionen, Heidelberg 1993

Berber, Friedrich, Das *Staatsideal* im Wandel der Weltgeschichte, München 1973

Bermbach, Udo, Widerstandsrecht, *Souveränität*, Kirche und *Staat*: Frankreich und Spanien im 16. Jahrhundert, in: Piepers Handbuch der politischen Ideen, hrsg. von Iring Fetscher und Herfried Münkler, Bd. 3, Neuzeit: von den Konfessionskriegen bis zur Aufklärung, München, Zürich 1985, S. 101 - 162

Binder, Julius, *Philosophie* des Rechts, Berlin 1925

Bien, Günther, Die Grundlegung der politischen *Philosophie* bei Aristoteles, München 1973

Bienfäit, Agathe, *Freiheit*, Verantwortung, Solidarität: Zur Rekonstruktion des politischen Liberalismus, Frankfurt a.M. 1999

Bittner, Rüdiger, Thomas Hobbes *Staatskonstruktion*, in: Zeitschrift für Philosophische Forschung, Bd. 37, (1983), S. 389 - 403

Blanke, Thomas, *Rechtstheorie* und das Konzept der Freiheit bei Machiavelli, in: Macht und Bewußtsein: europäische Beiträge zur politischen Psychologie, hrsg. von Heinz-Ulrich Kohr, Massimo Martini und Angelika Kohr, Weinheim 1990

Böckenförde, Ernst-Wolfgang, Die *Entstehung des Staates* als Vorgang der Säkularisierung, in: Recht, Staat, Freiheit. Studien zur Rechtsphilosophie, Staatstheorie und Verfassungsgeschichte, Frankfurt am Main, 2. Aufl. 1992, S. 92 – 114

Böckenförde, Ernst-Wolfgang, *Der Begriff des Politischen* als Schlüssel zum staatsrechtlichen Werk Carl Schmitts, in: Recht, Staat, Freiheit. Studien zur Rechtsphilosophie, Staatstheorie und Verfassungsgeschichte, 2. Aufl. Frankfurt a. M.1992, S 344 - 366

Brandt, Reinhard, Rechtsverzicht und Herrschaft in *Hobbes* Staatsverträgen, in: Philosophisches Jahrbuch, Bd. 87 (1980), S. 47 – 56

Brandt, Reinhard, Das Titelblatt des *Leviathan* und Goyas El Gigante, in: Bernbach, Udo, Kodalle, Klaus.-M., Hrsg., Furcht und Freiheit. Leviathan – Diskussion 300 Jahre nach Thomas Hobbes, Opladen 1982, S. 201- 231

Brandt, Reinhard, *Das Titelblatt* des Leviathan, in: Kersting, Wolfgang, Hrsg., Thomas Hobbes, Leviathan oder Stoff, Form und Gewalt eines bürgerlichen und kirchlichen Staates, Berlin 1996, S. 29 – 53

Brandt, Reinhardt, *Philosophie*. Eine Einführung, Stuttgart 2001

Bredekamp, Horst, Die Brüder und Nachkommen des *Leviathan*, in: Leviathan Zeitschrift für Sozialwissenschaft, 38 (1998), S. 159 – 183

Bredekamp, Horst, Leviathan und *Internet*, in Michael Greven und Rainer Schmalz-Bruns, Hrsg., Politische Theorie – heute. Ansätze und Perspektiven, Baden-Baden 1999, S 35 - 40

Bredekamp, Horst, *„Thomas Hobbes"*. Visuelle Strategien, Berlin 1999

Breuer, Stefan, *Sozialgeschichte* des Naturrechts, Opladen 1983

Breuer, Stefan, Max Webers *Herrschaftssoziologie*, in: Zeitschrift für Soziologie 17 (1988), S. 315-327

Breuer, Stefan, Der *Staat*. Entstehung, Typen, Organisationsstadien, Reinbeck bei Hamburg 1998

Brunkhorst, Hauke, Menschenrechte und Souveränität – ein Dilemma?, in: Recht auf Menschenrechte: Menschenrechte, Demokratie und internationale Politik, hrsg. von Hauke Brunkhorst, Wolfgang R. Köhler und Matthias Lutz-Bachmann, Frankfurt am Main 1999, S. 157 – 175

Brockhaus, Schlüsselbegriff *Macht*. Die Enzyklopädie, in vierundzwanzig Bänden, 20. Aufl., Leipzig, Mannheim 1996, Dreizehnter Band, LAGI – MAD, S. 706-708

Brogan, Hugh, „The Penguin History of the U.S.A", London 1985/ 90, Chapter 5, *„ The Indians 1492-1920",* p. 51 ff.

Brugger, Winfried, Das anthropologische *Kreuz* der Entscheidung, in: JuS, 1996, S. 674 – 682

Bubner, Rüdiger, Polis und *Staat*. Grundlinien der Politischen Philosophie, Frankfurt a. M. 2002

Buchheim, Hans, *Anmerkungen* zu Machiavellis „Il Principe", in: Der Staat 25 (1986), S. 207-231

Calliess, Rolf – Peter, Die *Todesstrafe* in der Bundesrepublik Deutschland. Zu einem aktuellen strafrechtlichen und verfassungsrechtlichen Problem, in: NJW 1988, S. 849 - 857

Calliess, Rolf – Peter, Die *Abschaffung der Todesstrafe* – Zusatzprotokoll Nr. 6 zur Europäischen Menschenrechtskonvention, in: NJW 1989, S. 1019 - 1021

Camus, Albert, *Der Fall*, Hamburg 1991

Campagna, Norbert, *Das Gesetz* die Richter und die Gesetzesauslegung im Leviathan, in: Der Staat (38) 1999, S. 519 – 546

Campagna, Norbert, Leviathan and its *Judges*, in: ARSP 86 (2000), S. 499 – 517

Charta der Grundrechte der Europäischen Union, Entwurf der am 8.12.2000 in Nizza proklamierten Charta, Text als Sonderbeilage zu JuS 2001, Heft 1, S. 7 - 15

Chwaszcza, Christine, Anthropologie und *Moralphilosophie* im ersten Teil des Leviathan, in: Wolfgang Kersting, Hrsg., Leviathan oder Stoff, Form und Gewalt eines bürgerlichen und kirchlichen Staates, Berlin 1996, S. 83 – 107

Chwaszcza, Christine, Thomas *Hobbes* (1588-1679), in: Klassiker des politischen Denkens, hrsg. von Hans Maier und Horst Denzer, Bd.1, neu bearb. Ausg. der 6. gebundenen Aufl., München 2001, S. 209 - 225

Cremer, Albert, *Die Gesetzgebung in Frankreich* des 16. und 17. Jahrhunderts, in: Gesetz und Gesetzgebung im Europa der frühen Neuzeit, hrsg. von Barbara Dölemeyer und Diethelm Klippel, Berlin 1998, S. 33 – 54

Diamond, Jared, *Arm und Reich*. Die Schicksale menschlicher Gesellschaften, Frankfurt a.M. 1999

Demandt, Alexander, Sokrates vor dem *Volksgericht* von Athen 399 v. Chr., in: Ders., Hrsg., Macht und Recht: Große Prozesse in der Geschichte, München 1996, S. 9 – 32

Demandt, Alexander, *Macht und Recht* als historisches Problem, in: Ders., Hrsg., Macht und Recht: Große Prozesse in der Geschichte, München 1996, S. 341 - 368

Dennert, Ursprung und Begriff der *Souveränität,* Stuttgart 1964

Dennert, Die ontologisch-aristotelische *Politikwissenschaft* und der Rationalismus. Eine Untersuchung des politischen Denkens: Aristoteles', Descartes', Hobbes', Rousseaus und Kants, Berlin 1970

Dennert, Jürgen, *Bemerkungen* zum politischen Denken Jean *Bodins*, in: Jean Bodin: Verhandlungen der internationalen Bodin Tagung in München., hrsg. von Horst Denzer, München 1973, S. 213 – 232

Denzer, Horst, *Bodins Staatsformenlehre*, in: Ders., Verhandlungen Internationalen Bodin Tagung in München, München 1973, S. 233 – 244

Denzer, Horst, Jean *Bodin* (1529/30-1596), in: Klassiker des politischen Denkens, hrsg. von Hans Maier und ders., Bd.1, neu bearb. Ausg. der 6. gebundenen Aufl., München 2001, S. 179 - 191

Di Fabio, Udo, Ist die *Staatswerdung* Europas unausweichlich? Die Spannung zwischen Unionsgewalt und Souveränität der Mitgliedstaaten für die Einheit Europas, in: FAZ, 2.2.2001, S. 8

Diederichsen, Uwe, Dreier, Ralf, hrsg., *Das mißglückte Gesetz*, „Die Funktion des Gesetzes in der Geschichte und Gegenwart". Abhandlung der Akademie der Wissenschaften in Göttingen, Nr. 223, Göttingen 1997

Diesselhorst, Malte, *Nachwort*, in: Hobbes, Thomas, Leviathan, übersetzt und hrsg. von Jakob Peter Mayer, Stuttgart 1976

Diesselhorst, Malte, *Naturzustand* und Sozialvertrag bei Hobbes und Kant. Zugleich ein Beitrag zu den Ursprüngen des modernen Systemdenkens, Göttingen 1988

Dreier, Horst, Kanonistik und *Konfessionalisierung* – Marksteine auf dem Weg zum Staat, in: JZ 57 (2002), S. 1 - 13

Dreier, Ralf, *Reine Rechtslehre* und marxistische Rechtstheorie, in: Recht - Moral - Ideologie. Studien zur Rechtstheorie, Frankfurt a.M. 1981, S. 241 - 269

Dreier, Ralf, *Göttliches und menschliches Recht*. Zeitschrift für evangelische Ethik (32) 1987, S. 289 - 316

Dreier, Ralf, *Recht* und Gerechtigkeit, in: Ders., Recht - Staat - Vernunft. Studien zur Rechtsthorie 2, Frankfurt a.M. 1991, S. 8 - 38

Dreier, Ralf, Der *Rechtsstaat* im Spannungsverhältnis zwischen Gesetz und Recht, in: Ders., Recht - Staat - Vernunft. Studien zur Rechtsthorie 2, Frankfurt a. M. 1991, S. 73 - 94

Dreier, *Rechts - Links Schema*, in: Ders., Recht – Staat – Vernunft. Studien zur Rechtsthorie 2, Frankfurt a. M. 1991, S. 199 - 210

Dreier, Ralf, *Recht*, Rechtstheorien, in: Evangelisches Kirchenlexikon, Bd. 3, 3. Aufl., Göttingen 1992, Sp. 1445 – 1455

Dreier, Ralf, Was ist *Gerechtigkeit?*, in: JuS 1996, S. 580 – 584

Dreier, Ralf, Gustav *Radbruch*, Hans *Kelsen*, Carl *Schmitt*, in: Staat und Recht, hrsg. von Herbert Haller, Christian Kopetzki, Richard Novak, Stanley L. Paulson, Bernhard Rauscher, Georg Ress, Ewald Wiederin, Festschrift für Günther Winkler, Wien, New York 1997, S. 193 – 215

Dreier, Ralf, Niklas Luhmanns *Rechtsbegriff*, in: Archiv für Rechts- und Sozialphilosophie (ARSP), 88 (2002), S. 305 - 322

Eichhorn, Mathias, Carl Schmitts *Verständnis des Staates* als einer geschichtlichen Größe, in: Mythos Staat. Carl Schmitts Staatsverständnis, hrsg. von Rüdiger Voigt, Baden-Baden 2001, S. 59 - 81

Fell, A. London, *Origins* of Legislative Souvereignty and the Legislative State, Volume One. Corasius and the Renaissance Systematization of Roman Law, Cambridge 1983

Fell, A. London, *Origins* of Legislative Souvereignty and the Legislative State, Volume Three. Bodin's Humanistic Legal System and Rejection of „Medieval Political Theology", Boston 1987

Fell, A. London, *Origins* of Legislative Souvereignty and the Legislative State, Volume Five, Modern Origins, Developments, and Perspectives against the Background of „Machiavellism",Book I: Pre-Modern „Machiavellism", Westport, London 1993

Fell, A. London, *Origins* of Legislative Souvereignty and the Legislative State, Volume Five, Modern Origins, Developments, and Perspectives against the Background of „Machiavellism", Book II: Modern Major „Isms" (17th-18th Centuries), Westport, London 1996

Fetscher, Iring, *Einleitung* , in: Thomas Hobbes, Leviathan, hrsg. von ders., 6. Aufl., Frankfurt a.M. 1994, S. IX – LXVI

Forndran, Erhard, Demokratie und demokratischer Staat in der *Krise*? Eine Frage an die Theorie und Praxis zu ihren Handlungsmöglichkeiten und Handlungsgrenzen, Baden-Baden 2002

Freyer, Hans, *Machiavelli*, 2. Aufl., Weinheim 1986

Fuchs, Konrad; Raab, Heribert, dtv – Wörterbuch zur *Geschichte*, 2 Bände, 5. Aufl., München 1983

Gigon, Olof, *Bemerkungen* zum aristotelischen Politikbegriff und zu den Grundsätzen aristotelischer Staatsphilosophie, Einleitung, in: Aristoteles, hrsg. von ders., 8. Aufl., München 1998, S. 7-46

Gil, Christiane, *Machiavelli*, Die Biographie, Düsseldorf 2000

Göbel, Markus, *Binärcode* (2), in: Lexikon zur Soziologie, hrsg. von Werner Fuchs- Heinritz, Rüdiger Lautmann, Otheim Rammstedt, Hans Wienhold, 3. Aufl., Opladen 1994

Göller, Thomas, Thomas *Hobbes* - ein Vorläufer der Idee universaler Menschenrechte?, in: hrsg. von ders., Philosophie der Menschenrechte: Methodologie, Geschichte, kultureller Kontext, Göttingen 1999, S. 135 - 149

Groh, Ruth, Arbeit an der Heillosigkeit der Welt. Zur politisch – theologischen Mythologie und Anthropologie Carl *Schmitt*s, Frankfurt am Main, 1998

Groh, Ruth, Von der *Macht politischer Mythen*. Carl Schmitt deutet Thomas Hobbes, in: Konfigurationen der Macht in der Frühen Neuzeit, hrsg. von Roland Galle, Rudof Behrens, Heidelberg 2000, S. 1 – 15

Habermas, Jürgen, *Legitimationsprobleme* im Spätkapitalismus, Frankfurt am Main 1973

Hartmann, Peter C., *Geschichte Frankreichs*, München 1999

Hausmann, Frank-Rutger, *Bodin*, Jean, in: Metzler, Philosophen Lexikon. Von den Vorsokratikern bis zu den Neuen Philosophen, 2. Aufl., Stuttgart, Weimar 1995, S. 128 – 129

Hausmann, Friederike, *Machiavelli* und Florenz. Eine Welt in Briefen, München 2001

Hebeisen, Michael W., *Souveränität* in Frage gestellt. Die Souveränitätslehren von Hans Kelsen, Carl Schmitt und Hermann Heller im Vergleich, Baden-Baden 1995

Heerich, Thomas, Transformation des *Politikkonzepts* von Hobbes bis zu Spinoza. Das Problem der Souveränität. Würzburg 2000

Hegmann, Horst, Politischer *Individualismus*: Die Rekonstruktion einer Sozialtheorie unter Bezugnahme auf Machiavelli, Bodin und Hobbes, Berlin 1994.

Hein, Helmut, Subjektivität und *Souveränität*. Studien zum Beginn der modernen Politik bei Niccolò Machiavelli und Thomas Hobbes, Frankfurt a. M. 1986

Heller, Hermann, *Die Souveränität* - Ein Beitrag zur Theorie des Staats- und Völkerrechts, in: Gesammelte Schriften, hrsg. von Christoff Müller, Bd. 2, Recht, Staat, Macht, Leiden 1971, S. 31 – 278

Hennis, Wilhelm, Das Problem der *Souveränität*. Ein Beitrag zur neueren Literaturgeschichte und gegenwärtigen Problematik der politischen Wissenschaften, Tübingen (1951) 2003

Hepting, Reinhard, Gaaz, Berthold, Kommentar zum *Personenstandsrecht* mit Eherecht und Internationalem Privatrecht, Band 1, PStG, Frankfurt am Main, Berlin 2000

Herz, Dietmar, *Bürgerkrieg* und politische Ordnung im Leviathan und Behemoth. Zum Kapitel 29 des Leviathan, in: Wolfgang Kersting, Hrsg., Leviathan oder Stoff, Form und Gewalt eines bürgerlichen und kirchlichen Staates, Berlin 1996, S. 259 – 281

Hillgruber, Christian, *Souveränität* – Verteidigung eines Rechtsbegriffs, in: JZ 2002, S. 1072 - 1080

Hinrichs, Ernst, Renaissance, *Religionskriege* und Begründung der absoluten Monarchie (1498 – 1661), in: Ders., Hrsg., Kleine Geschichte Frankreichs, Stuttgart 1997, S. 125 - 185

Hirschmann, Albert O., *Leidenschaften* und Interessen, 2. Aufl., Frankfurt a. M. 1984

Hoeges, Dirk, Niccolò *Machiavelli*. Die Macht und der Schein, München 2000

Höffe, Otfried, Wissenschaft im Dienste freier *Selbsterhaltung*? Zum Theorie - Praxis- Verhältnis in Thomas Hobbes Staatsphilosophie in: Bernbach Udo, Kodalle, Klaus- M., Hrsg., Furcht und Freiheit.

Leviathan – Diskussion 300 Jahre nach Thomas Hobbes, Opladen 1982, S. 30 – 64

Höffe, Otfried, *Politische Gerechtigkeit*, 2. Aufl., Frankfurt a. M. 1994

Höffe, Otfried, *„Sed authoritas, non veritas, facit legem"*. Zum Kapitel 26. des Leviathan, in: Wolfgang Kersting, Hrsg., Leviathan oder Stoff, Form und Gewalt eines bürgerlichen und kirchlichen Staates, Berlin 1996, S. 235 – 257

Höffe, Otfried, *„Königliche Völker"*. Zu Kants kosmopolitischer Rechts- und Friedenstheorie, Frankfurt am Main 2001

Hüning, Freiheit und Herrschaft in der Rechtsphilosophie des Thomas *Hobbes*, Berlin 1998

Isensee, Josef, Das Grundrecht auf *Sicherheit*. Zu den Schutzpflichten des freiheitlichen Verfassungsstaates, Berlin 1983

Jonas, Friedrich, *Geschichte* der Soziologie, Bd. 1, Aufklärung, Liberalismus, Idealismus, Sozialismus, Übergang zur industriellen Gesellschaft, Reinbeck bei Hamburg 1976.

Kaiser, Joseph H., *Vergleichung* im öffentlichen Recht, in ZaöRV 1964, S. 391 – 404

Kastner, Klaus, Literatur und *Recht* – eine unendliche Geschichte, in: NJW 56 (2003), S. 609 - 615

Kaser, Max, *Römisches Privatrecht*, 16. Aufl., München 1992

Kavka, Greory S., *Hobbsian Moral* Political Theory, New Jersey 1986

Kelsen, Hans, Das Problem des *Parlamentarismus*, Wien und Leipzig 1925

Kelsen, Hans, Das Problem der *Souveränität* und die Theorie des Völkerrechts. Ein Beitrag zur Reinen Rechtslehre. Aalen : Scientia 1981, 2. Neudruck der 2. Aufl. von 1928

Kelsen, Hans, Vom *Wesen und Wert* der Demokratie, 2. Aufl., Tübingen 1929

Kelsen, Hans, *Reine Rechtslehre*, Nachdruck der 2. Aufl. von 1960, Wien 1967

Kelsen, Hans, Das Problem der *Gerechtigkeit*, in: Reine Rechtslehre, Nachdruck der 2. Aufl. von 1960, Wien 1967, S. 355 – 444

Kelsen, Hans, „Was ist juristischer *Positivismus*?", in: Juristen Zeitung 1965 (20), S. 465 - 469

Kersting, Wolfgang, *Machiavelli-Bilder*. Zum gegenwärtigen Stand der Machiavelli-Forschung, in: Philosophisches Jahrbuch 94 (1987), S. 162-189

Kersting, Wolfgang, „*Handlungsmächtigkeit* – Machiavellis Lehre vom politischen Handeln", in: Philosophisches Jahrbuch 95 (1988), S. 235-255

Kersting, Wolfgang, Thomas *Hobbes* zur Einführung, Hamburg 1992

Kersting, Wolfgang Wohlgeordnete *Freiheit* – Immanuel Kants Rechts- und Staatsphilosophie, Frankfurt am Main 1993

Kersting, Wolfgang, *Die Begründung* der politischen Philosophie der Neuzeit im Leviathan, in: Ders., Hrsg., Leviathan oder Stoff, Form und Gewalt eines bürgerliche und kirchlichen Staates, Berlin 1996, S. 9 – 26

Kersting, Wolfgang, Vertrag, *Souveränität*, Repräsentation, zu den Kapitel 17 bis 22 des Leviathan, in: : Ders., Hrsg., Leviathan oder Stoff, Form und Gewalt eines bürgerliche und kirchlichen Staates, Berlin 1996, S. 211 - 233

Kersting, Wolfgang, Freiheit und *Tugend*, in: Ders., Recht, Gerechtigkeit und demokratische Tugend; Abhandlungen zur praktischen Philosophie der Gegenwart, Frankfurt a. M. 1997, S. 436 - 458

Kersting, Wolfgang, Niccolò *Machiavelli*, 2. Aufl., München 1998

Kersting, Wolfgang, *Theorienkonzeption* der philosophischen Gegenwart: Methoden, Probleme, Grenzen, in: Politische Theorie – heute, hrsg. von Michael Th. Greven, Rainer Schmalz-Bruns, Baden-Baden 1999, S. 41 – 80

Kersting, Wolfgang, *Der künstliche Mensch*. Vertrag und Souveränität in der Hobbesschen Staatsphilosophie, in: Der Leviathan, hrsg. von Rüdiger Voigt, Baden-Baden 2000, S. 67 - 96

Kersting, Wolfgang, *Positives Recht* und Gerechtigkeit bei Thomas Hobbes, in: Ders., Politik und Recht. Abhandlungen zur politischen Philosophie der Gegenwart und zur neuzeitlichen Rechtsphilosophie, Weilerswist 2000, S. 275 – 303

Kersting, Wolfgang, Neukantianische *Rechtsbegründung*. Rechtsbegriff und richtiges Recht bei Cohen, Stammler und Kelsen, in: Neukantianismus und Rechtsphilosophie, hrsg. von Robert Alexy, Stanley L. Paulson, Baden-Baden 2002, S. 23 - 68

Klaeden von, Dietrich, *Die deutsche Politik im Spiegel der juristischen Fachpresse* 1871 – 1932, Frankfurt a. M. 1995

Klenner, Hermann, Des Thomas Hobbes *bellum omnium contra omnes*, in: Sitzungsberichte der Akademie der Wissenschaften der DDR, Gesellschaftswissenschaften, Jg. 1989, Nr. 6 G, S. 3-23

Klenner, Hermann, Einführung, *Hobbes* - Der Rechtsphilosoph und seine Rechtsphilosophie, Einführung, in: Leviathan, hrsg. von ders., Hamburg 1996, S. XIII – XLI

Klenner, Hermann, Der *Leviathan* im Widerstreit der Staatsphilosophie, in: Der Leviathan, hrsg. von Rüdiger Vogt, Baden-Baden 2000, S. 27 - 40

Kliemt, Harmut, *Macht* und Ohnmacht der Moral in der Demokratie, in Bayertz, Kurt, Hrsg., Politik und Ethik, Stuttgart 1996, S. 168 - 193

Klippelt, Diethelm, Zur Geschichte der Gesetzgebung in der Frühen Neuzeit. Eine *Einführung*, in: Gesetz und Gesetzgebung im Europa der Frühen Neuzeit, hrsg. von Barbara Dölemeyer und Diethelm Klippel, Berlin 1998, S. 7 – 13

Kluxen, Kurt, *Geschichte* Englands, von den Anfängen bis zur Gegenwart, 2. Aufl., Stuttgart 1976

Kluxen, Kurt, *Nachwort*, in: Niccolò Machiavelli, Geschichte der Stadt Florenz, 2. Aufl., Zürich 1987, S. 566 - 585

Knauer, Claudia, Das „magische *Viereck*" bei Machiavelli: fortuna, virtù, occasione, necessità, Würzburg 1990

Koller, Peter, Zu einigen Problemen der Rechtfertigung der Demokratie, in: Ideologie Kritik und Demokratie Theorie bei Hans Kelsen, Beiheft 4, S. 319, hrsg. von Werner Krawietz, Ernst Topitsch, Peter Koller, Berlin 1982

König, Renè, Niccolò *Machiavelli*. Zur Krisenanalyse einer Zeitwende, 2. Aufl., München, Wien 1979

Kräuptel, Günther, Die Gesellschaft, der Einzelne und das Verbrechen – *Beccarias kriminologisches Verständnis*, in: Cesare Beccaria. Die Anfänge moderner Strafrechtspflege in Europa, hrsg. von Gerhard Deimling, Heidelberg 1989, S. 149 – 163

Kreutziger, Bernd, *Argumente für und wider die Todesstrafe(n)*. Ein Beitrag zur Beccaria-Rezeption im deutschsprachigen Raum des 18. Jahrhunderts, in: Cesare Beccaria. Die Anfänge moderner Strafrechtspflege in Europa, hrsg. von Gerhard Deimling, Heidelberg 1989, S. 99 - 125

Krauss, Günther, *Zwangszivilehe* und Bonner Grundgesetz, in: Ehe und Familie, FamRZ 5 (1958), S. 259 - 263

Kreische, Joachim, Konstruktivistische *Politiktheorie* bei Hobbes und Spinoza, Baden-Baden 2000

Kriele, Martin, Einführung in die *Staatslehre*. Die geschichtlichen Legitimitätsgrundlagen des demokratischen Verfassungsstaates, 5. Aufl., Opladen 1994

Küchenhoff, Erich, Möglichkeiten und Grenzen begrifflicher Klarheit in der *Staatsformenlehre*, Bd. 1, Berlin 1967

Kühl, Kristian, *Eigentumsordnung* als Freiheitsordnung: Zur Aktualität der Kantischen Rechts- und Eigentumslehre, München 1984

Kuhn, Helmut, *Der Staat*: eine philosophische Darstellung, München 1969

Kullmann, Wolfgang, Aristoteles und die Moderne Wissenschaft, Stuttgart 1998

Kwon, Yong – Hyek, Überwindung von Hobbes *Individualismus* im Konzept des Naturzustandes und Verbindlichkeitserweis der kommunikativen Einstellung, Frankfurt a.M. 1991

Lampe, Ernst-Joachim, *Rechtsanthropologie*. Entwicklung und Probleme, in: ARSP 1999, S. 246 – 269

Langheid, Theo, *Souveränität* und Verfassungsstaat: ‚The Sovereignty of Parlament', Köln 1984

Leidhold, Wolfgang, Die Neuentdeckung der Alten Welt – *Machiavelli* und die Analyse der internationalen Beziehungen, in: Der Staat 31 (1992), S. 187-204

Lemke, Anja, Überlegungen zur *Sprachtheorie* bei Thomas Hobbes, in: Zeitschrift für Politik (43) 1996, S. 1 - 22

Loos, Fritz, Zur Wert – und Rechtslehre Max Webers, Tübingen 1970

Ludwig, Bernd, *Kants Rechtslehre*, Kant-Forschungen, Bd. 2, Hamburg 1988

Ludwig, Bernd, *Wiederentdeckung* des epikureischen Naturrechts: zu Thomas Hobbes' philosophischer Entwicklung von De Cive zum Leviathan im Pariser Exil 1640-1651, Frankfurt am Main 1998

Luhmann, Niklas, Der politische Code. *„Konservativ"* und *„progressiv"* in systemtheoretischer Sicht, in: Soziologische Aufklärung 3, Opladen 1981, S. 267 – 286

Luhmann, Niklas, *Rechtssoziologie* 3. Aufl., Opladen 1987

Luhmann, Niklas, Ökologische *Kommunikation*, 3. Aufl., Opladen 1990

Luhmann, Niklas, Staat und *Staatsräson* im Übergang von traditioneller Herrschaft zu moderner Politik, in: Ders., Gesellschaftsstruktur und Semantik: Studien zur Wissenssoziologie der modernen Gesellschaft, Bd. 3, Frankfurt a. M. 1993, S. 65-148

Luhmann, Niklas, Frühneuzeitliche *Anthropologie*: Theorientechnische Lösung für ein Evolutionsproblem der Gesellschaft, in: Ders.,

Gesellschaftsstruktur und Semantik: Studien zur Wissenssoziologie der modernen Gesellschaft, Bd. 1, Frankfurt a. M. 1993, S. 162 - 234

Luhmann, Niklas, Wie ist *soziale Ordnung* möglich?, in: Ders., Gesellschaftsstruktur und Semantik: Studien zur Wissenssoziologie der modernen Gesellschaft, Bd. 2, Frankfurt a. M. 1993, S. 195 - 285

Luhmann, Niklas, *Ethik* als Reflexionstheorie der Moral, in: Ders., Gesellschaftsstruktur und Semantik: Studien zur Wissenssoziologie der modernen Gesellschaft, Bd. 3, Frankfurt a.M. 1993, S. 358 - 447

Luhmann, Niklas, Über *Natur*, in: Ders., Gesellschaftsstruktur und Semantik. Studien zur Wissenssoziologie der modernen Gesellschaft, Bd. 4, Frankfurt a. M. 1995, S. 9 - 30

Luhmann, Niklas, *Metamorphosen* des Staates, in: Ders., Gesellschaftsstruktur und Semantik. Studien zur Wissenssoziologie der modernen Gesellschaft, Bd. 4, Frankfurt a. M. 1995, S. 101-137

Luhmann, Niklas, Die operative Geschlossenheit des *Rechtssystem*s, in: Das Recht der Gesellschaft, 2. Aufl., Frankfurt a. M. 1997, S. 38 – 123

Luhmann, Niklas, *Codierung* und Programmierung, in: Das Recht der Gesellschaft, 2. Aufl., Frankfurt a. M. 1997, S. 165 – 213

Luhmann, Niklas, Politik und *Recht*, in: Das Recht der Gesellschaft, 2. Aufl., Frankfurt a. M. 1997, S. 407 - 439

Luhmann, Niklas, *Legitimation* durch Verfahren, 4. Aufl., Frankfurt a. M. 1997

Luhmann, Niklas, *Die Gesellschaft* der Gesellschaft, Bd. 1, Frankfurt a. M. 1998

Luhmann, Niklas, *Ausdifferenzierung* des Rechtssystems, in: Ausdifferenzierung des Rechts. Beiträge zur Rechtssoziologie und Rechtstheorie, Frankfurt a. M. 1999, S. 35 - 52

Luhmann, Niklas, *Selbstreflexion* des Rechtssystems: Rechtstheorie in gesellschaftstheoretischer Perspektive, in: Ausdifferenzierung des Rechts. Beiträge zur Rechtssoziologie und Rechtstheorie, Frankfurt a. M. 1999, S. 419 - 450

Luhmann, Niklas, Das Medium der *Macht*, in: Ders., Die Politik der Gesellschaft. Hrsg. von Andrè Kieserling, Frankfurt a. M. 2000, S. 18 – 68

Luhmann, Niklas, *Ausdifferenzierung* und operative Schließung *des politischen Systems*, Die Politik der Gesellschaft, Frankfurt a. M. 2000, S. 69 – 139

Luhmann, Niklas, *Politisches Entscheiden*, in: Die Politik der Gesellschaft, Frankfurt a. M. 2000, S. 140 - 169

Luhmann, Niklas, *Selbstbeschreibung*, in: Die Politik der Gesellschaft, Frankfurt a. M. 2000, S. 319 – 371

Malanczuk, Peter, *Globalisierung* und die zukünftige Rolle souveräner Staaten, in: Weltstaat oder Staatenwelt? Für und wider die Idee einer Weltrepublik, hrsg. von Matthias Lutz-Bachmann und James Bohmann, Frankfurt am Main 2002, S. 125 - 171

Malcom, Noel, A summary biography of *Hobbes*, in: The Cambridge Companion to Hobbes, Edited by Tom Sorell, Cambridge 1996, p. 13 – 44

Malettke, Klaus, *Frankreich*, Deutschland und Europa im 17. und 18. Jahrhundert. Beiträge zum Einfluß französischer politischer Theorie, Verfassung und Außenpolitik in der Frühen Neuzeit, Marburg 1994

Mandt, Hella, *Tyrannis*, Despotie, in: Geschichtliche Grundbegriffe. Historisches Lexikon zur politisch-sozialen Sprache in Deutschland, hrsg. von Otto Brunner, Werner Conze, Reinhart Kose Meck, Bd. 6, Stuttgart 1990, S. 651 - 705

Martinich, Aloysius P., Hobbes: a biography. Cambridge University Press 1999

Maurer, Michael, Kleine *Geschichte* Englands, Stuttgart 1997

Maurer, Andrea, *Herrschaft* und soziale Ordnung. Kritische Rekonstruktion und Weiterführung der individualistischen Theorientradition, Opladen 1999

Mayer – Tasch, Peter Cornelius, Thomas *Hobbes* und das Widerstandsrecht, Tübingen 1965

Mayer – Tasch, Peter Cornelius, *Vorwort* des Herausgebers, in: Ders., Hrsg., Jean Bodins Leben und Werk, München 1981, S. 9 – 10

Mayer – Tasch, Peter Cornelius, Jean *Bodin*. Eine Einführung in sein Leben, sein Werk und seine Wirkung, Düsseldorf und Bonn 2000

Meier, Hans Jakob, Keine Macht auf Erden ist ihm zu vergleichen. Nervöse Kunst in einer überhitzten Zeit: *Zur Ikonographie von Hobbes' Leviathan*, in: Frankfurter Allgemeine Zeitung, 4.11.1998, S. N 6

Meinecke, Friedrich, Die Idee der *Staatsraison* in der neueren Geschichte, München, Berlin 1924

Meuter, Günter, Gerechtigkeitsstaat contra Rechtsstaat. Bemerkungen zum *Ordnungsdenken* Carl Schmitts, in: Mythos Staat. Carl Schmitts Staatsverständnis, hrsg. von Rüdiger Voigt, Baden-Baden 2001, S. 83 - 116

Mittermaier, Karl, *Machiavelli*: Moral und Politik zu Beginn der Neuzeit, Gernsbach 1990

Motschmann, Jürgen, *Machiavellismus*, in: Lexikon zur Soziologie, hrsg. von Werner Fuch-Heinritz, Rüdiger Lautmann, Otthein Rammstedt, Hans Wienhold, 3. Aufl., Opladen 1994, S. 410

Münkler, Herfried, *Weimarer Republik*, in: Pipers Handbuch der politischen Ideen, Bd. 5, hrsg. von Iring Fetscher und Herfreid Münkler, München 1987

Münkler, Herfried, Übergang vom Mittelalter zur *Neuzeit*: Einführung, in: Politische Institutionen im gesellschaftlichen Umbruch: Ideengeschichtliche Beiträge zur Theorie politischer Institutionen, hrsg. von Gerhard Göhler, Kurt Lenk, Herfried Münkler, Manfred Walther, Opladen, 1990, S. 79 – 88

Münkler, Herfried, *Thomas Hobbes*, Frankfurt, New York 1993

Münkler, Herfried, Politische *Bilder*, Politik in Metaphern, Frankfurt a.M. 1994

Münkler, Herfried, *Machiavelli*. Die Begründung des politischen Denkens der Neuzeit aus der Krise der Republik Florenz, Frankfurt a. M. 1995

Münkler, Herfried, *Niccolò Machiavelli* (1469-1527), in: Klassiker des politischen Denkens, hrsg. von Hans Maier und Horst Denzer, Bd.1, neu bearb. Ausg. der 6. gebundenen Aufl., München 2001, S. 119 – 134

Münkler, Herfried, Über den *Krieg*. Stationen der Kriegsgeschichte im Spiegel ihrer theoretischen Reflexion, Weilerswist 2002

Muralt, Leonhard von, Machiavellis *Staatsgedanke*, Basel 1945

Naucke, Wolfgang, Rechtsphilosophische *Grundbegriffe*, 4. Aufl., Neuwied 2000

Naucke, Wolfgang, Über die *Zerbrechlichkeit des* rechtstaatlichen *Strafrechts*. Materialien zur neueren Strafrechtsgeschichte, Baden-Baden 2000

Neves, Marcelo, Zwischen Themis und *Leviathan*: Eine schwierige Beziehung. Eine Rekonstruktion des demokratischen Rechtsstaates in Auseinandersetzung mit Luhmann und Habermas, Baden-Baden 2000

Nicoletti, Michele, Die *Ursprünge* von Carl Schmitts „Politischer Theologie", in: Helmut Quaritsch, hrsg., Complexio Oppositorum, Berlin 1988, S. 109 - 128

Nida – Rümelin, Julian, Bellum omnium contra omnes. *Konflikttheorie* und Naturzustandskonzeption im 13. Kapitel des Leviathan, in: Wolfgang Kersting, Hrsg., Leviathan oder Stoff, Form und Gewalt eines bürgerlichen und kirchlichen Staates, Berlin 1996, S. 109 - 130

Niewöhner, Friedrich, *Die abgeblasene Jagd*. Noch einmal Jean Bodin und sein „Sieben Tage Gespräch", in: FAZ, 16.6.1999, S. N 7

Nippel, Wilfried, *Mischverfassungstheorie* und Verfassungsrealität in Antike und früher Neuzeit, Stuttgart 1980

Nitz, Gerhard, Private und öffentliche *Sicherheit*, Berlin 2000

Noack, Paul, Carl *Schmitt*, Eine Biographie, Berlin 1993

Nocke, Joachim, *Autopoiesis* – Rechtssoziologie in seltsamen Schleifen, in: Kritische Justiz 29 (1986), S. 363-389

Nocke, Joachim, *Naturrecht* und Demokratie, in: Dialektik 1, 1994, S. 81-95

Nocke, Joachim, Organisierte *Moral*. Das Beispiel der Ethikkommisionen, in: Peter Nahamowitz, Stefan Breuer, Hrsg.: Politik – Verfassung – Gesellschaft. Otwin Massing zum 60. Geburtstag, Baden-Baden 1995, S. 347-373

Oppermann, Bernd H., Die Rezeption des nordamerikanischen Rechtsrealismus durch die deutsche Topikdiskussion, Frankreich a. M., 1985

Oesterreich, Peter L., *„Positive Verkehrtheit"*. Die Figur des Bösen bei Schelling und Machiavelli, in: Philosophisches Jahrbuch 102 (1995), S. 249-260.

Ottow, Raimund, „Ancient Constitution" und *„Mixed Monarchy"* – Zur Diskussion um britische Verfassungsdiskurse der frühen Neuzeit -, in: Zeitschrift für Politik 48 (2001) S. 72 - 104

Patzer, Harald, Die Entstehung der wissenschaftlichen Politik bei den Griechen, in: Ders., Gesammelte Schriften, hrsg. von Rüdiger Leimbach und Gabriele Seidel, Wiesbaden 1985, S. 243 - 260

Paulsen, Thomas, *Machiavelli* und die Idee der Staatsräson, in: IfS – Nachrichten Bd. 2, München 1996

Paulson, Stanley L., Naturgesetze und die „Rechte Vernunft" in *Hobbes' Rechtsphilosophie*, in: Rechtstheorie, Bd. 12 (1981), S. 449 – 471

Peters, Martin, Schröder, Peter, Hrsg., Vorwort, in: *Souveränitätskonzeptionen*. Beiträge zur Analyse politischer Ordnungsvorstellungen im 17. bis zum 20. Jahrhundert, Berlin 2000, S. 5 - 9

Pfeifer, Helmut, Die Macht der *Verschwörung*. Diskurs und Inzenierung zwischen Machiavelli und Shakespeare, in: Konfigurationen der Macht in der Frühen Neuzeit, hrsg. von Roland Galle und Rudolf Behrens, Heidelberg 2000, S. 17 - 58

Pfordten von der, Dietmar, Rechtsethik, in: Nida-Rümelin, Julian, Hrsg., Angewandte Ethik, Stuttgart 1996, S. 200 - 289

Platthaus, Andreas, Hinter unserem Deich sind wir sicher. Es lebe die Seeschlange: Horst Bredekamp unterwirft das *Titelbild des „Leviathan"* von Thomas Hobbes einer Totalanalyse, in: Frankfurter Allgemeine Zeitung, 23.02.1999, S. L 17

Pocock, J.G.A., *The Machiavellian Moment*. Florentine Political Thought and the Atlantic Republican Tradition, Princeton University Press 1975

Pogge, Thomas, Kosmopolitarismus und *Souveränität*, in: Weltstaat oder Staatenwelt? Für und wider die Idee einer Weltrepublik, hrsg. von Matthias Lutz-Bachmann und James Bohmann, Frankfurt am Main 2002, S. 172 - 200

Polmann, Friedrich, Politische *Herrschaftssysteme* der Neuzeit. Absolutismus – Verfassungsstaat – Nationalsozialismus, Opladen 1988

Popitz, Klaus, Phänomene der *Macht*, Tübingen 1986

Pünder, Hermann, Carl *Schmitt* als Theoretiker der Macht – Ein Außenseiter, in: Rechtheorie 33 (2002), S. 1 - 41

Quaritsch, Helmut, *Staat* und Souveränität, Bd. 1: Die Grundlagen, Frankfurt a.M. 1970

Quaritsch, Helmut, *Souveränität*, Entstehung und Entwicklung des Begriffs in Frankreich und Deutschland vom 13. Jh. bis 1806, Berlin 1986

Radbruch, Gustav, *Rechtsphilosophie*, 8. Aufl., Stuttgart 1973

Raiser, Thomas, Das lebende *Recht*, 3. Aufl., Baden-Baden 1999

Rammstedt, Otthein, *Krise*, in: Lexikon zur Soziologie, hrsg. von Werner Fuch-Heinritz, Rüdiger Lautmann, Otthein Rammstedt, Hans Wienhold, 3. Aufl., Opladen 1994, S. 377

Reinhardt, Volker, *Geschichte Italiens*, München 1999

Rhonheimer, Martin, Autoritas non veritas facit legem: Thomas *Hobbes*, Carl Schmitt und die Idee des Verfassungsstaates, in: ARSP 86 (2000), S. 484 - 498

Ridolfi, Roberto, The Live of Niccolò *Machiavelli*, London 1963

Riedel, Manfred, *Einleitung*, in: Ders., Metaphysik und Metapolitik. Studien zu Aristoteles und zur politischen Sprache der neuzeitlichen Philosophie, Frankfurt a. M. 1975, S. 11-26

Riedel, Manfred, Metaphysik des Staates. Hobbes' Theorie des politischen Körpers im sprachlichen Kontext der „ersten Philosophie", in: Ders., Metaphysik und Metapolitik. Studien zu Aristoteles und zur politischen Sprache der neuzeitlichen Philosophie, Frankfurt a. M. 1975, S. 171 - 191

Riklin, Alois, Das *Republikenmodell* von James Harrington, in: Zeitschrift für Politikwissenschaft, 1998, S. 93 - 119

Roeck, Bernd, *Kein Religionsgespräch*. Schrieb Jean Bodin das „Colocquim Heptaplomers"?, in: FAZ, 9.6.1999, S. N 5.

Roellecke, Gerd, Das *Recht* von außen und innen betrachtet. Niklas Luhmann zum Gedächtnis, in: JZ 1999, S. 213 - 219

Roellenbleck, Georg, Zum Schrifttum über Jean *Bodin* seit 1936 (1), in: Der Staat, 1963, S. 339 – 349.

Rolfes, Eugen, *Anmerkungen* zur Politik von Aristoteles, in: Aristoteles, Politik, Hamburg 1990, S. 301 – 336

Röd, Wolfgang, Geometrischer Geist und *Naturrecht*, München 1970

Röd, Wolfgang, Thomas *Hobbes*, in: Höffe, Otfried, Hrsg., Klassiker der Philosophie, Bd. 1, 3. Aufl., München 1994, S. 280 – 300

Röhl, Klaus F., *Rechtssoziologie*, Köln, Berlin, Bonn, München 1987

Röhl, Klaus F., Allgemeine *Rechtslehre*, 2. Aufl., Köln, Berlin, Bonn, München 2001

Röhl, Klaus F., Rechtssoziologische Befunde *zum Versagen von Gesetzen*, in: Wirkungsforschung zum Recht I. Wirkungen und Erfolgsbedingungen von Gesetzen, hrsg. von Hagen Hof und Gertrude Lübber-Wolff, Baden-Baden 1999, S. 413 - 438

Roßnagel, Alexander, *Globale Datennetze*: Ohnmacht des Staates – Selbstschutz der Bürger, in: ZRP 1997, S. 26 – 30

Rüping, Hinrich, Grindriß der *Strafrechtsgeschichte*, 4. Aufl., München 2002

Rüthers, Bernd, Wer war Carl *Schmitt*? Bausteine zu einer Biographie, in: NJW 1994, S. 1681 - 1687

Sasso, Gennaro, Niccolò *Machiavelli*. Geschichte des politischen Denkens, Stuttgart 1965.

Schapp, Jan, *Freiheit*, Moral und Recht. Grundzüge einer Philosophie des Rechts, Tübingen 1994

Schmitthoff, Clive M., Die künftigen Aufgaben der *Rechtsvergleichung*, in: JZ 1978, S. 495 – 499

Schmoeckel, Mathias, Humanität und *Staatsräson*. Die Abschaffung der Folter in Europa und die Entwicklung des gemeinen Strafprozeß- und Beweisrechts seit dem hohen Mittelalter, Köln, Weimar, Wien 2000

Schmölz, Franz-Martin, *Machiavelli*. Die Trennung von Ethik und Politik, in: Zeitschrift für Politik, 1963, S. 131 – 144

Schneider, Hans-Peter, Positivismus, Nation und *Souveränität*. Über die Beziehungen zwischen Heller und Radbruch, in: Der soziale Rechtsstaat: Gedächnisschrift für Hermenn Heller 1891 – 1933, hrsg. von Christoff Müller und Ilse Staff, Baden-Baden 1984, S. 585 - 602

Schneider, Peter, *Ausnahmezustand* und Norm. Eine Studie zur Rechtslehre von Carl Schmitt, Stuttgart 1957

Schneider, Peter, Über das Verhältnis von *Recht und Macht*, in: Recht und Macht. Gedanken zum modernen Verfassungsstaat, Mainz 1970, S. 17 – 61

Schnur, Roman, Die französischen Juristen im konfessionellen *Bürgerkrieg des 16. Jahrhunderts*. Ein Beitrag zur Entstehungsgeschichte des modernen Staates, Berlin 1962

Schnur, Roman, *Individualismus* und Absolutismus. Zur politischen Theorie von Thomas Hobbes (1600 – 1640), Berlin 1963

Schröder, Hans-Christoph, *Englische Geschichte,*3. Aufl., München 2000

Schröder, Peter, Völkerrecht und Souveränität bei Thomas *Hobbes*, in: Souveränitätskonzeptionen. Beiträge zur Analyse politischer Ordnungsvorstellungen im 17. bis zum 20. Jahrhundert, hrsg. von Martin Peters, Peter Schröder, Berlin 2000, S. 41 - 57

Schwarz, Hans-Peter, *Das Gesicht des Jahrhunderts*. Monster, Retter und Mediokritäten, Berlin 1998

Scupin, Hans-Ulrich, Der Begriff der Souveränität bei Johannes Alhusius und bei Jean Bodin, in: Der Staat 1965, S. 1 – 26

Seifert, Jürgen, „Durch den totalen Krieg zum totalen Frieden." Carl *Schmitt* als Theoretiker der Gegenrevolution, in: Ders., Politik zwischen Destruktion und Gestaltung, Hannover 1997, S. 21 – 30

Sommerville, Johann P., Thomas *Hobbes*, Political Ideas in Historical Context, New York 1992

Spahn, Peter, Aristoteles, in: Piepers Handbuch der politischen Ideen, hrsg. von Iring Fetscher und Herfried Münkler, Bd. 1, Frühe Hochkulturen und europäische Antike, München, Zürich 1988, S. 397 - 437

Spann, Othmar, Der wahre *Staat*, 3. Aufl., Jena 1931

Speck, Ulrich, *Bodin,* Jean, in: Juristen. Ein biographisches Lexikon. Von der Antike bis zum 20. Jahrhundert, hrsg. von Michael Stolleis, München 2001, S. 90 - 92

Speth, Rudolf, Der Mythos des Staates bei *Carl Schmitt*, in: Mythos Staat. Carl Schmitts Staatsverständnis, hrsg. von Rüdiger Voigt, Baden-Baden 2001, S. 119 - 141

Staff, Ilse, Zum Begriff der Politischen Theologie bei Carl *Schmitt*, in: Christentum und modernes Recht. Beiträge zum Problem der Säkularisation, hrsg. von Gerhard Dilcher und Ilse Staff, Frankfurt a. M. 1984, S. 182 - 210

Starck, Christian, Das *Grundgesetz* nach fünfzig Jahren: bewährt und herausgefordert, in: JZ 1999, S. 473 – 485

Steiger, Heinhard, Geht das *Zeitalter des souveräner Staates* zu Ende?, in: Der Staat 41 (2002),S. 331 - 357

Stemmer, Peter, *Handeln* zugunsten anderer. Eine moralphilosophische Untersuchung. Berlin , New York 2000

Stolleis, Michael, *Geschichte* des öffentlichen Rechts in Deutschland, Band 1: Reichspublizistik und Policeywissenschaft: 1600 – 1800, München 1988

Stolleis, Michael, *Einleitung*, in: Staat und Staatsräson in der frühen Neuzeit. Studien zur Geschichte des öffentlichen Rechts, Frankfurt a. M. 1990, S. 7 – 17

Stolleis, Michael, Geschichte des öffentlichen Rechts in Deutschland, Band 2: Staatsrechtslehre und Verwaltungswissenschaft: 1800 – 1914, München 1992

Stolleis, Michael, *Löwe und Fuchs*. Eine politische Maxime im Frühabsolutismus, in: Ders., Staat und Staatsräson in der frühen Neuzeit. Studien zur Geschichte des öffentlichen Rechts, Frankfurt a. M. 1990, S. 21-36.

Stolleis, Michael, *Arcana Imperii* und Ratio Status. Bemerkungen zur politischen Theorie des frühen 17. Jahrhunderts, in: Ders., Staat und Staatsräson in der frühen Neuzeit. Studien zur Geschichte des öffentlichen Rechts, Frankfurt a. M. 1990, S. 37-72

Strauss, Leo, *Naturrecht* und Geschichte, Stuttgart 1956

Strauss, Leo, *Hobbes* politische Wissenschaft, Neuwied und Berlin 1965

Tuck, Richard, *Hobbe's* moral philosophy, in: The Cambridge Companion to Hobbes, Cambridge 1996, p. 175 - 207

Unruh, Peter, Die *Herrschaft* der Vernunft: zur Staatsphilosophie Immanuel Kants. Baden –Baden 1993

Virolo, Maurizio, Das Lächeln des Niccolò. *Machiavelli* und seine Zeit, Zürich, München 2000

Voigt, Rüdiger, Der *Leviathan*. Zur Aktualität einer Staatskonzeption, in: Ders., Hrsg., Der Leviathan, Baden-Baden 2000, S. 13 – 23

Voigt, Rüdiger, Zwischen Despotismus und Friedensstaatlichkeit. Zur Staatskonzeption von Thomas *Hobbes*, in: Ders., Hrsg., Der Leviathan, Baden-Baden 2000, S. 41 – 63

Voigt, Rüdiger, Der *Mythos Staat*. Zur Aktualität einer Staatskonzeption, in: Mythos Staat. Carl Schmitts Staatsverständnis, hrsg. von ders., Baden-Baden 2001, S. 13 – 31

Voigt, Rüdiger, Zwischen Mythos und Wirklichkeit. Zur *Staatskonzeption* von Carl Schmitt, in: Mythos Staat. Carl Schmitts Staatsverständnis, hrsg. von ders., Baden-Baden 2001, S. 35 – 57

Waas, Lothar R., Der „gezähmte" Leviathan des Thomas *Hobbes*. Oder ist der Theoretiker des Absolutismus eigentlich ein Vordenker der liberalen Demokratie zu verstehen?, in: ARSP 88 (2002), S. 151 - 177

Waechter, Kay, Studien zum Gedanken der *Einheit des Staates*. Über die rechtsphilosophische Auflösung der Einheit des Subjekts, Berlin 1994

Waechter, Kay, Kooperationsprinzip, gesellschaftliche Eigenverantwortung und *Grundpflichten*. Verrechtlichung von ethischen Pflichten durch indirekte Steuerung, in: Der Staat 1999, S. 279 - 319

Waechter, Kay, Polizei- und *Ordnungsrecht*. Baden-Baden 2000.

Walther, Manfred, Spinoza und der *Rechtspositivismus*: Affinitäten der Rechtstheotie Spinozas und der Reinen Rechtslehre Hans Kelsens, in: Archiv für Rechts- und Sozialphilosophie (68) 1982, S. 407 - 419

Walther, Manfred, Die *Transformation* des Naturrechts in der Rechtsphilosophie Spinozas, in: Der Staat 25 (1986), S. 55–73

Walther, Manfred, Hat der juristische *Positivismus* die deutschen Juristen wehrlos gemacht?, in: Kritische Justiz (21) 1988, S. 263 - 280

Walther, Manfred, *Die Krise* der griechischen Polis: Einführung, in: Politische Institutionen im gesellschaftlichen Umbruch: Ideengeschichtliche Beiträge zur Theorie politischer Institutionen, hrsg. von Gerhard Göhler, Kurt Lenk, Herfried Münkler, Manfred Walther, Opladen, 1990, S. 21 - 25

Walther, Manfred, *Institution*, Imagination und Freiheit bei Spinoza: Eine kritische Theorie politischer Institutionen, in: Politische Institutionen im gesellschaftlichen Umbruch: Ideengeschichtliche Beiträge zur Theorie politischer Institutionen, Opladen 1990, S. 246-275

Walther, Manfred, Carl *Schmitt* contra Baruch Spinoza oder Vom Ende der politischen Theologie, in: Spinoza in der europäischen Geistesgeschichte, hrsg. von Hanna Delf, Julius – H. Schoeps, Manfred Walter, Berlin 1994, S. 422 - 441

Walther, Manfred, Die *Religion* des Bürgers – eine Aporie der politischen Kultur der Neuzeit? Hobbes, Spinoza und Rousseau oder über die Folgelast des Endes der politischen Theologie, in: Bürgerreligion und Bürgertugend: Debatten über die vorpolitischen Grundlagen politischer Ordnung, hrsg. von Herfried Münkler, Baden-Baden 1996, S. 25-61

Walther, Manfred, Kommunalismus und *Vertragstheorie*: Althusius – Hobbes – Spinoza – Rousseau oder Tradition und Gestaltenwandel einer politischen Erfahrung, in: Peter Blickle, Hrsg., Theorien kommunaler Ordnung in Europa, München 1996, S. 127 – 162

Walther, Manfred, *Folgeprobleme* der Selbstauflösung der Naturgesetzlehre zu Beginn der Neuzeit, in: Nederlands Tijdschrift voor Rechtsfilosofie & Rechtstheorie, JRG. 29 (2000), S. 150 – 163

Walther, Manfred, *Spinoza* und das Problem einer jüdischen Philosophie, in: Die philosophische Aktualität der jüdischen Tradition, hrsg. von Werner Stegmaier, Frankfurt am Main 2000, S. 281 - 330

Weber, Max, Der Beruf zur *Politik*, in: Soziologie. Universalgeschichtliche Analysen. Politik, hrsg. von Johannes Winckelmann, 5. Aufl., Stuttgart 1973, S. 167 –185

Weber, Max, Wirtschaft und *Gesellschaft*, Studienausgabe, herausgegeben von: Winkelmann, Johannes, 5. Rev. Aufl., Tübingen 1980

Weber-Fas, Rudolf, Über die *Staatsgewalt*. Von Platons Ideenstaat bis zur Europäischen Union, München 2000

Weimaier, Matthias, *Bürgerkrieg* und Machtzerfall. Thomas Hobbes und die Logik der Macht, in: Der Staat, Bd. 35, Heft 2, Berlin 1996, S. 167 – 187

Weiß, Ulrich, Das politische System von Thomas *Hobbes*, Stuttgart – Bad Cannstatt 1980

Welzel, Hans, *Naturrecht* und materiale Gerechtigkeit, 4. Aufl., Göttingen 1962

Wende, Peter, *Der Prozeß gegen Karl I.* (1649) und die Englische Revolution, in: Alexander Demandt, Hrsg., Macht und Recht: Große Prozesse in der Geschichte, München 1996, S. 213 - 233

Wieacker, Franz, *Privatrechtsgeschichte* der Neuzeit, 2. Aufl., Göttingen 1967

Willms, Bernard, Einige *Aspekte* der neueren englischen Hobbes - Literatur, in: Der Staat, Bd. 1, Berlin 1962. S. 93 – 106

Willms, Bernard, Von der *Vermessung* des Leviathan. Aspekte neuerer Hobbes – Literatur, in: Der Staat, Bd. 6, Berlin 1967, S. 75 – 100

Willms, Bernard, Der Weg des *Leviathan*. Die Hobbes – Forschung von 1968 – 1978, Beiheft Der Staat, Bd. 3, Berlin 1979

Willms, Bernard, Das *Reich* des Leviathan, München 1987

Wimmer, Hannes, Die *Evolution* der Politik, von Stammesgesellschaften zur modernen Demokratie, Wien 1996

Wolf, Erik, *Große Rechtsdenker* der deutschen Geistesgeschichte, 4. Aufl., Tübingen 1963

Wolf, Rainer, *Machiavelli* und der Mythos des Principe, in: Der Staat 36 (1997), S. 596-626

Wolfers, Benedikt, „*Geschwätzige Philosophie"*, Thomas Hobbes' Kritik an Aristoteles, Würzburg 1991

Zimmermann, Gunter, *Staat* und Souveränität nach Thomas Hobbes, in: Rechtstheorie, Bd. 22 (1991), S. 489 - 509

Zippelius, Reinhold, *Rechtsphilosophie*, 3. Aufl., München 1994

Aus unserem Verlagsprogramm:

Mariano Barbato
Souveränität im neuen Europa
Der Souveränitätsbegriff im Mehrebenensystem der Europäischen Union
Hamburg 2003 /   154 Seiten /   ISBN 3-8300-0862-7

Tina Pohl
Demokratisches Denken in der Weimarer Nationalversammlung
Hamburg 2002 /   272 Seiten /   ISBN 3-8300-0666-7

Michaela Schmitz
Die Fristberechnung nach römischem Recht
Zugleich ein Beitrag zu den Grundlagen der §§ 187-193 BGB
Hamburg 2002 /   332 Seiten /   ISBN 3-8300-0648-9

Arne Schmidt
Der Schatzfund im 19. Jahrhundert
Eine Rechtsprechungsanalyse im Spiegel des französischen, preußischen und gemeinen Rechts
Hamburg 2002 /   186 Seiten /   ISBN 3-8300-0619-5

Dirk Bornemann
Die Bedeutung der Grundrechtsquellen
für den Grundrechtsschutz und für Grundrechtskollisionen
in der Rechtsprechung des Europäischen Gerichtshofs
Eine Analyse der Struktur des gemeinschaftlichen Grundrechtsschutzes
Hamburg 2002 /   256 Seiten /   ISBN 3-8300-0461-3

Tobias Müller
Recht und Volksgemeinschaft
Zu den Interdependenzen zwischen Rechtspolitik und (instrumentalisierter) öffentlicher Meinung im Nationalsozialismus auf Grundlage der Lageberichte des Sicherheitsdienstes der SS
Hamburg 2001 /   386 Seiten /   ISBN 3-8300-0457-5

VERLAG DR. KOVAČ
FACHVERLAG FÜR WISSENSCHAFTLICHE LITERATUR

Postfach 50 08 47 · 22708 Hamburg · www.verlagdrkovac.de · info@verlagdrkovac.de

Einfach Wohlfahrtsmarken helfen!

AWO · caritas · PARITÄT · DEUTSCHES ROTES KREUZ · Diakonie · ZWST